작아도
이기는
마케팅

작아도 이기는 마케팅

작아도 이기는 마케팅

전원태 지음

대단한 책이다. 내로라하는 글로벌 일류 기업에서 20년 이상 마케팅을 진두지휘해 온 저자의 다양한 경험과 노하우가 풍성하게 담겨 있다. 마케팅과 기업 경영을 본질을 꿰뚫고 있는 이 책 한 권이면 최고의 마케팅 전문가를 나의 참모로 둔 것과 같다. 모든 사장님에게 일독을 강력하게 권한다.

메트라이프생명 대표이사 송영록

크든 작든 모든 사업은 다양한 가치 사슬로 촘촘히 연결되어 있다. 이를 움직여 연쇄작용을 일으키려면 스위치를 찾아 켜줘야 한다. 이 책은 끊어진 스위치를 찾아 수리하고 연결하는 방법을 다양한 사례로 알기 쉽게 설명하고 있다.
또한 워낙 학구적인 저자가 읽은 수많은 책 중에서, 현장을 체험하며 피부로 느꼈던 주옥같은 말들을 뽑아 적재적소에 배치하며 마케팅 현상을 설명하였기에, 이 한 권이면 마케팅에 관한 100권 이상의 책을 읽은 셈이 된다.

한양대 경영대학 명예교수 홍성태

처음에는 대기업의 마케팅 전략을 작은 가게에도 적용할 수 있을지 고개를 갸우뚱했지만, 이 책을 읽어나가면서 마케팅 전략은 대기업의 전유물이 아니며, 작은 가게일수록 그런 전략이 필요하다는 것에 크게 공감했다. 그 이유를 알고 싶다면 묻고 따지기 전에 일단 이 책을 읽어보자.

메가마트 대표 김경조

20년간 다양한 기업에서 브랜드 매니저와 CMO의 경험을 살려 새로운 사업을
준비하는 분들에게 '나만의 마케팅'에 대한 영감을 주는 멋진 책.
스스로 질문하고 답하는 형식의 참신한 구성과 마케팅 Guru들의 촌철살인 명
언을 함께 소개하여 늘 간직하고 싶은 책이다.

(전)KMC(Korea Marketing Club) 회장, (전) KT사장 표현명

내용의 깊이가 있으면서도 읽기 쉽다. 그래서 머릿속에 쏙쏙 들어온다. 저자의
해박한 지식과 다양한 현장 경험을 통해 마케팅에 대한 지식이 없는 작은 가게
사장님들도 쉽게 자신만의 마케팅 전략을 수립할 수 있도록 친절하게 도와준
다. 내 사업을 시작하려면 반드시 읽어야 할 책이다.

한국 마케팅 클럽 회장 이홍열

사업의 성공은 수많은 연쇄 작용의 결과물이며, 그 과정은 다양한 가치사슬로
촘촘히 연결되어 있다. 콘셉트, 제품, 디자인, 생산, 가격, 유통, 판촉, 매장, 결

제 등 단계별로 고객을 움직이게 하는 동력이 있다. 그것은 스위치를 찾아서 켜야 시동이 걸린다. 하나가 켜지면 나머지도 연이어 움직이고 성장 엔진이 작동하기 시작한다. 이 책은 사업의 동력 스위치를 언제 어떻게 켜야 하는지, 나만의 스위치를 어떻게 만들 수 있는지 알려준다. 사업에 동력을 얻고 싶은 분은 당장 이 책을 펼쳐야 한다.

《오래가는 것들의 비밀》 저자, 위박스브랜딩 대표 이랑주

마케팅에도 마케팅이 필요하다. 그래서 기발한 성공 사례들로 마케팅을 마케팅한다. 하지만 역설적이게도 이로 인해 마케팅과의 거리감이 생기는 역효과가 나기도 한다. 작은 가게나 회사에는 적용하기 어렵기 때문이다. 이 책은 이러한 문제의식에서 출발해 작은 가게나 회사에도 적용 가능한 마케팅의 기본과 핵심을 알려주면서, 마케팅과의 거리를 좁히는 데 도움을 준다. 크건 작건, 마켓(Market)에선 마케팅(Marketing)이 필요하다.

《퇴사준비생의 도쿄》 저자 이동진

"책을 처음 펼친 순간부터 덮을 때까지 한순간도 눈을 뗄 수 없었다. 대한민국 최고의 마케팅 전문가다운 번뜩이는 통찰력과 지혜가 가득 담긴 책이다. 마케

팅 전반에 대한 깊이 있는 내용을 이렇게 쉽고, 재미있게 풀어낼 수 있다니 놀라울 따름이다. 저자의 다양하고 직접적인 마케팅 실무경험과 세계적인 다양한 사례들로 마케팅을 너무 쉽고, 유용하게 잘 정리해놓았다. 마케팅을 제대로 하고 싶은데 어떻게 해야 할지 막막한가? 그렇다면 이 책을 읽어보라!"

코마스 인터렉티브 대표 이석호

멋진 글로벌 성공기업으로 도약을 꿈꾸는 벤처 사업가들과 소상공인분들께 이 책을 적극 권해드린다. 모두가 처음엔 장사꾼으로 시작하지만 극소수만 글로벌 기업의 경영자가 되는 그 비밀을 여기서 찾아보자. 이십 년 동안 함께 마케팅을 고민하며 서로의 견해를 나눠온 절친한 친구이자 업계 최고로 인정받는 마케팅 전문가의 진솔한 마케팅을 경험한 후엔, 생각지도 못했던 멋진 영감들이 떠오를 것이다. 복잡한 마케팅 원서는 전문 마케팅 전공자들에게 맡기고, 이 책 하나로 내일부터 마케팅 시작해보자.

오션스 헤일로 (Ocean's Halo) 대표 이신형

마케팅이라는 말이 사람의 마음을 얻는 방법이고, 연애의 감정과 비슷하다는 저자의 말이 가장 와닿는다. 저자는 가장 기본에 충실한 것, 사람의 맘을 얻고,

고객의 맘을 얻는 것이 마케팅의 과정이고 사랑의 과정이라는 가슴을 울리는 조언을 해준다. 이론과 실전을 넘어서 사람의 마음에 대한 심도 있는 통찰을 보여주는 단 하나의 마케팅 비결이 이 책에 있다!

(주)쏘홈 대표 장동헌

글로벌 일류기업의 뻔하고 거창한 성공 스토리가 아니라 저자가 20년 이상 치열하게 쌓은 필드의 경험과 인사이트를 바탕으로 진정한 마케팅에 대해 독자가 스스로 고민하고 질문하며 성장할 수 있게 해주는 거울이자 나침반 같은 책이다. 나만의 브랜드를 만들고 성공시켜보고 싶다고 생각하는 사람이라면 이 책을 통해 브랜딩과 마케팅을 어디서 어떤 마음으로 시작하여 어디로 가야 하는지를 알게 될 것이다.

모비데이즈 대표이사 유범령

Prologue

당신 가게도 맥도날드가 될 수 있다

"기업마다 성공 원인은 다 다르다. 시대, 환경, 상황, 맥락이
다 제각각이다. 그래서 다른 기업의 성공을 벤치마크해서
같은 방식으로 성공하기는 불가능하다."

마윈 알리바바의 창업자

"네 시작은 미약하였으나 네 나중은 심히 창대하리라."

구약성경 욥기 8장 7절의 구절이다. 이 말씀처럼 수많은 사장님이 내일의 성공을 꿈꾸며 자신의 사업을 시작한다. 게다가 요즘은 취업을 포기하고 창업부터 하는 분들도 많다. 현재 우리나라의 자영업자는 800만 명이 넘지만, 자영업 폐업률은 무려 88%에 이른다. 이런 어려운 현실을 극복해서 내 사업이 성공하고, 내 가게가 성장하는 방법이 있을까?

먼저 생각할 수 있는 방법은 성공 사례를 찾아보는 것이다. 책, 칼럼, 기사 등에서 수많은 성공 사례를 쉽게 찾을 수 있다. 하지만, 막상 내 사업에 적용하려고 하면 막막하다.

두 번째는 마케팅 서적들을 찾아서 공부해보는 것이다. 하지만 어떤 책은 너무 어렵고, 어떤 책은 너무 한정된 분야만 다루고 있고, 어떤 책은 너무 일반적인 내용이어서 그 또한 내게 딱 맞는 것을 찾기는 쉽지 않다.

"기업마다 성공 원인은 다 다르다. 시대, 환경, 상황, 맥락이 다 제각각이다. 그래서 다른 기업의 성공을 벤치마크해서 같은 방식으로 성공하기는 불가능하다."

알리바바의 창업자 마윈의 말이다.

맥도날드가 매장 하나에서 출발해 매출 100조 원이 넘는 대기업이 된 비결은 뭘까?

우리 가게도 맥도날드처럼 될 수 있을까?

나는 이 질문의 답을 마케팅 전략의 관점에서 찾아보았다. 그리고 그 결실을 통해, 작은 가게, 작은 회사를 힘겹게 경영하고 계신 많은 분께 도움을 드리고자 이 책을 쓰게 되었다.

맥도날드는 창업주 레이 크록이 1955년 시카고 외곽 지역에서 1호점을 연 뒤 지금은 전 세계 3만 5천여 개의 매장에서 100조 원이 넘는 매출을 올리는 대기업으로 성장했다. 비단 맥도날드뿐 아니라 우리나라의 많은 대기업도 작은 가게 하나에서 시작했다. 이랜드 그룹은 이대 앞 작은 보세의류 가게로 시작했고, 파리바게뜨를 운영하는 SPC 그룹은 '상미당'이라는 작은 빵집에서 출발했다. 당신도, 그리고 당신의 가게도 이렇게 되지 말란 법은 없다. 당신도 할 수 있다.

그렇다면 당신의 가게에 필요한 성공 요인은 무엇일까?

100개의 성공 사례보다도, 나에게 딱 맞는 1개의 방법을 찾아야 한다. 그러려면 마케팅을 제대로 알고, 적절한 질문을 하고, 스스로 생각하고, 답을 찾을 수 있어야 한다. 하지만 일반인에게는 현실적으로 불가능하다. 그래서 마케팅 전문가인 내가 대신 이 책을 통해 그 비결을 알려주고자 하는 것이다.

나는 지난 20년간 P&G, 맥도날드 등 자타 공인 세계 최고의 글로벌 기업들에서 CMO (Chief Marketing Officer, 최고 마케팅 임원)로 일하면서 다양한 마케팅 이론과 실무를 배우고 경험했다. 이 책을 통해 그 경험을 누구나 쉽게 이해하고 사용할 수 있도록 쉽고 재미있는 내용으로 구성했다.

각각의 시장, 경쟁, 제품, 소비자 등 비즈니스의 상황과 맥락은 모두 다르고, 구체적인 전략, 아이디어, 실행 방법 또한 제각각이지만, 일맥상통하는 것은 분명히 있다. 내 상황에 맞는 답을 찾기 위해서, 간단한 원리를 이해하고, 적절한 질문을 하고, 그것에 맞게 생각하며 점검하는 것이 필요하다.

이 책을 읽고 그 안의 내용을 찬찬히 따라가면서 생각하다 보면 자영업자, 소상공인, 1인 기업가, 스타트업 및 중소기업 경영자 등 누구라도 나만의 마케팅 전략을 세울 수 있을 것이다. 기업의 마케팅 담당자에게도 자신의 업무를 더 넓은 시야로 바라보고 새로운 아이디어를 찾을 수 있는 계기를 마련해줄 것이다. 이 방법을 이해하고 제대로 활용할 수만 있다면 작은 가게 하나도 맥도날드처럼 성장할 수 있다.

이 책을 읽으면 나만의 아이디어와 방법을 누구나 쉽게 찾을 수 있다. 남과 다른 당신만의 한 가지 방법, 당신에게 딱 맞는 단 한 가지의 방법은 당신의 가게를 맥도날드처럼 만들어줄 수 있을 것이라 확신한다. 오늘부터 100개의 좋은 것보다 한 개의 남다른 것, 즉 당신만의 한 가지 방법에 집중하는 법을 이 책을 통해 배우게 될 것이다. 그것은 당신만의 강력한 무기가 될 것이며, 성공 요인이 되어줄 것이다.

동트기 전이 가장 어두운 법이다. 어두운 새벽에 눈물로 씨앗을 뿌리는 사람은 추수 때에 100배의 풍성한 결실을 얻게 된다. 그러려면 자신의 틀을 깨야 한다. 지금의 어려움에 실망하지 않고 내일의 소망을 향해 도전하려는 모든 사장님께 이 책이 조금이나마 도움이 되기를 진심으로 기도드린다.

CONTENTS

1장

100개의 성공 사례보다
나만의 스위치 1개

"나를 그대로 드러낸다면, 그것이 바로 독창성이다."

마크 뉴슨 Marc Newson

≪나는 OOO 로 월 OOO만 원 번다≫
≪매출 OO배 늘어나는 OOO 마케팅≫
≪OO을 OO배 성장시킨 마케팅 비밀 노트≫

서점의 경제-경영 코너에 가면 쉽게 접할 수 있는 베스트셀러들이다. 하나같이 자극적이고 긍정적인 내용으로 가득하다. 그 책대로 잘 따라 하면 내 사업도 금세 성공할 것 같지만 정작 책을 읽고, 강의를 듣고, 따라 해서 성공한 사례를 찾아보기는 어렵다. 최신 소비 트렌드를 발 빠르게 조사하고, 독창적인 아이디어, 특별한 아이템으로 기획해서 야심 차게 시작한 사업도 기대만큼 시장에서 반응이 없는 경우가 태반이다.

왜일까?

내 사업의 스위치를 찾지 못했기 때문이다. 사업체가 기계라고 생각해보자. 최신 기술, 멋진 설계도, 훌륭한 부품을 잘 조립해서 최고의 제품을 만들어도, 스위치를 켜지 않으면 움직이지 않는다.

성공은 수많은 연쇄 작용의 결과물이다. 모든 사업의 과정은 다양한 가치 사슬로 촘촘히 연결되어 있는데, 대기업도 구멍가게도 마찬가지이다. 콘셉트, 제품, 디자인, 생산, 가격, 유통, 판촉, 매장, 결제 등 단계별로 고객을 움직이는 동력이 있다. 그것들은 스위치를 찾아서 켜야 시동이 걸린다. 하나가 켜지면 나머지도 연이어 움직이고 성장 엔진이 작동하기 시작한다.

어떤 스위치가 꺼져 있는지는 사업마다, 상황별로 제각각이다. 그것은 책을 읽고, 강의를 듣고, 다른 성공 사례를 공부한다고 찾을 수 있는 것이 아니다. 한 의사가 막힌 혈(穴)을 찾아 침을 놓듯이, 엔지니어가 끊어진 회로를 찾아 연결하듯이, 내 사업의 모든 연결 고리를 직접 점검해서 꺼져 있는 스위치를 찾아야 한다. 나의 고객은 무엇에 반응하는지, 깊은 관심을 가지고 관찰해야 찾을 수 있다.

초기에는 제품이나 서비스의 콘셉트, 디자인 같은 기획 단계의 스위치가, 성숙기에는 광고, 홍보, 고객 서비스 등의 실행 단계 스위치가 꺼져 있기 십상이다.

페브리즈Febreze는 옷이나 이불 같은 섬유제품에 벤 나쁜 냄새를 없애주는 섬유 탈취제라는 독창적인 콘셉트와 탁월한 제품력에 힘입어 출시 초기 폭발적인 시장 반응을 얻었다. 세상에 없던 제품이고, 탁월한 탈취 효능에다 대대적인 광고 및 홍보 덕분에 많은 사람이 알게 되고 구매했다.

하지만 어느 정도 시간이 지나자 매출이 정체되었다. 소비자 조사 결과 새로운 고객이 유입되지 않는 것이 가장 큰 원인으로 드러났다. 사용해본 고객들의 만족도는 매우 높은 반면, 페브리즈를 알긴 하지만 선뜻 사용하지 않는 사람들이 많았다. 왜 그랬을까?

'이 제품을 쓰면 제대로 청소, 빨래를 제대로 안 하고 대충 덮어버리려는 게으른 주부가 될 것 같아 꺼려져요.'

생각지도 못했던 반응이었다! 주부로서 죄책감이 들었던 것이다. 이런 상황에서 그들을 움직이게 만들 스위치는 무엇이었을까? 바로 인식을 바꿔주는 것이다.

"상쾌한 청소의 마무리, 페브리즈!"

빨래 대신, 환기 대신, 대충 냄새만 덮으려고 쓰는 제품이 아니라, 제대로 청소하고 난 후에 더 완벽한 마무리를 원하는 깔끔한 주부들이 사용하는 제품으로 인식을 바꿔준 것이다. 이런 메시지를 강력하게 전하기 위해 리츠 칼튼^{Ritz Carlton} 같은 특급 호텔 룸 클리닝도 페브리즈로 마무리한다는 내용의 광고도 만들었다. 그러자, 다시 매출이 상승하기 시작했다. 연쇄 작용의 스위치가 다시 켜지고 막혀 있는 것을 뚫어준 것이다.

페브리즈의 경우는 제품의 포지셔닝에서 꺼져 있는 하나의 스위치를 찾았다. 페브리즈는 100개의 성공 사례를 따라 하지 않았고 자신만의 스위치를 발견했던 것이다. 여러분도 자신만의 스위치를 찾아야 한다. 그것은 고객 응대 매뉴얼, 광고 배너의 위치, 문구 같은 세세한 실행의 디테일 등 다양한 분야에 숨겨져 있다.

2010년대 중반 이후 성장이 정체되어 고심하던 파리바게뜨는 매장의 '공간'에서 그 스위치를 찾았다. 파리바게뜨는 가맹점의 절반 이상을 카페형 매장으로 운영하고 있었다. 카페형이라고는 해도 매장 한쪽에 테이블을 놓아두고 간단히 빵과 음료를 먹을 수 있는 공간을 만든 정도였다. 그런데 고객의 니즈가 진화했다. 스타벅스가 몰고 온 '커피와 만남을 즐기는 제3의 공간'이라는 개념에 익숙해져서 커피나 디저트를 먹으며 사람을 만나고 앉아서 이야기할 공간에 대한 수요가 폭발적으로 증가한 것이다. 그래서 몇몇 매장의 구조와 인테리어를 바꾸어 고객들이 편안하게 빵과 커피를 즐길 수 있는 분리된 공간을 만들어보았다. 그러자 매출이 눈에 띄게 성장하기 시작했다.

사업의 스위치는 상상이나 짐작만으로 찾아선 안 된다. 상상이나 짐작은 가설에 불과하다. 가설은 실험을 통해 검증해야 이론이 되고, 실제로 적용할 수 있다. 마케팅의 이론과 가설은 소비자를 위해, 소비자를 대상으로, 소비자와 함께 실험하고 검증해야 한다. 그를 통해 콘셉트, 제품, 광고 아이디어, 홍보 문구 등 고객의 반응을 일으키는 방아쇠를 발견해야 한다. 숨겨진 보물을 찾듯이 열정적으로 찾아야 발견할 수 있다.

방법론이나 성공 사례는 지도 위에 보물의 위치를 대략 표시한 해골 마크에 불과하다. 진짜 보물은 내 발로 직접 가서 단서를 발견하고, 현장을 관찰하고 찾아야 한다. 그것이 바로 다른 가게의 100가지 성공 사례가 아닌 나만의 한 가지 스위치인 것이다.

일단 하나를 찾았다면, 그것에 집중해야 한다. 이것도 찔끔, 저것도 찔끔해서는 안 하는 것과 똑같다. 물은 100℃에 도달해야 끓기 시작한다. 열 개의 냄비에 담긴 물이 모두 99℃에 도달해도, 하나도 끓지 않는다. 고객도 마찬가지다. 고객이 알아채고, 반응하려면 그 임계점을 넘어야 한다. 100개의 99℃짜리보다, 한 개의 100℃짜리가 더 낫다.

그렇다면 나만의 스위치는 어떻게 찾을 수 있을까? 큰 기업들은 다양하고 복잡한 데이터 분석을 통해 찾아낸다. 그렇다면, 전문적인 데이터 분석 역량은커녕 아예 데이터 자체도 없는, 작은 가게는 어떻게 하면 될까?

오히려 작은 가게가 훨씬 더 큰 이점을 가지고 있다. 매일 고객을 직접 만나면서 생생한 현장 피드백을 얻을 수 있기 때문이다. 그러므로, 고객에 대해 '관심'을 가지고, '관찰'하면서 아래의 질문을 스스로 하고 답하는 것만으로 나만의 스위치를 쉽게 찾을 수 있다.

첫째, 나는 어디로 가려고 하는가?
둘째, 지금은 어디쯤 있는가?
셋째, 내 고객은 누구인가?
넷째, 고객에게 어떤 약속을 했는가?

다섯째, 이 약속을 고객에게 어떻게 알리고 있는가?

여섯째, 팔지 않아도 고객이 사게 하려면?

일곱째, 날이 갈수록 더 잘되는 가게를 만들려면?

이 책을 읽어내려가는 동안 이 질문들에 대한 나만의 답을 하나씩 찾고, 그를 통해 어떻게 나만의 스위치를 찾을 수 있는지 경험해보기를 바란다.

나만의 스위치는 결국 내 안에서 찾아야 한다. 내가 가진 최고의 독창성은 바로 '나'라는 존재다. 내가 가진 경험, 내가 걸어온 길, 내가 만난 사람들, 내가 겪어온 고민, 내가 느낀 기쁨들, 이 모든 것은 오롯이 나만의 독창성을 이룬다. '하늘'은 누구에게나 같은 하늘이다. 하지만 당신이 바라보는 하늘은 세상에 하나뿐인 풍경이다. 한번 하늘을 올려다보아라. 지금 느끼는 감정, 눈에 보이는 색, 들리는 소리, 떠오르는 생각들, 이것들과 결합한 하늘은 세상에 하나뿐인 당신만의 하늘이고 당신의 독창성이 투영된 형상이다. 세상 어디에도 없는 단 하나는 바로 나 자신이다. "나를 그대로 드러낸다면, 그것이 바로 독창성이다."라고 말한 마크 뉴슨Marc Newson의 말은 그런 뜻이 아닐까?

2장

어디로 가고 싶은가?

"인간의 일생은 그 사람이 생각한 대로 된다."

마르쿠스 아우렐리우스

작은 가게가 코카콜라나 맥도날드처럼 되려면?

상상력은 지식보다 중요하다 – 알베르트 아인슈타인

작은 햄버거 가게 하나가 매출 100조 원이 넘는 글로벌 대기업으로 성장할수 있을까? 대학원생 두 명이 만든 인터넷 검색 사이트가 세계 최고의 IT 기업으로 성장할 수 있을까? 맥도날드의 창업자 레이 크록^{Ray Kroc}, 구글의 창업자 래리 페이지^{Larry Page}와 세르게이 브린^{Sergei Brin}이 그 일을 해냈다. 그러면 당신도 할 수 있을까? 물론 할 수 있다. 다음 질문은 100조 원의 가치가 있다.

'어떻게 하면 되나^{How?}'

이 질문을 마음에 품었다면, 축하한다. 이제 첫발을 내디딘 것이다. 중간에 그만두지만 않는다면 반드시 답을 찾을 테니까.

"너희가 얻지 못함은 구하지 아니하기 때문이요." 야고보서 4장 2절

어떤 위대한 일이든 이루는 방법은 단순하다. 아니, 복잡하면 작은 일은 할수 있어도 위대한 일은 이루기 어렵다. 바로 마음을 먹고, 목표를 세우고, 방법을 찾고, 실행하면 된다. 너무 간단한 것 아니냐고? 그렇다. 그리고 그만큼 강력하

다. 이렇게 간단하기 때문에 누구나 할 수 있다. 단지 지금까지는 하려고 하지 않았을 뿐이다.

위대한 일을 이루는 첫걸음은 **마음을 먹는 것**, 즉 결심하는 것에서 시작한다. '생각대로 살지 않으면 사는 대로 생각하게 된다'라는 프랑스의 소설가 폴 부르제Paul Bourget의 말처럼.

> "네 믿음대로 될지어다." – 예수 그리스도
> "인간의 일생은 그 사람이 생각한 대로 된다." – 마르쿠스 아우렐리우스

무엇을 이루고 싶은지 마음속에 정하고 결심하는 것. 이것이 첫 번째이자 가장 중요한 것이다. 100만 부가 넘게 판매된 초대형 베스트셀러《꿈꾸는 다락방》의 이지성 작가는 이것을 '생생하게 꿈꾸면 이루어진다'라는 뜻에서 VD Vivid Dream (생생한 꿈)기법이라고 불렀다. 그는 위대한 삶과 평범한 삶은 노력의 크기가 아니라 꿈의 크기에 따라 결정된다고 역설한다.

여러분의 꿈의 크기는 어떤가? 맥도날드나 코카콜라 같은 위대한 기업을 일구거나 스티브 잡스Steve Jobs같이 세상을 바꾸고 싶은가? 또는 나와 내 가족들이 평범한 행복을 지켜줄 작고 튼튼한 울타리를 세우는 것으로 만족하는가? 어떤 것이든 좋다. 중요한 것은 이루고 싶은 생생한 이미지를 마음에 품고, 이루겠다고 결심하고, 이미 이룬 것처럼 상상하는 것이다.

매일 밤 잠자리에 들 때 그 꿈으로 인해 설레고, 매일 아침 자리에서 일어날 때 그 꿈 때문에 새 힘이 솟아나는 그런 꿈을 품는 것이다.

그다음 단계에서는 구체적이고 세부적인 **목표를 세운다.** 목표에는 장기 목표와 중−단기 목표가 있다. 장기 목표는 궁극적으로 이루고 싶은 것, 즉 '꿈' 또는

'비전'이고 단기 목표는 그에 도달하기 위해 한 걸음씩 딛고 올라가는 계단이라고 할 수 있다.

새해가 되면 기업들은 너나 할 것 없이 '비전 선포식'이란 것을 한다. 짧게는 3년, 길게는 10년 이내에 도달하고 싶은 큰 목표를 대외적으로 공표하고 모든 구성원의 에너지를 결집한다. 그리고 중, 단기 사업의 목표를 그에 맞춰 수립하고, 한 해 동안의 모든 계획과 활동은 그 목표 달성에 초점을 맞춘다. 이 목표에는 대개 구체적인 매출, 이익 등의 수치, 그리고 언제까지 달성하겠다는 기한이 담겨 있다. 예를 들어 2030년까지 매출 100조 원을 달성하고 세계 100대 기업이 되겠다는 목표라면 '비전 2030, 100&100'으로 선포하는 식이다.

비전은 목적지를 제시하고, 그를 향해 함께 나아가게 하고, 사람들을 모으고, 그 비전에 동참하는 사람들을 끌어들이는 자석과 같은 역할을 한다. 무명의 정치인을 세계에서 가장 강력한 나라 통치자로 만들 정도로 강력한 자석 말이다. 미국 역사상 첫 번째 아프리카계 대통령인 버락 오바마Barack Obama는 대선 몇 년 전까지만 해도 거의 무명에 가까웠다. 그랬던 그가 워싱턴 중앙 정가에 진출한 지 2년 만에 민주당의 가장 유력한 후보인 힐러리 클린턴Hillary Clinton을 꺾고, 연이어 존 매케인John McCain이라는 또 다른 거물을 상대로 큰 표 차이로 대통령에 당선된 것은 그야말로 놀라운 일이다. 물론 그의 인간적 매력과 소셜 미디어를 적극적으로 활용한 (당시로써는) 혁신적인 캠페인 전략, 그리고 전임 정권에 대한 대중의 실망감 등이 복합적으로 작용한 결과다. 그러나 NBC 뉴스의 정치 디렉터 출신 척 토드Chuck Todd가 지적했듯이 가장 강력한 동인은 바로 그가 품고 제시한 비전의 힘이다.

"오바마는 국가의 미래성을 보인 유일한 후보였고, 연설 속에 출마 의향 비전을 선언했던 후보였다." - 《버락 오바마는 어떻게 승리했나How Barack Obama Won》 중

에서

목표는 집중력을 부여한다. 한정된 시간, 재원을 목표에 맞춰 효율적으로 사용하도록 해준다. 목표는 모든 구성원을 하나로 모으고 앞으로 나아갈 에너지가 된다. 전략 컨설팅 회사 맥킨지McKinsey& Co.가 3천 명의 임원을 대상으로 벌인 설문 조사에서 '여러분의 회사가 다시 변화를 도모한다면, 어떤 것을 다르게 하겠습니까?'라는 질문에 대해 거의 절반가량의 응답자가 '명확한 목표를 세운다'를 첫 번째로 꼽았다.

꿈과 비전, 그리고 세부적인 목표를 세웠다면 그다음 할 일은 **방법을 찾는 것**이다. 부산에서 서울로 가려면 걸어서 갈 수도 있고, 자동차, 기차, 비행기 등 다양한 교통수단을 선택할 수도 있다. 그리고 표를 예매하고, 짐을 싸고, 일정을 짜야 한다. 마찬가지로, 목적지를 정했으면 도달하기 위한 방법을 찾아야 한다.

여러분의 마음속에 '반드시 맥도날드 같은 세계적인 프랜차이즈 브랜드를 건설하겠다'는 꿈을 품었다고 해보자. 다음은 '5년 이내에 전국적으로 1,000개의 매장을 오픈하고 매출 1조 원 달성'이라는 장기 목표, '3년 내 300개의 매장 오픈'이라는 중기 목표를 세우는 것이고, 이어 당장 해야 할 일은 1,000개의 매장의 표준이 될 1호점을 여는 것이다. 전혀 새로운 콘셉트의 매장을 설계해서 오픈할 수도 있고, 맥도날드의 창업자 레이 크록Ray Kroc이 그랬듯이 기존의 가게에 프랜차이즈 시스템을 입힐 수도 있다.

마지막 단계는 **실행하는 것**이다. 꿈과 목표, 계획과 방법을 찾았다면 차근차근 실행하기만 하면 된다. 이 단계에서 중요한 것은 끊임없이 변하는 시장과 환경에 따라 계획했던 모든 것을 다 바꿀 수 있는 **유연한 태도**, 본질과 핵심을 찾고자 하는 **끈기와 집요함**, 그리고 내 마음에 들지 않더라도 고객의 소리를 들을 수 있는 **열린 마음**이다.

베인앤드컴퍼니^{Bain & Company}의 글로벌 이노베이션 총괄 임원인 대럴 릭비^{Darrel} ^{Rigby}는 2018년 동아 비즈니스 포럼에서 역설했다. 그가 지난 40년간 100여 회의 기업 컨설팅 결과를 분석해봤더니, 성공한 혁신 기업의 3분의 2는 초기의 비전에서 완전히 다른 방향으로 전환했기 때문이라고.

꿈과 비전을 품고, 목표를 정하고, 구체적인 방법을 찾아 출발했다 해도 언제나 일은 예상과 다르게 흘러가기 마련이다. 그에 맞춰 막히면 돌아가고, 실패하면 새로운 방법을 찾고, 필요하면 중간 목표도 수정할 수 있어야 한다. 하지만, 어떤 경우에도 마음속에 결심한 궁극적인 목표, 꿈은 포기하지 않는다. 차분하지만 힘있게, 유연하지만 굳건하게, 여유롭지만 기민하게 멈추지 않고 한 걸음씩 나아간다. 스티브 잡스는 1997년 위기에 빠진 애플에 복귀한 후 20개가 넘는 제품군을 단 4개로 축소했다. 그러나 '미치도록 훌륭한^{insanely great}' 제품을 만들어 세상을 변화시키겠다는 궁극적인 목표는 절대 변하지 않았다. 그 결과는 오늘 여러분이 보는 그대로이다. 애플은 전 세계에서 가장 가치 있는 기업이 되었고 주가는 연일 사상 최고치를 경신하고 있다.

이렇게 무엇을 이룰 것인지 결심하고, 목표와 기한을 정하고, 이루기 위한 방법을 찾고, 계획을 세우고 실행하고 수정해 나가는 과정을 한마디로 '경영'이라고 한다. 그렇다면 작은 가게 하나를 맥도날드나 구글 같은 기업으로 성장시키는 비결은 그에 걸맞게 '경영을 하는 것'이라고 할 수 있다. 나 스스로 '경영자'의 마음가짐과 실력을 갖추는 것이 그 첫걸음이다.

지금 작은 가게 하나를 운영하는 사장님이나 큰 회사의 대표님이나 모두 스스로 꼭 물어봐야 하는 질문이 있다.

나는 경영자인가? 장사꾼인가?

장사Commerce는 '이익을 얻기 위해 물건을 사고파는 일'이라는 뜻이다. 반면 경영Management은 '특정한 목적을 이루기 위해 사람과 사물을 체계적으로 운용하고 관리하는 것'이란 뜻이다. 장사는 당장의 '이익'을 내는 것에 초점이 맞춰져 있다. 경영은 영속하는 '가치'를 만들어내는 일에 우선순위를 두는 것이다.

지금 작은 가게 하나를 가지고 있더라도, 그것이 앞으로 오픈할 '1,000개의 매장 중 1호점'이라고 생각한다면 당신은 경영자다. 지금 1,000개의 매장을 가지고 있더라도 어떻게 더 많은 이익을 거둘 것인가만 생각한다면 당신은 장사꾼이다. 소비자의 삶을 어떻게 변화시키고, 세상에 어떤 유산을 남길 것인가를 고민하고 있다면 당신은 경영자이다. 반대로, 아무리 큰 회사를 가지고 있어도 오직 이익만을, 자신의 생존만을 생각하고 있다면 당신은 장사꾼이다.

'한국 스타트업계의 대부'로 통하는 권도균 프라이머 대표는 국내에서 크게 성공한 벤처 기업이 많지 않은 이유가 기술이나 아이디어가 없어서가 아니라 '경영 능력'이 부족하기 때문이라고 말한다. 맥도날드가 작은 가게 하나로 시작해 거대한 글로벌 기업으로 성장한 가장 큰 비결은 창업자의 경영 능력에 있었다. 맥도날드 형제가 레이 크록을 만나지 못했다면 맥도날드는 캘리포니아 서부 지역의 동네 맛집으로 존재하다 사라졌을지도 모른다. 결국 오늘날 전 세계 어디서나 '골든 아치Golden Arch'를 볼 수 있고 동일하게 맛있는 빅맥을 즐길 수 있는 것은 맥도날드 형제의 아이디어보다는 레이 크록의 경영 능력 덕분이라고 할 수 있다.

경영 능력이라고 해서 큰 회사 경영자들만의 전유물이 아니다. 오히려 내 가게, 내 사업의 A부터 Z까지 모든 것을 챙겨야 하는 작은 가게의 사장님들에게 반드시, 더 절실하게 필요하다.

경영은 다양한 요소들이 필요하다. 인사^{Human Resource}, 재무^{Finance}, 회계 ^{Accounting}, 영업^{Sales}, 생산^{Manufacturing}, 물류^{Supply Chain} 등, 이 각각의 영역들이 회사에서 개별 부서^{Department}의 구분점이 된다. 작은 가게 하나를 경영할 때도 이 요소들을 빠짐없이 챙겨야 한다. 종업원을 고용해야 하고, 자금을 조달해야 하고, 장부를 기록해야 하고, 부품을 조달하고, 물건을 만들고, 팔아야 한다. 성공하기 위해서는 반드시 다양한 경영 능력이 있어야 한다.

그중에서 가장 중요한 요소가 바로 '마케팅 관점'을 가지는 것이다. 많은 사장님들이 마케팅이란 매출 증진을 위한 선택적인 활동이라고만 생각하지만, 사업이 지속해서 성장하기를 원한다면 마케팅은 물과 공기보다도 더 필수적이다. HP의 창업자 데이비드 패커드^{David Packard}는 '마케팅은 너무 중요해서 마케팅 부서에만 맡겨둘 수 없다'는 유명한 말을 남겼다. 그렇다. 성공을 원한다면 사장님이 직접 모든 직원과 함께 마케팅해야 한다.

'자그만 햄버거 가게가 맥도날드처럼, 작은 스타트업이 구글처럼
성장하려면 어떻게 해야 할까요?'

지금부터 '마케팅 관점'에서 그 답을 찾아 책 속으로 들어가 보겠다.

마케팅이란 무엇인가?

마케팅은 영업을 필요 없게 만드는 것이다 - 피터 드러커^{Peter Drucker}

"이야, 그 집 참 마케팅 잘하네!"

회식 자리가 한창 무르익어 가는 가운데 옆 테이블에서 누군가 외쳤다. 마케터Marketer로서 이런 이야기가 들리면 호기심과 궁금증에 눈이 커지고 가슴이 뛴다. 그래서 귀를 쫑긋 세우고 무슨 말이 오고 가는지 유심히 들었다. 그런데 이내 실망하고 말았다. '에이, 그냥 특이한 일회성 판촉 행사를 한번 했다는 거네'.

"저는 마케팅은 자신 있어요.
마케팅 컨설팅으로 월 수천만 원의 수익을 올리고 있어요."

요즘 잘나가는 한 유튜버가 자신의 방송에서 당당하게 한 말이다. 그런데 그는 마케팅을 전공한 것도 아니고, 회사의 마케팅 부서에서 체계적으로 일한 적도 없다. 온종일 게임만 하면서 젊은 시절을 허비하다가 어느 날 정신을 차리고 책을 읽기 시작했고, 특히 마케팅 관련된 책을 접하면서 마케팅을 알게 되었다고 한다. 그러고는 인터넷으로 사업을 시작했고 그러면서 자신의 마케팅 지식이 성공의 원동력이 되었다고 한다. 그러니까 책을 읽고 얻은 마케팅 지식으로 컨설팅을 한다는 것이다. 대단하지 않은가?

"마케팅을 잘한다." 이 말은 어떤 뜻일까? 아니, 그보다 먼저 마케팅이란 무엇일까?

많은 사람이 마케팅을 판매 활성화를 위한 수단이나 기법쯤으로 생각한다. 그래서 광고와 동의어로 쓰이기도 하고, 홍보와 같은 뜻으로 생각하기도 하고, 판촉의 자리에 대신 들어가기도 한다. 그런 활동들이 마케팅의 일부인 것은 맞다. 하지만 그것 자체가 마케팅은 아니다.

어떤 사람들은 마케팅을 '옵션'이라고 생각한다. 해도 되고, 안 해도 되는 선택적 활동으로 여긴다. 예를 들어 여러 개의 제품을 가지고 있는 회사에서는 이런 식의 대화를 심심찮게 들을 수 있다. "A 제품은 중요하니까 마케팅하고, B 제품은 그냥 구색만 맞추는 거니까 마케팅하지 마!"

대부분의 사람은 마케팅을 '비용' 내지 '지출'로 생각한다. "마케팅은 돈 쓰는 부서고 영업은 돈 버는 부서야! 그러니 마케팅 직원들은 영업에 고마워해야 해. 쓸 돈을 벌어주니까 말이지." 어느 대기업의 사장님에게 들었던 말이다. 당연히 그렇게 생각할 수 있다. 회사에서 마케팅 부서가 하는 활동들, 예를 들어 TV 광고, 배달의 민족 치믈리에 선발대회나 현대카드 슈퍼 콘서트 같은 흥미로운 오프라인 이벤트, 할인 행사, 증정품 제공 같은 것들은 모두 다 돈이 드니까. 그것도 아주 많이.

그런 활동들은 뭔가 멋져 보이고, 트렌디하긴 한데 당장 매출에 얼마나 기여했는지는 잘 보이지 않는다. 그래서 회사 내에서 돈만 쓰는 부서라는 곱지 않은 시선을 받곤 하나 보다. 또 당장 하루하루 생존이 문제인 스타트업이나 작은 회사들은 마케팅을 어느 정도 재정에 여유가 생기면 하는 옵션으로 생각하게 되는 이유이기도 하다. 당장 월급 주기도 빠듯한 형편에 매출로 바로 이어지는지도 알 수 없는 마케팅에 돈을 쓸 수는 없는 노릇이다.

그런 부분을 보완하기 위해서일까, 2010년대 들어서 인터넷 기업과 스타트업을 중심으로 '퍼포먼스 마케팅Performance Marketing'이라는 개념이 등장했다. 굳이 우리말로 하자면 '성과 또는 비즈니스 기여도를 측정할 수 있는 마케팅'이라고 할 수 있겠다. 디지털 기술이 발달하면서 소비자들이 온라인에서 하는 모든 활동, 이를테면 검색어를 입력하고, 관심 가는 사이트를 클릭하고, 필요한 앱을 다운로드하고, e 커머스 사이트에서 물건을 구매하는 것 등의 경로와 결과를 모두 측정할 수 있게 되었다. 그 모든 데이터를 분석해서 광고 비용만큼 실제 성과로 이어지는지 바로 측정하고, 비용 대비 효과가 좋은 활동에만 계속 비용을 투입하는 방식이다. 인터넷을 기반으로 하는 비즈니스일수록 데이터를 수집하고, 분석하기가 용이하고, 자금이 넉넉하지 못한 사업 초기일수록 바로 수익으로 이어지는 활동에만 비용을 지출하는 것이 필요하다 보니 퍼포먼스 마케팅을 스타트업 마케팅의 정석처럼 여기게 되었다. 그리고 전통적 마케팅을 퍼포먼스 마케팅과 구별해서 '브랜드 마케팅'이라고 부르기 시작했다. 근래에는 이렇게 마케팅을 이분법으로 나누는 대신 양쪽을 통합한 '브랜디드 퍼포먼스 마케팅Branded Performance Marketing'을 해야 한다는 의견도 있다. 그 외에도 SNS 마케팅, 소셜 마케팅, 디지털 마케팅, 스마트 마케팅 등 이런저런 마케팅 기법들이 넘쳐난다.

여러분은 마케팅을 무엇이라고 생각하는가?

피터 드러커는 이렇게 정의했다. "마케팅의 목적은 소비자들의 충족되지 못한 욕구를 발견하고, 그것을 충족시킬 방법을 마련하여 판매를 불필요하게 만드는 것."이라고 했다. '판매를 불필요하게 만드는 것.' 조금 이상하지 않은가? 오히려 마케팅은 '판매를 더 잘하기 위한' 기술이라고 생각하고 있지 않은가? 조금 더 살펴보자. 현대 마케팅의 아버지라 불리는 필립 코틀러Philip Kotler는 다음과 같이 말했다.

"나는 마케팅이 단지 광고와 판매(세일즈)를 다루는 기능이란 시각에 결코 동의할 수 없다. 또 마케팅이 4P (Product제품 및 서비스, Price가격, Place유통, Promotion 판촉활동) 만 다룬다는 생각 역시 받아들일 수 없다. 이는 모두 전술적으로 중요하지만, 그 자체가 마케팅의 전부는 아니다. 마케터는 세분화Segmentation, 표적시장Targeting, 포지셔닝Positioning에 대한 기본 책임을 져야 한다. 다만 이러한 세 가지 요소조차 마케팅의 전부를 이야기하진 않는다. 어떤 사안이나 사물을 총체적으로 볼 때 비로소 마케팅 전체가 보인다. 성공하는 회사들은 대개 마케팅을 종합적인 눈으로 보며 마케팅을 성장의 핵심 원동력으로 삼고 있다. **가치를 창출하고 전달하며 제공하는 과정을 통해, 고객을 획득하고 늘려가는 것**이야말로 기업에 주어진 가장 중요한 임무다."

전 세계에서 가장 영향력 있는 마케터 세스 고딘Seth Gordin은 그의 최근 저서 《마케팅이다This is Marketing》에서 다음과 같이 역설한다.

"마케팅은 다른 사람들이 자신의 문제를 해결하도록 돕는 관대한 행위다. 더나은 문화를 만들 기회다. 외치거나, 속이거나, 강요하는 일이 아니다. 당신이 소중하게 여기는 고객을 섬기기 위한 기회다."

마케팅이란 무엇인가에 대한 대가들의 견해에서 공통된 점을 발견했나? 맞다, 마케팅은 사람을 섬기기 위한 것이다. 고객들의 문제에 귀 기울이고 해결책을 제시하는 것이다. 가치를 만들어내고 전달하는 것이다. 처음부터 물건을 팔기 위한 수단 따위가 아니었다. **마케팅은 이미 만들어놓은 물건을 팔아 치우기 위한 술책이나 기법이 아니다. 사업을 시작하기 전부터 고객에게 어떠한 의미 있는 가치**value**와 효용**benefit**을 제공할 것인지를 고민하고 설계하는 모든 가치 창출 과정을 말한다. 어떻게 팔지가 아니라 누구를 위해 어떤 사업을 할 것인가를 고민하는 단계에서부터 이미 마케팅은 시작된 것이다.** 마케팅은 사람 중심으로 경영을 바라보는 관점이고 생각의 방식이다. 마케팅을 제대로 하면, 상품을 팔기 위해 애쓰지 않아도 사려는 고객들이 줄지어 몰려드는 경험을 할 수 있다. 광고나 프로모션에 1원 한푼 쓰지 않고도 1억 원 이상을 쓴 것과 같은 효과를 누릴 수 있다. 반짝 떴다 사라지지 않고 지속해서 성장할 수 있다. 제대로 된 관점으로 생각의 방식을 바꾸면 누구나 10배, 100배의 성장을 할 수 있다.

반면 이런 마케팅의 본질과 기본을 망각하고 수단으로 대한다면 크나큰 위기를 맞이할 수도 있다. 명실공히 세계에서 가장 유서 깊은 최고의 마케팅 명가, P&G조차도 말이다. P&G는 브랜드 관리Brand Management를 최초로 시작했고 수십 년째 전 세계에서 가장 많은 광고비를 집행하고 있다. 마케팅과 광고 업계에서 단연코 가장 영향력이 큰 회사다. 그뿐만 아니라 '마케팅 사관학교'라 불리며 독보적인 마케팅의 이론 체계를 구축하고 철저하게 전문적인 실무 교육과 훈련을 통해 최고의 인재를 길러내기 때문에 P&G 마케팅 출신 인재들은 언제나 글로벌 일류기업들의 스카우트 1순위다.

그런 P&G가 2000년 초에 전례 없는 위기를 맞이했다. 1999년에 CEO로 취임한 네덜란드 출신의 더크 야거Durk Jager는 최단기간에 매출과 이익을 두 배로 늘리겠다는 야심 찬 목표를 정하고 모든 임직원을 강력하게 몰아붙였다. 스피드, 혁신, 초과달성 (Speed, Innovation, Stretch: S.I.S) 같은 구호가 난무하며 더 많은 신제품을 이전 대비 두 배의 속도로 출시하는 등 그야말로 전 직원이 정신없이 달렸다. 그러는 가운데 P&G를 최고의 위치에 올려놓았던 고객 중심의 마케팅은 찾아보기 어려웠다. 고객과 점검하던 과정들을 생략하고 건너뛰었다. 빠른 의사 결정과 실행을 위해 많은 부분을 타협하고 무리하게 진행했다. 여기저기서 부작용이 속출했고, 결국 매출과 이익 실적은 모두 목표에 한참 미달했고, 주가가 한순간에 반 토막 나버리는 창사 이래 최악의 상황을 맞았다. 시장의 신뢰를 잃고 현금 흐름이 극도로 나빠져 한 걸음만 더 내디디면 파산할 지경에까지 이르자 이사회는 더크 야거를 CEO 자리에서 해임한다.

그의 뒤를 이어 구원 투수로 등판한 A.G. 래플리Laefely는 전임자와는 정반대의 행보를 보였다. 회사의 상황을 냉정하게 파악하고 그에 맞는 방안을 마련하겠다며 처음 몇 달간은 이렇다 할 방향도 지시 사항도 내놓지 않았다. 그리고 드디어 회사를 위기에서 구할 방도를 찾았다며 인터넷을 통해 전 세계의 P&G 임직원들 앞에서 발표했다. 당시 신참 마케터였던 나도 다른 동료들과 함께 기대와 설렘을 가지고 스크린 앞에서 새 CEO의 구원 메시지를 기다렸다. 마침내 그가 입을 열었다.

"P&G를 위기에서 구하고 비즈니스를 회복하기 위한 전략은 이것입니다. 기본으로 돌아가는 것^{Back to fundamental}, 즉 고객을 상사로 여기는^{Consumer is boss} 마케팅에 집중하는 것입니다! 여러분의 보스는 제가 아닙니다. 고객입니다. 그러므로 앞으로는 모든 의사결정을 여러분의 진짜 보스인 고객의 관점에서 하세요."

'네, 당연한 말씀입니다. 멋지네요. 그다음은요? 회사를 위기에서 구할 구체적인 전략은 뭐죠?' 이렇게 속으로 생각하면서 귀 기울였다. 그런데 그게 다였다.

'응? 정말? 이게 다라고?' 정말 그게 다였다. 그 단순한 원칙이 래플리가 CEO로 재임한 동안 끊임없이 반복해서 모든 임직원에게 가장 많이 당부한 말이다. 나도 P&G에서 일하는 동안 정말 귀에 못이 박히도록 들었다. 신제품 개발부터 광고 프로모션에 이르기까지, 임원 보고부터 팀 미팅까지 모든 회의에서 항상 우리의 브랜드는 고객에게 어떤 가치를 주는가, 고객은 그것에 만족하는가를 묻고 또 물었다. 마케팅 부서뿐 아니라 재무 부서, 공장 생산 관리팀에 이르기까지 모든 부서를 하나로 정렬하게 하는 기준이 되었다. 래플리의 재임 기간 P&G는 매출, 이익, 시가 총액 모두 2배 이상 성장했다. 회사의 위상을 가늠하는 '빌리언 달러 브랜드^{Billion-Dollar Brand}(매출 10억 달러가 넘는 브랜드)'는 10개에서 24개로 늘어났다. P&G의 기업 가치는 단숨에 전 세계 10위 내로 치솟았다. 위기에서의 회복을 넘어 170년 역사 가운데 최고의 성장과 명성을 일궈냈다.

이처럼 세계적 마케팅 명문 기업 P&G조차도 고객을 섬기고 고객에게 최고의 가치를 제공한다는 본질에서 벗어나, 매출 성장과 이익에만 현혹되었을 때는 큰 위기를 맞이했다. 반대로, 다시 기본으로 돌아가 고객을 위한 마케팅이란 관점으로 경영에 집중하자 유례없는 최고의 실적을 달성할 수 있었다.

　　아마존 베스트셀러 《원 씽One Thing》의 저자 게리 켈러Gary Keller와 제이 파파산Jay Papasan은 완벽한 성공의 비밀은 다른 모든 것들이 필요 없어지게 만들 '단 하나'를 찾고 그것에 집중하는 것이라고 소개하고 있다. 마케팅이야말로 당신의 비즈니스를 번창하게 할 '단 하나'다. 이것만 제대로 하면 다른 활동에 애쓰지 않아도 되는 승리의 비법이다. '제대로' 한다면 말이다.

　　어떻게 하는 것이 마케팅을 '제대로' 하는 걸까? 나는 진실한 사랑과 동일하다고 생각한다. 사랑하는 사람의 마음을 얻는 것처럼 고객의 마음을 얻어야 한다. 일시적인 이익을 위한 거래 대신 오래도록 지속하는 신뢰 관계를 맺는 것을 목표로 해야 한다.

　　한때 유행했던 픽업아티스트를 아는가? 수단 방법을 가리지 않고 오직 이성을 '꼬셔서' 하룻밤의 쾌락을 즐기기 위한 갖은 '술수'들로 가득한 사기꾼들이다. 자신들의 노하우를 전수한다며 이성에 다가가는 것을 어려워하는 사람들을 대상으로 고액의 수강료를 챙기기도 한다. 내 매력을 상대방에게 어필하는 외적인 행동은 사랑과 비슷해 보인다. 그러나 목적과 동기는 전혀 다르다. 사랑은 상대를 위해 가장 가치 있는 것을 주려는 마음이다. 픽업은 내 욕망을 위해 상대를 유혹하고 그가 가진 것을 빼앗으려 한다.

　　나를 사랑한다고 다가왔던 상대가 실은 하룻밤의 섹스나 돈을 목적으로 나를 속이고 현혹한 것이었다면 어떤 기분일까? 오늘날 마케팅은 마치 픽업아티스트 취급을 받는 것 같다. 어느새 소비자들에게 마케팅은 사기, 포장, 속임수 같은 단어들과 동급이 되어버렸다. 이제는 다르게 마케팅할 때가 되었다. 아니, 원래대로 마케팅할 때가 되었다. 고객과의 진실한 사랑에 기반을 두고 영속하는 관계를 구축하는 것을 목표로 해야 한다. 그것이 마케팅의 진짜 모습이니까.

'진짜 마케팅'은 누구나 잘할 수 있다. 그 점이 가장 좋은 점이다. 자격증도 필요 없고, 말주변이 좋을 필요도, 엄청나게 똑똑할 필요도 없다. 트렌드에 민감하지 않아도 되고, 별다른 아이디어가 없어도 된다. 단지 사랑하는 사람처럼 고객에게 관심을 가지고, 고객의 마음을 이해하고, 고객의 눈으로 나를 바라볼 수만 있다면 누구나 최고의 마케팅을 할 수 있다. 마케팅은 경험과 지식보다 관점과 태도가 더 큰 차이를 만들어낸다. 사랑하면 보이지 않던 것들이 보인다. 엄두도 나지 않던 일을 할 수 있다. 고객이 진짜로 원하는 것이 보인다. 그것도 내 눈에만 말이다. 다른 어떤 경쟁자도 할 수 없었던 것을 고객에게 줄 수 있게 된다. 나는 고객에게 없어서는 안 될 존재가 되고 고객은 '이성을 넘어서는 사랑love beyond reason'을 나에게 되돌려준다. 문자 그대로 어떤 판매 기법도 필요 없게 되는 것이다. 참된 사랑이 모든 두려움을 이기는 것처럼, 진짜 마케팅은 모든 것을 넘어서는 '단 하나'이다. 이것이 마케팅이다.

구멍가게도 전략이 필요하다

"너는 전략으로 싸우라. 승리는 지략이 많음에 있느니라." – 잠언 24:6

작은 가게도, 아니 작은 가게일수록 전략이 필요하다. 전략은 대기업의 전유물이 아니다. 전략을 어렵게 생각할 필요가 없다. 이기기 위한 최선의 수단을 선택하는 것이 전략이다.

"우리 팀 전략은 뭔가요?"

교회 운동회에서 피구 경기를 할 때, 우리 팀원 한 명이 던진 질문이다. "응? 친목 운동회 하는 데 무슨 전략? 좀 거창한 거 아냐?" 이렇게 생각하는가? 전략은 큰 회사에서 경영 계획을 세울 때나 쓰는 것일까?

대부분의 사람이 전략을 어렵게 생각하는 이유는 예로부터 전략은 군주나 장군 같은 리더의 전유물이었기 때문인 것 같다. 백성이나 군사들은 명령에 따르기만 하면 됐으니 전략을 세울 일이 없었다. 어떤 지식이든 쉽게 습득할 수 있는 요즘도 전략이라는 영역은 어렵게 느껴진다. 수백 수천 권의 책들이 있지만 하나 같이 두껍고, 전문적이고, 어렵다. 내가 가장 최근에 읽은 전략서만 하더라도 500페이지가 훌쩍 넘어간다. 하지만 알고 보면 전략은 누구나 사용할 수 있는 쉽고 유용한 도구다.

'전략Strategy'은 고대 그리스어에서 유래한 단어로 '군대를 이끄는 기술The Art of the General'이란 뜻이다. 원래 전쟁 용어였던 것을 현대 경영학에서 차용해 쓰기 시작한 것이다. 한마디로 '경쟁에서 승리하기 위한 계획'이라고 할 수 있다. 전략을 가지고 싸우면 단 12척의 함선으로 수백 척의 적 함대를 격파할 수도 있다. 작은 소년이 3m가 넘는 거구의 전사를 쓰러뜨릴 수도 있다.

나라 간의 전쟁이나 기업의 경쟁에서뿐 아니라 개개인의 소소한 일상에서도 전략은 매우 유용하다. 용돈을 올려 받고 싶을 때, 다이어트에 성공해서 멋진 몸을 갖고 싶을 때, 같은 시간을 공부해서 더 좋은 성적을 내고 싶을 때, 내 유튜브 구독자를 늘리고 싶을 때, 원하는 회사에 취업하고 싶을 때, 계약에서 유리한 조건을 얻어내고 싶을 때 등 누구나 원하는 것을 얻고자 할 때 무턱대고 달려들기 전에 '어떤 전략으로 접근할까?'를 생각해보는 것만으로도 성공 확률은 훨씬 더 높아진다.

전략이 부담스럽다면 조금 더 친근한 단어로는 '작전'이 있다. 어릴 적 동네

개구쟁이들과 편을 나눠 술래잡기나 피구 같은 놀이를 할 때면 '우리 작전을 짜보자' 하며 삼삼오오 머리를 맞대고 전략(?)을 의논했던 추억이 떠오른다. 사전적, 학술적인 정의는 다르지만 경쟁에서 이기고 원하는 것을 얻기 위한 최선의 방법을 생각한다는 점에서는 동일하다. 이를 일컬어 전략적 사고strategic thinking라고 한다.

나는 전략적 사고를 통해서 사랑을 얻는 데 성공했다. 대학 시절 정말 인기가 많은 여자 후배가 한 명 있었다. 교회에서나 학교에서나 그녀를 사모하는 남학생들이 끊이지 않았고 나도 그중 하나였다. '어떻게 하면 많은 사랑의 경쟁자들을 제치고 그녀의 마음을 얻을 수 있을까?' 나는 고심 끝에 '물과 공기 같은 존재가 되자'는 전략을 세웠다. 항상 주변에 있고 그래서 너무나 익숙하고 편안하지만, 없어지면 너무 불편해서 그 존재 가치가 더 크게 느껴지게 만들자는 것이었다. 그래서 편안한 '남사친'으로 1년이 넘게 함께 스터디도 하고, 영화도 보고, 쇼핑도 하면서 자연스러운 일상에 스며들도록 했다. 그러면서도 마음이 있다는 것을 슬쩍 내비치면서 시그널을 보내는 것도 잊지 않았다. 그리고 드디어 승부수를 띄웠다. 정성껏 준비한 사랑 고백을 한 다음. 마음을 돌아보고 신중하게 결정해달라면서 모든 연락을 중단했다. 이전까지 매일 연락하고 만나던 사이였으니 그 결핍은 더 크게 다가올 거란 생각이었다. 감사하게도 내 전략은 주효했고 나는 그녀와 꿈같은 연애를 시작하게 되었다.

전략적 사고는 사실 쉽고 유용하지만 오히려 너무 어려운 것으로 받아들여지고 있다. 많은 분이 '전략이 뭐지? 어떻게 짜면 되는 거지?'하면서 외면한다. 수학에 비유하자면 미적분을 할 수 있어야만 전략을 세울 수 있다고 여기는 것과 같다. **하지만 전략은 단순하게 만들어야 한다. 덧셈, 뺄셈만 할 줄 알면 전략을 세울 수 있다. 오히려 그 정도로 쉽고 명확해야 좋은 전략이다.**

쉽게 생각해보자. 누구나 원하는 것이 있다. 전략은 원하는 것을 이루는 가장 효과적인 방법을 선택하는 것이다. 서울에서 부산을 갈 때 비행기를 탈 수도 있고, 기차를 탈 수도 있고, 운전해서 갈 수도 있고, 걸어갈 수도 있다. 그중에서 내가 가진 자원과 환경에 따라 가장 좋은 방법을 선택한다. 돈은 충분한데 시간이 없다면 비행기를 선택하면 된다. 반대로 시간은 넉넉한데 돈이 없다면 천천히 걸어서 가면 될 것이다.

부모님에게 용돈을 올려 받고 싶은 학생에게는 어떤 전략적 선택지가 있을까? 우선 정에 호소하는 방법이 있다. 마케팅 용어로 감정적 유대감^{emotional bonding}을 강화하는 것이다. '예쁜 짓'을 많이 하면서 부모님의 환심을 사고 애교 필살기를 사용해서 화기애애한 분위기를 조성한 뒤, 본론으로 들어가서 용돈 인상을 요구하는 것이다. 다음으로 이성적 설득이 있다. 왜 용돈 인상이 필요한지에 대한 증거^{evidence}와 근거^{rationale}를 잔뜩 들이밀고 진지하게 자신의 입장을 피력하는 것이다. 성적 향상이라는 공약^{promise}과 유인책^{incentive}을 걸어도 좋겠다. (물론 그 외에도 다양한 전략이 있지만 자녀들의 아름다운 비밀로 덮어두겠다.) 사용 가능한 전략적 선택지^{strategic option}를 만들었다면 각각의 장단점을 비교해보고 그중에서 최소의 비용으로 가장 큰 효과를 얻을 수 있는 것을 선택한다. 용돈 인상을 위해 감정에 호소하는 방식은 애교에 능하기만 한다면 큰 비용 없이 쓸 수 있다. 그리고 논리가 필요 없으므로 여러 번 쓸 수 있다. 단, 성공률은 낮을 것이다. 논리적 설득은 성공률은 높지만 논리를 구성하고 설득하는 데 더 많은 노력이 필요하다. 또 한 번 성공하면 같은 논리를 다시 사용할 수는 없다.

사실 시간도 돈도 무한정 있다면 전략에 대한 고민은 그다지 필요 없다. 그냥 내 생각대로 하면 된다. 그러나 현실에서는 시간도 돈도 모두 다 한정되어 있다. 모든 선택에는 대가가 따른다. 여기에 돈을 쓰면 저기에 쓸 돈이 없다. 그것을 자원의 희소성Scarcity of resources이라고 한다. 한정된 자원을 가지고 상대방과 경쟁에서 이겨야 하기에 전략이 필요한 것이다. 그래서 전략을 '한정된 자원으로 원하는 것을 얻기 위해 내리는 선택의 집합a set of choices to get what you want with limited resources'이라고 말하기도 한다. 전쟁이라고 하는 극한의 상황에서는 이 필연성이 명확하게 드러난다. 내가 가지고 있는 군사와 병기의 수는 한정되어 있다. 적군은 우리를 향해 달려오고 있고 죽느냐 사느냐의 싸움이 바로 눈앞에 있다. 이런 상황에서 무턱대고 열심히만 하면 된다고 '돌격 앞으로!'를 외칠 순 없을 것이다.

사업이라는 전쟁터에서는 총칼이 눈에 보이지 않아서일까? 이런 절박함이 피부에 와닿지 않는 경우가 많은 것 같다. 그러나 좋든 싫든 사업을 한다는 것은 전쟁터 한가운데로 뛰어드는 것이다. 조그만 구멍가게 하나를 운영한다고 해도 마찬가지다. 오히려 작은 가게일수록 전략이 더 절실히 필요하다. 옆집으로 갈 손님이 우리 가게로 오도록 해야 하는데, 가진 자원도 쓸 수 있는 무기도 더 적은 상황에서 같은 고객을 놓고 대형 마트, 온라인 상점들과 경쟁해야 하기 때문이다. 내 집 앞에는 두 평도 안 되는 작은 상점이 하나 있다. 우유, 과자, 과일 같은 것들을 판다. 그 가게 아래는 큰 슈퍼마켓이 있다. 몇 발자국만 가면 편의점도 있다. 그뿐만 아니라 '샛별 배송', '로켓 배송' 등을 내세우며 24시간 내 신선한 과일을 배달해주는 거대 온라인 매장들과도 경쟁해야 한다. 다윗은 한 명의 골리앗과 싸웠지만 오늘날의 작은 가게들은 수십 명의 골리앗과 동시에 싸워야 하는 모양새다. 작은 가게도, 아니 작은 가게일수록 전략이 더 필요한 이유다.

나만의 전략 수립을 위한 세 가지 질문

중요한 것은 '나만의 전략'을 짜야 한다는 것이다. '남의 전략'은 소용없다. 아무리 멋진 옷도 내 몸에 맞아야 보기 좋은 법. 각자가 처한 환경, 가진 자원, 실력, 경험 등 모든 것이 다르다. 다른 가게가 이렇게 저렇게 해서 성공했다고 그 방식을 그대로 따라 하는 것만큼 시간과 돈을 낭비하는 짓도 없다. 그럼 어떻게 나의 전략을 짜면 될까? 다음의 세 가지 질문에만 답하면 누구나 유용한 '나의 전략'을 세울 수 있다.

첫째, **원하는 것**이 무엇인가?
둘째, **장애물**은 무엇인가?
셋째, 활용할 수 있는 **수단과 도구**는 무엇인가?

1. 원하는 것

누구나 내 가게, 내 사업을 통해 달성하기를 원하는 목적 또는 목표가 있다. 목적은 분명하고 세세하게 세워야 한다. 쉬운 것 같지만 이게 오히려 어렵다. 많은 경우 목적과 수단을 혼동하기 때문이다. "사람들은 0.25인치 드릴을 원하는 것이 아니라 0.25인치의 구멍을 원하는 것이다."는 시어도어 레빗Theodore Levitt의 말처럼 말이다. 한 걸음 더 나아가면 0.25인치의 구멍도 사실은 수단이다. 정말 원하는 것은 거기에 멋진 그림이나 벽시계를 거는 것이다. 일단 원하는 것, 즉 최종 목적을 분명히 하면 그것을 위한 다양한 수단을 탐색할 수 있다. 그림을 걸기 위해서 꼭 벽에 구멍을 낼 필요는 없다. 가벼운 그림이라면 양면테이프로도 충분할 테니까.

목표는 세세하게 쪼갤 수 있다. 가게 매출을 두 배로 늘리겠다는 목표를 세웠다고 해보자. 비싼 메뉴를 더 많이 팔아서 매출을 늘릴 수도 있고(객단가 상승) 손님을 배로 더 늘려서(객수 상승) 달성할 수도 있다. 손님을 늘리는 것도 단골들이 더 자주 오도록 할 수도 있고 새로운 손님들이 더 많이 오도록 할 수도 있다.

어떤 것을 목표로 하느냐에 따라 그다음 전략 방향이 완전히 달라지기 때문에 신중하게 그리고 가능한 한 세밀하고 구체적으로 정해야 한다.

2. 장애물

사실 목표 달성을 방해하는 것은 수도 없이 많다. 날씨, 자신의 게으름 등등 한도 끝도 없이 나열할 수 있다. 그중에서 목표에 가장 직접적으로 영향을 끼치고, 제거했을 때 즉각적으로 효과가 나타나는 한 가지를 골라야 한다. 그래야 거기에 집중할 수 있다. 목표가 정확하고 세밀할수록 제거해야 할 장애물도 명확해진다. 그러면 확실하고 즉각적인 효과가 있는 방법을 찾기도 쉬워진다. 작은 식당을 예로 들어보자. '매출 증대'보다는 '매장 밖에서 서성대는 손님들이 들어오게끔 하자'는 목표가 더 구체적이다. '단품만 시키는 손님들이 디저트도 같이 주문하게 하자'는 목표는 그보다 더 구체적이다. 더 나아가 '20~30대 여성들의 80%는 무조건 디저트를 주문하게 하자'로 세우면 더욱더 세밀한 목표가 된다. 그러면 어떤 장애물이 있는지도 더 찾기 쉽고 대책을 마련하기도 쉽다.

장애 요인이 무엇인지는 반드시 나의 관점이 아닌 고객의 시점에서 바라봐야 한다. 스마트 스토어나 온라인 쇼핑몰을 예로 들어보자. '전환율*이 떨어지는 이유가 뭘까?' 보다는 '내 쇼핑몰에 들어 온 고객들이 제품을 쉽고 빠르게 구매할 수 있도록 하려면?' 또는 '구매하고 나서 불안 대신 즐거움을 느끼도록 하려면?' 식으로 질문하면 다른 것들이 보인다.

---

* '구매 전환율'이라고도 하며 방문자 대비 구매자의 숫자를 의미한다. 예를 들어 100명이 방문해서 10명이 구매를 했다면 전환율은 10%가 된다.

3. 수단과 도구

구체적이고 세밀한 목표를 세웠고 고객 입장에서의 방해물이 명확해졌다면 최선을 다해서 그 장애물을 없애기만 하면 된다. 그를 위해서 내가 활용할 수 있는 것은 무엇인지 차분하고 긍정적으로 생각해보자. 그것이 전략 수립의 마무리 단계다.

내가 오랄비Oral-B 칫솔 브랜드 매니저로 일할 때 이야기다. 고객들이 다른 브랜드로 이탈하는 가장 큰 원인 중 하나는 오랄비에 '미세모가 없어서'였다. 미세모는 한국과 일본 시장에서만 존재하는 독특한 제품 중 하나였다. 오랄비는 미국을 포함한 전 세계에 동일한 제품을 공급하고 있었고, 당시 일본은 오랄비가 진출해 있지 않았기 때문에 한국만을 위해서 미세모 제품을 만들 수는 없는 상황이었다. 미세모 때문에 다른 브랜드로 옮겨 가는 고객을 잡아야 하는 것이다. 정말 막막한 상황이었다.

이렇듯 세계적인 대기업조차 주어진 수단과 도구가 턱없이 부족한 경우가 다반사이다.

자원은 항상 부족하다. 지금껏 살아오면서 한 번이라도 시간이나 돈이 넉넉하다고 느낀 적이 있었는가? 한정된 자원을 가지고 원하는 것을 얻는 방법을 탐색하는 전략이 유용한 이유다.

절대로 내게 없는 것 때문에 위축되거나, 불평하거나, 의기소침해선 안 된다. 대신 내가 할 수 있는 것을 활용해서 어떻게 고객에게 기쁨을 줄 수 있을까에 집중해야 한다.

"가장 맛있는 가게가 되기는 어렵더라도 가장 재미있는 가게는 만들 수 있잖아!"

일본 이자카야 업계의 신이라 불리는 우노 다케시의 말이다. 이에 착안해 한 식당 사장님이 '한번 찾아온 손님들은 꼭 다시 오도록 만들겠다'는 목표를 세웠고, 가장 큰 장애물은 '기억에 남는 대표 메뉴가 없다'는 것이라고 해보자. 이때 난 '창작 요리를 할 실력이 없어. 맛으로 승부를 겨루기엔 너무 어려워'하고 체념하는 대신 '손님들이 즐거워할 만한 재미있는 이벤트를 곁들인 메뉴를 만들어서 기억에 남도록 하자'고 생각해보는 거다. 이를테면 '찬스! 디저트'라는 메뉴를 만들어서 이 메뉴를 주문한 손님은 주인장과 가위, 바위, 보를 해서 이기면 공짜로 먹을 수 있도록 하는 것이다. 또는 주사위를 던져서 손님이 지정한 숫자가 나오면 1+1을 서비스해주는 메뉴로 만들어도 재미있을 것 같다. 미슐랭 스타 쉐프 같은 요리 실력이 없어도 재미있는 아이디어만으로도 기억에 남는 우리 식당만의 메뉴를 얼마든지 만들 수 있다. 대기업보다 오히려 작은 가게들이 더 유연하게 다양한 아이디어를 실험해보고, 나에게 맞는 나만의 방법을 찾을 수 있다는 이점이 있다.

전략적 태도를 가진 사람은 어떤 형편에 처해 있더라도 반드시 방법을 찾겠다는 의지를 다지고 내가 가진 카드 중에 쓸 수 있는 것을 탐색한다. **그중에서 가장 고객에게 기쁨을 주고 마음을 얻을 수 있는 '나만의 한 가지'를 찾고 그것에 집중한다. 그러면 다른 것들은 자연히 따라온다. 그 한 가지를 찾기 위해선, 나를 알고, 고객을 알고, 경쟁자를 알아야 한다. 내가 가장 잘 할 수 있고, 고객이 가장 좋아하며, 경쟁자가 쉽게 따라 할 수 없는 것이 무엇인지 깊이 고민하면 누구나, 어떤 상황이라도 '나만의 마케팅 전략'을 찾을 수 있다.**

앞서 말씀드린 오랄비 사례에서 미세모 칫솔 없이 미세모 칫솔 고객을 붙잡아야 하는 딜레마는 어떻게 해결했을까? 우리는 고객이 왜 미세모를 쓰는지, 그리고 그 고객을 위해서 오랄비가 줄 수 있는 것은 무엇인지에서 답을 찾았다. 고객들이 미세모를 쓰는 가장 큰 이유는 잇몸이 약해서였다. 그래서 잇몸에 자극이 적은 부드러운 미세모를 선호했던 것이다. 다시 말해 고객들이 원하는 것은 '잇몸 건강'이다. 그런 다음 오랄비의 치과 전문의들로부터 잇몸 건강에 가장 중요한 것은 이와 잇몸 사이의 플라크를 제대로 제거해서 치은염 같은 질환이 생기지 않도록 예방하는 것이란 사실을 확인했다. 탁월한 플라크 제거력이야말로 다른 칫솔들과는 비교도 안 되는 오랄비만의 최고 장점이다. 이 점을 부각해서 오랄비야말로 잇몸 건강을 위한 최고의 선택이란 점을 적극적으로 어필했다. 이에 힘입어서 무려 세 명 중의 한 명이 미세모를 선호함에도 불구하고 오랄비는 칫솔 시장에서 압도적인 1위를 계속 유지할 수 있었다.

"나를 알고 적을 알면 백 번을 싸워도 위태롭지 않다." 손자의 이 말만큼 마케팅 전략의 유용함을 잘 표현한 것이 또 있을까. 마케팅 전략을 활용하면 업계 또는 시장에서 먼저 주도권을 쥘 수 있다. 상대방이 어떻게 움직일지를 내다보고 미리 대비할 수 있도록 해준다. 싸우지 않고도 이기는 상책 중의 상책을 마련할 수 있다. 상대가 누구든지 말이다.

좋은 전략의 조건

어렵사리 고민해서 전략을 세웠다면 시간과 비용을 들여 실행하기 전에 좋은 전략인지 확인해보고 싶을 것이다. 좋은 전략은 사업 목표를 달성하고 성과를 만들어낸다. 미사여구로 치장한 듣기 좋은 말이 아니다. 현장에서 결과를 만들어내는 가이드가 되어야 한다. 그런 관점에서 탁월한 전략은 세 가지 특징을 가지고 있다. 바로 단순함, 독창성, 그리고 일관성이다.

단순함 (Simplicity)

"우아함은 거절에서 비롯된다Elegance is refusal" - 다이애너 브릴랜드Diana Vreeland

비즈니스 전략의 가장 중요한 요소는 단순함이다. 나머지 모든 요소가 없더라도 단순함만 있으면 중간은 갈 수 있다. 전략이라는 제목을 달고 있는 문서를 보면 복잡하고 어려운 경우가 더 많다. 그것은 전략을 위한 전략, 즉 하책이다. 반면 성과를 내기 위한 전략은 단순하다. 그러기 위해서는 '무엇을 할까To Do'보다 '무엇을 하지 않을지Not To Do'를 먼저 결정해야 한다. 그리고 내가 가장 잘 할 수 있는 한 가지에 집중한다.

전략적 단순함의 가장 탁월한 사례는 단연 스티브 잡스의 애플이다. 앞장에서도 언급했듯이 그가 애플에 복귀한 직후 20여 개가 넘는 제품군을 단 4개로 축소하고 애플의 모토인 '미칠듯이 위대한' 제품을 만드는 데 집중하여 애플을 살려낸 이야기는 아이언 맨이 인류를 구한 것처럼 극적인 이야기다.

"집중이란 그 밖의 다른 좋은 아이디어에 대해 '아니요'라고 말하는 것입니다." - 스티브 잡스

왜 단순한 전략이 좋은 전략일까? 첫째, 내가 가장 잘하는 것에 집중할 수 있기 때문이다. 잘하는 여러 가지 중 하나가 아니라, 확실한 경쟁 우위가 있는 단 하나에 집중할 때 성공 확률이 훨씬 더 높아지는 법이다. 둘째, 모든 구성원에게 무엇을 해야 하는지 쉽게 알게 하고 실행력을 높여주기 때문이다.

큰 회사일수록 더 단순해야 한다. 초등학생도 알아들을 수 있는 쉽고 명확한 언어를 사용해야 한다. 앞서 언급한 AG 래플리가 2000년에 P&G를 회생시키기 위해서 내놓은 전략은 "큰 시장, 큰 브랜드, 큰 고객에게 집중한다Focus on big countries, big brands, and big customers" 였다. 당시 그의 연설을 듣고 있던 수만 명의 직원 중 이 말을 이해 못 한 사람은 단언컨대 단 한 명도 없었을 것이다. 오히려 대부

분의 사람이 이런 단순한 전략으로 회사가 살아날 수 있을까 하고 어리둥절했었다. 하지만 P&G는 이후 10년간 전에 없었던 최고의 전성기를 구가했다. 각 부문의 사장님들부터 현장의 막내 직원들까지 모두가 지금 무엇을 해야 하는지에 대해 똑같이 이해하고 망설임 없이 실행에 집중할 수 있었기 때문이다. 초등학생도 이해할 수 있는 단순한 전략이 가지는 힘이다.

독창성 (Originality)

독창성은 새롭거나 기발한 발명, 혹은 창의적 작품의 면모를 표현하는 단어다. 다른 것을 베끼거나 흉내 내지 않은 그 자체에서 기원하는 것, 세상에 하나밖에 없는 것을 우리는 독창적이라고 한다. 독창성은 창의성을 내포하고 있다. 많은 경우 서로가 동의어로 여겨지기도 한다. 예술과 창작의 영역에서는 독창성이 무엇보다 중요하다. 반면, 전략에서의 독창성이란 어떤 의미일까.

사람들은 대부분 스스로 독창적이지도, 창의적이지도 않다고 생각한다. 더구나 **전략적 독창성**이라니! 단어만 들어도 어렵게 느껴지지 않는가? 걱정하지 마라. 하늘 아래 새것은 없다. 완전히 세상에 존재하지 않았던 것을 창조한 것은 하나님의 천지창조밖에 없다. 인간의 창의성은 이전에 존재하던 것들을 새롭게 연결하거나 분리시켜서 발휘된 것이다. 그래서 '크리에이티브는 점들을 연결한 것 Creativity is connecting dots'이라고 하는 것이다.

중요한 것은 그 점들을 '나'를 중심으로 연결해야 한다는 사실이다. 나의 이야기, 나의 경험, 나의 맥락, 나의 관점은 그 자체로 독창성의 가장 강력한 기반이다. 크리에이티브하지 않아도 상관없고, 평범해도 괜찮다. 해답은 내 안에 있다. 나를 믿고, 내 안목을 믿고, '나의 전략'을 만들어야 한다. 사람은 누구나 세상에 단 하나밖에 없는 존재다. 한 생명이 태어날 때 온 우주가 기뻐서 노래한다고 한다. 세상에 70억이 넘는 사람들이 있지만 누구도 동일한 지문과 홍채를 가진 사람은 없다. 일란성 쌍둥이조차 말이다. 각기 다른 지문과 홍채는 단순히 생체 인증 수단이 아니다. 그것은 바로 우리 한 사람 한 사람이 다른 누구와도 비교할 수 없는 특별하고 독창적인 존재라는, 하나님이 주신 증표다.

문제는 오늘날은 미디어의 발달과 지식의 홍수로 인해 '좋은 사례'를 너무나 쉽게 볼 수 있다는 것이다. 그래서 창밖의 '좋아 보이는 것'들을 무턱대고 베껴서 쓰게 된다. 모든 문제에는 단 하나의 정답이 있다고 무의식적으로 생각하면서 말이다.

"비즈니스의 세계에서 모든 순간은 단 한 번밖에 일어나지 않는다. 앞으로 그 누구도 컴퓨터 운영체제를 만들어서 제2의 빌 게이츠가 될 수는 없다. 검색엔진을 만들어서 제2의 래리 페이지나 세르게이 브린이 될 수도 없으며, 또다시 소셜 네트워크를 만들어 마크 저커버그가 될 수도 없다. 이들을 그대로 베끼려는 사람이 있다면 정작 이들로부터 아무것도 배우지 못한 것이다" - 페이팔 창업자, 피터 틸Peter Thiel

삶과 사업은 다르다. 다른 사람이 보여준 길은 참고 사항일 뿐이다. 세상에서 내 가게와 내 사업에 대해 나만큼 깊이 치열하게 고민하는 사람은 없다. 그렇지 않다면 그 사업을 접는 편이 낫다. 아무리 뛰어난 컨설턴트나 전문가가 준 의견이라도 내가 직접 고민하고 만들어낸 것보다 좋은 것은 없다.

독창성이 중요한 이유는 그것이 '내게 가장 잘 맞는' 전략이기 때문이다. 다른 사람의 성공 전략을 맹목적으로 베낀 것과, 그것을 참고하되 스스로 고민하여 만든 '나의 전략'은 분명히 다르다. 출발점과 과정이 다르고, 무엇보다 결과가 다르다.

유사 이래 지금처럼 변화의 속도가 빠르고 불확실성이 큰 시대는 없었다. 그러다 보니 변화를 좇아가려고 허덕이고, 변화 트렌드를 잠깐이라도 놓치면 영원히 도태될지 모른다는 두려움이 우리를 초조하게 한다. 그럴수록 오히려 내 안에 있는 것에 더 집중해야 한다. **나만의 독창성에서 나온 한 가지가 남들에게 좋다는 100가지보다 더 낫기 때문이다.**

일관성 Consistency

전략에 있어 일관성이 중요한 것은 정체성, 신뢰성, 실행력 이 세 가지 때문이다.

전략이 힘을 발휘하려면 나의 정체성, 비전, 특징과 결을 같이해야 합니다. 나다운 것이 좋은 전략이다. 일관성 있게 '나다움'을 나타내는 것은 더 좋은 전략이다. 샤넬이나 에르메스같은 최고급 명품 브랜드가 연중 노세일No Sale을 고수하는 것도 그 정체성과 일관성을 유지하기 위해서다. 배달의 민족은 디자인, 서체, 광고, 프로모션을 포함한 모든 마케팅에서 그들의 정체성과 꼭 들어맞는 일관성을 보여준다. 고객에게 닿는 울림의 크기는 그 일관성의 길이와 비례한다. 한 방울씩 떨어지는 낙수가 바위를 뚫을 수 있는 이유는 일관성 있게 한 곳에 떨어지기 때문이다. 오늘은 여기 떨어지고 내일은 저기 떨어지면 폭포수라도 바위를 뚫을 수 없다.

나다움, 나의 철학, 나의 약속과 일관성 있는 전략은 고객의 신뢰를 만들어낸다. 오늘은 이 말 하고 내일은 저 말 하는 사람을 어떻게 믿을까? 내가 아무 말을 하지 않아도 나의 정체성으로 인해 고객들은 이미 내가 어떤 약속을 했다고 믿는다. 기사 식당이라면 당연히 싸고 맛있을 거라고 기대한다. 명품 매장이라면 최고의 서비스를 제공할 것으로 믿는다. 내가 사업을 하는 동안 내 가게를 찾아준 고객이 있고, 나는 그분들에게 어떤 식으로든 약속을 했다. 가게 이름에서, 메뉴판 또는 상세 페이지에서, 프로모션 문구에서, 접객 멘트에서, 심지어 가격에서도 말이다. 그것들이 모두 버무려져 어떤 이미지를 만들어내고, 그것은 고객들에게 나다움, 나의 약속으로 인식된다. 전략은 그 믿음에 부합하는 것으로 고객의 신뢰를 강화하는 방향으로 가야지, 그것을 깨뜨리고 신뢰를 무너뜨려서는 안 된다.

모든 전략은 실행을 전제로 한다. 그렇기에 탁월한 전략도 일관성이 없으면 실패한다. 반면 평범한 전략도 일관성 있게 밀고 나가면 성공할 수 있다. 전략은 작은 씨앗과 같다. 그 안에 생명력이 있고 많은 가지가 있다. 한두 마디로 정의된 전략은 수십, 수백 개의 세부 계획으로 이어지고, 그 하나하나가 일관성 있게 실행될 때 강력한 힘을 발휘한다. 작은 씨앗 하나가 큰 나무로 자라고 무성한 가지와 열매를 맺듯이 말이다.

마지막으로 일단 전략을 세우고 나면, 그 안에만 갇히지 말아야 한다. 실행에 집중해야 한다. 전략은 어디까지나 목표를 달성하기 위한 수단이다. 일관성과 경직성은 다르다. 상황과 환경은 항상 변한다. 세상일이 다 그렇듯이 계획한 대로, 예상한 대로만 되는 일은 없다. 오히려 계획과 다르게 흘러가는 것이 정상이라고 생각될 정도로 예상하지 못한 변수는 항상 튀어나오기 마련이다. 계획과 다른 부분들이 생길 때마다 그것이 실행의 문제인지, 전략의 수정이 필요한 것인지 민첩하게 판단하고 기민하게 움직여야 한다.

"우리 가게의 전략은 무엇인가?"

이 질문을 가지고, 위에서 제시한 지침을 참고해서 나만의 전략을 세워보자. 그 과정에서 내가 속해 있는 시장, 고객, 경쟁, 그리고 무엇보다 나에 대해 훨씬 더 깊이 있게 이해할 수 있다. 그것만으로도 위대한 일을 이룰 수 있는 첫발을 내디딘 셈이다.

Now or Never (지금이 아니면 안 돼)

"Just Do It. 하고 싶은 거 해! 눈치 보지 마! 저질러놓고 봐! Do it now or never-후회하는 것보단 나으니까" - 몬스타엑스 〈Now or Never〉 중에서

여러분은 신중하게 생각하고 계산한 후 확신이 서면 천천히 실행에 옮기는 편인가, 아니면 우선 행동하고 문제점은 다음에 보완해나가는 편인가?

아무리 좋은 아이디어라도 바로 실행하지 않으면 아무 의미가 없다. 이름을 불러줘야 꽃이 되는 것처럼 아이디어는 실행에 옮겨야 보석이 된다. 머릿속에만 보관하고 있으면 다이아몬드를 쓰레기 더미에 파묻어 두는 것과 같다.

이론과 전략에 강한 사람일수록 우선 실행에 옮기기보다 완벽한 계획을 짜는 것에 좀 더 치중하는 경향이 있다. 스마트하고 계산에도 밝다 보니 경우의 수도 잘 따진다. 결코 실패는 용납하지 않겠다는 생각으로 시나리오별로 대책도 다양하게 마련해 놓는다. 그런데 직접 해보지 않으면 알 수 없는 작은 디테일들이 많다. 오죽하면 악마는 디테일에 숨어있다고 할까.

오히려 큰 전략보다 그런 작은 실행의 디테일 때문에 일의 성패가 결판나는 경우가 더 많다. 개념 지식과 현장 경험은 화성과 금성만큼 다르다. 직접 경험해보기 전까지는 절대 알 수 없는 것들이 있다. 사업의 성공은 그 갭을 얼마나 빨리

메꿀 수 있는가에 달려 있다고 해도 과언이 아니다. 우선 '실행을 통해 배워나가는 것learning by doing'이 중요한 이유다.

"실행력과 속도는 스타트업의 생명이다." - 권도균

대기업도, 스타트업도, 작은 가게도 무슨 일을 하든지 머뭇거림 없이 즉각적으로 행동에 옮기는 것은 성공한 사장님들의 공통적인 특징이다. 작은 가게나 스타트업은 당장의 생존을 위해 하나라도 더 팔아야 하고, 그러기 위해서는 당장 행동해야 한다. 그 점은 대기업도 마찬가지다. "행동 편향bias toward action", "민첩함agility" 같은 태도들이 글로벌 기업 최고의 인재들에게서 공통으로 두드러지는 점이다.

"사장님들은 열에 아홉은 다 조급증 환자 같습니다. 한순간도 기다리지 못하세요." 수백 명의 CEO를 대상으로 지도와 상담을 해온 전문 코치가 귀띔해준 말이다. 전에는 느긋했던 분들이 사장 자리에만 가면 조급해지는 것일까? 그럴 리가 없다. 즉각적으로 행동하는 습관이 몸에 배어있기 때문에 탁월한 성과를 내고 CEO 자리까지 오를 수 있었던 것이다. 그리고 직원들도 본인처럼 하기를 바란다.

"더 빨리 민첩하게 행동해야 합니다. 예를 들어 경쟁사가 허를 찔렀을 때 대응이 너무 느립니다. 믿고 싶지 않은 건지, 인정할 수가 없어서인지, 상황 파악이 덜 되어서 그런 건지, 어떤 심리적인 요인인지 모르겠지만 하여튼 행동이 너무 느려요." P&G의 래플리 회장이 CEO 재직 당시 성공의 절정에 있을 때, 한 인터뷰에서 회사가 더 발전하기 위해서 가장 중요한 것이 무엇이라 생각하는지 물었을 때 내놓은 답변이다.

'훗. 나는 문제 없어. 나는 항상 행동부터 하니까'라고 생각하시는 분들이라면 혹시 마냥 무언가를 하고 있다며 자신을 속이고 정작 꼭 필요한 행동은 미루고 있지 않은지 점검해봐야 한다.

"Action! Not activity." 처음 직장 생활을 시작했을 때 외국인 상사가 당부한 말이다. 우리말로 의역하면 "허우적대지만 말고 실행해!" 정도의 느낌일까. 사전을 찾아보면 Activity는 '무언가를 하면서 시간을 보낸다'something that you spend time doing'는 뜻이고 Action은 '특정한 목적을 위해 어떤 일을 하는 것'doing something for a particular purpose'이라고 구분되어 있다. 예를 들어볼까? 트렌드를 파악하고 신제품 아이디어를 얻기 위해 시장 조사를 가는 것은 소위 핫 플레이스로 가서 어떤 상품들이 새로 나왔는지, 사람들이 좋아하는 가게들은 어떻게 꾸며 놓았는지 살펴보고 어떤 점을 우리 가게에 적용할 수 있을지 연구하기 위해서다. 그런 시장 조사를 가면 보통 이것저것 사진을 마구 찍어둔다. 수십 장 수백 장. 괜찮은 아이디어를 발견할 때마다 카메라에 담아둔다. 그러면서 이렇게 생각한다. "나중에 정리해서 적용해봐야지." 하지만 다시는 꺼내 보지 않는다. 그리고 그중 몇 장을 보고서에 붙여넣고는 할 일을 다 했다고 생각한다. 이런 것을 활동이라고 한다. 기왕에 온종일 돌아다니면서 5~6시간을 시장 조사에 썼는데, 추가로 한 시간만 더 써서 가장 중요한 사진 3장만 고른다. 그중에 제일 맘에 드는 아이디어 하나를 골라 내일 당장 실행해보는 것이다. 이건 행동이다. 모든 행동은 의미 있는 변화를 만들어낸다. 지금 당장 하지 않으면 절대 다음은 없다.Now or Never.

1954년 시카고에서 밀크쉐이크를 만드는 멀티믹서를 팔던 레이 크록은 자신의 멀티믹서 여덟 대를 캘리포니아의 한 가게에서 사용한다는 사실을 듣자마자 대륙을 가로질러 그 비결을 확인하러 달려갔다. 그가 방문한 가게는 맥도날드 형제가 운영하는 햄버거 가게였다. 그는 그 자리에서 프랜차이즈 사업을 하기로 하고 맥도날드 형제를 설득한다. 이것이 그를 오늘의 맥도날드라는 100조 원이 넘는 대기업의 창업주로 만들어준 즉각적 행동이다.

하지만 즉시 행동에 옮기는 것이 누구에게나 쉬운 것은 아니다. 혹시 나만 그런가, 의기소침할 필요 없다. 현대 뇌 과학은 왜 사람이 중요한 일을 미루는 습성이 있는지 다음과 같이 명쾌하게 밝혀냈다. 새로운 행동을 시작하기 위해서는 뇌의 신경 세포인 뉴런이 그 행동을 하기 위한 시냅스(연결 고리)를 만들어야 한다. 그리고 '미엘린'이라는 응고 물질이 나와서 그 연결 부위를 전선의 피복처럼 감싸고 응고되어야 사람들은 그 행동(또는 새로운 지식, 기술)에 익숙해진다고 한다. 이 초기 기간 뇌는 엄청난 에너지를 소모한다. 마치 비행기가 이륙하는 데에만 전체 연료의 절반 정도를 소모하는 것처럼 말이다. 어떤 행동을 시작하는 것은 그 정도로 에너지가 소모되는 일이다. 그런데 뇌는 에너지 소모를 최소화하려는 습성이 있기 때문에 그런 활동들을 회피하도록 유도한다. 공부를 시작하려는데 갑자기 주변 정리부터 해야 할 것 같고, 기획서 작성을 시작하려는데 우선 단순 업무부터 처리하자는 생각이 들고, 중요한 회의를 구상해야 하는데 우선 어제 못 본 드라마 하나만 보고 시작하려는 심사. 이런 것들은 뇌 에너지 소모가 많은 활동 대신 거의 에너지를 쓸 필요가 없는 것들을 하도록 유도하는 뇌의 습성 때문이다.

"지킬 수 없는 '위대한 목표'보다 지킬 수 있는 '사소한 행동'이 당신의 인생을 극적으로 바꾼다!" - 스티븐 기즈 《습관의 재발견》

즉시 행동으로 옮기는 것도 일종의 습관이다. 아이디어를 머릿속에만 담아두고 있다면 바로 실천하는 습관을 들이도록 스스로 길들일 필요가 있다. 작고, 가볍고, 부담 없는 작은 행동부터 바로 시작하는 거다. 에너지 소모가 적은 일부터 시작해서 뇌가 저항하지 않도록 하고 살며시 점점 더 큰 일을 하는 것이다.

"비전을 실행할 수 있는 구체적인 일들로 세분화하지 않으면 직원들의 에너지를 동원하기는 힘들다." – 맥킨지 《차이를 만드는 조직》 중에서

"매일 운동을 한 시간씩 하겠어." 이런 목표를 세우면 아예 시작조차 안 하지만, "하루에 팔굽혀펴기 스무 번만 하자!"고 작정하면 누구나 쉽게 시작한다. 일단 시작하면 왕왕 30분, 한 시간씩 운동하게 된다. **일도 마찬가지다. 작게 쪼개 가능한 작은 단위로 만드는 것이다. 시간, 비용, 노력이 최소로 들지만 변화를 일으킬 수 있는 수준으로 작게 만들어서 도전해보자. 그리고 그것이 만들어내는 긍정적인 변화를 하나라도 경험해보는 것이 중요하다.** 그 맛을 한번 보면 그 자체로 에너지가 되고 행동하는 습관과 성향을 발전시켜나갈 수 있게 된다. 그 과정을 반복하면 어느새 지금 즉시 실행하는 성공의 습관이 배게 된다.

"나 같은 경우엔 생각이 떠올랐을 때 다음날에라도 바로 시험을 해봐. 닥치는 대로 시도를 해보고, 그중 하나라도 들어맞으면 정말 기쁠 거야. 다 틀리고 하나도 맞지 않다고 해도 괜찮아. 시도해보는 만큼 자신의 힘이 되어갈 테니까."
《장사의 신》 중에서

주의할 점은, 신속하게 행동에 옮기는 것과 무턱대고 불 속으로 뛰어드는 것을 반드시 구별해야 한다는 것이다. 2015년 패스트 컴퍼니가 선정한 '세계에서 가장 혁신적인 기업' 목록 1위를 차지한 와비파커Warby Parker는 온라인으로 안경을 판매하는 회사다. 네 명의 대학생이 창업했지만 그들은 창업을 준비하면서도 다른 회사에서 인턴으로 일했고 졸업 후에 일할 회사도 마련해놓았다. 나이키 창업자 필 나이트는 창업 후에도 원래 했었던 회계사 일을 한동안 계속했다. 애플 공

동 창업자인 스티브 워즈니악 역시 창업 후에도 원래 직장인 휴렛팩커드에서 계속 일했다. 창업을 망설이지 않고 즉시 실행했지만 행여 실패할 경우에 대비한 위험 관리도 잊지 않았다. 이렇게 직장을 계속 다니면서 창업한 사람들이 직장을 그만두고 창업한 사람들보다 실패 확률이 33% 낮았다. 한 곳에서는 위험을 감수하고 도전하면서도 다른 분야에서 신중하게 안정감을 확보함으로써 도전하는 분야에서 더 과감한 시도를 할 수 있도록 위험을 관리하는 것이다.

일을 작게 쪼개서 실행에 옮기는 것도 같은 맥락이다. 실패의 리스크를 최소화하면 그만큼 부담이 줄어들고, 더 과감하게 망설이지 않고 시도할 수 있다. 위대한 일은 한 번의 거대한 구상이 아니라 수많은 작은 시도가 모여 이루어지는 것이다.

오늘 내 사업에 있어 '팔굽혀펴기'에 해당하는 어떤 시도를 했는가? 아니라면 지금 당장 자리를 털고 일어나 그 하나의 시도를 해보자. Now or Never!

크고 담대하게 Big and Bold

강하고 담대하라. 두려워하지 말라 – 신명기 31장 6절

맥도날드의 시카고 본사에 가면 창업주 레이 크록이 초기에 사용했던 사무실을 그대로 재현해 놓았다. 거기에 이런 말이 적혀 있다.

"Ray's style of work was to do things simply, directly and very very big.
(레이의 업무 스타일은 일을 단순하게, 직접적으로,
아주 아주 크게 하는 것이었다.)"

실제로 그는 직원들에게 "과감하게, 남들보다 먼저, 뭔가 다르게!^Be daring, Be first, Be different"라는 말을 자주 했다. 이것은 원대한 비전을 가지라는 것과는 다른 이야기다. 오히려 그 반대로, 아이디어 자체는 작고 구체적이지만 그것이 실현되었을 때 큰 효과를 낼 수 있는 일의 실행에 집중하라는 뜻이다. 그의 말을 잠시 들어볼까?

"새로운 아이디어를 낼 때 모든 부품이 제 기능을 하는 하나의 완성된 체계를 세우는 사람들이 있다. 나는 그런 식의 '원대한 구상'을 하지 않는다. 나는 부분에서 전체로 나아간다. 세부적인 것을 완벽하게 만들기 전에는 절대 규모가 큰 아이디어로 넘어가지 않는다. 나로서는 이 방법이 훨씬 융통성 있는 접근이다 … 그래서 나는 단순하게 보일지언정 세부사항의 중요성을 강조한다. 사업이 잘 수행되기를 바란다면 그 일의 모든 기본적이고 핵심적인 부분에 낱낱이 완벽을 기해야 한다. … 가끔 밤늦은 시간에 대단한 아이디어가 떠오르는 경우가 있다. 완벽한, 혹은 완벽하게 보이는 포괄적인 계획이다. 하지만 언제나 그렇듯 다음날 밝은 빛 아래에서 보면 그것은 실용적인 아이디어라기보다 공상에 가까운 것으로 판명된다. 보통 그런 원대한 계획에는 작지만 필수적인 세부사항이 간과되는 경우가 많기 때문이다. 그래서 나는 단순하게 보일지 몰라도 세부사항의 중요성을 강조한다. 사업이 잘 수행되기를 바란다면 그 일의 모든 기본적이고 핵심적인 부분에 낱낱이 완벽을 기해야 한다."

그의 이런 경영 철학은 반세기가 지난 지금도 모든 맥도날드 직원들 사이에 생생하게 살아있다. "우리는 크고 담대한 일을 합니다.^We do Big and Bold things." 내가 맥도날드에서 일하던 시절 경영진에게 자주 들었던 말이다. 맥도날드는 그 지침에 따라서 같은 일을 하더라도 단순하고, 직접적이고, 큰 효과를 낼 수 있게 한다. 그리고 고객들로부터 엄청난 호응을 끌어낸다. 한국 맥도날드의 사례 몇 가지만 들어볼까?

사례 1:

"빅맥이 간다!" 2015년 9월 맥 딜리버리 앱 출시를 홍보하기 위해 앱으로 주문을 하는 고객들에게 대표 메뉴 빅맥을 무조건 무료로 제공하는 행사를 했다. 폭발적인 반응으로 고객들이 일시에 몰려 서버가 다운되는 사태까지 벌어졌다.

사례 2:

"맥 드라이브 데이! 빅맥이 무료!" 2018년 5월 드라이브 스루를 홍보하기 위한 맥 드라이브 데이 행사에서 모든 고객에게 빅맥을 무료로 제공했다. 비가 내리는 궂은 날씨에도 불구하고 (보통 비가 오면 방문객이 10~20% 급감) 창사 이래 최대의 맥 드라이브 방문객을 기록했다.

사례 3:

아침 시간 방문객을 늘리기 위해서 정기적으로 진행하는 프리 커피 데이FREE COFFE DAY행사 때는 오전 7시~10시 사이 방문객에게 무조건 프리미엄 로스트 커피를 무료로 한 잔씩, 그것도 일주일 동안이나 제공한다.

방문객 수 활성화를 위해 할인 프로모션을 하는 곳은 많지만 이렇듯 대담하게 대표 제품을 무료로 제공하는 것은 맥도날드만의 DNA다. 그런 시도를 통해 언제나 화제를 일으키고, 고객의 뇌리에 각인되고, 한 단계 높은 도약을 이룩해왔다.

단지 프로모션뿐 아니라 제품을 기획할 때도 마찬가지다. 언제나 목표는 "놀라운 가격! 놀라운 품질!"의 제품을 제공하는 것이다. 최고급 아라비카 원두로 만든 커피를 한잔에 천 원에 팔고, 고품질 원유로 만든 아이스크림을 700원에 제공한다. 보통의 카페에 가면 각각 3,000~5,000원 정도에 먹을 수 있는 품질이다.

애플 스토어가 성공한 원인도 대담하게 시내 중심에 보란 듯이 세워서 사람들의 이목을 끌었기 때문이다. 소매점은 외곽 지역의 땅값이 싼 곳에 세우고 사람들이 찾아오도록 하는 것이 관례였지만, 그렇게 하면 눈에 띄지 않았을 것이고 지금처럼 성공하지도 못했을 것이다.

고객들의 눈에 보이는 것은 회사의 원대한 비전도, 브랜드의 멋진 슬로건도 아니다. 작고 단순하지만 직접적이고, 아주 아주 큰 혜택이다. 이런 일을 대담하게 해내면 뭔가 눈에 보이는 실질적인 변화가 일어난다. 고객의 반응, 태도, 그리고 매출이 달라진다.

사장님들은 매일 자신의 가게만 들여다보고, 자신의 사업만 생각한다. 그래서 작은 차이도 눈에 크게 들어온다. 30%만 할인 행사를 해도 엄청난 일이란 생각이 든다. 신제품을 출시하면 그 제품만 보이지만, 고객은 그렇지 않다. 세상엔 그들의 시선과 관심을 현혹하는 것들이 차고 넘쳐난다. 현대인은 하루 평균 5만 가지 생각을 하고, 6천 개 이상의 광고 메시지에 노출된다고 한다. 오늘도 수많은 크고 작은 가게들이 고객의 관심을 끌기 위해 갖은 수단을 다 동원하고 있다. 고객의 입장에서는 너무나 많은, 비슷비슷한 가게들이 자신에게 뻔한 수작을 걸어온다. 그래서 대부분은 보지도 않고 지나가 버린다. 발길을 멈추고, 시선을 뺏고, 마음을 훔치려면 남들과 달라야 한다.

작은 차이만으로는 고객이 알아채지 못한다. 크고 대담하게 일을 벌여야 하는 이유다. '빅맥 무료!'와 '세트메뉴 30% 할인' 중 어느 쪽이 더 강렬하게 고객들의 뇌리에 남을까? 두말할 필요도 없다. 크고 담대한 것은 인상에 강하게 남는다. 오랫동안 기억하게 된다. 기왕에 하는 일은 크고 대담하게, 그리고 티가 나게 해야 한다.

일을 크게 하는 것의 또 다른 이점이 있다. 일의 가지 수를 줄여준다. 크고 대담한 시도는 특히 재정적으로 많은 자원을 필요로 한다. 30% 할인보다는 무료로 주는 것이 훨씬 더 큰 비용이 드는 것은 두말할 필요도 없다. 그렇기 때문에 4~5번 할 행사를 한 번밖에 할 수 없다. 일을 해보면 작은 일이든 큰일이든, 들어가는 시간이나 챙겨야 할 일의 분량은 비슷하다. 따라서 작은 일 여러 개를 하기보다 큰일을 한 번에 집중하면 시간과 에너지를 더 효율적으로 쓸 수 있고, 그렇게 아낀 자원을 더 생산적인 일에 쓸 수 있게 되는 선순환이 일어난다.

크고 담대하게 일을 벌일 때 반드시 유념해야 할 두 가지가 있다.

첫째로 **'어떻게 하면 고객이 기뻐할까?'**라는 질문에서 시작해야 한다. 무조건 덮어 놓고 '파격적인 이벤트를 해 봐야지'라고 접근하면 아니함만 못하게 된다. 연인을 위해 깜짝 이벤트를 할 때 상대방을 기쁘게 해야지, 내가 돋보이려고 하면 안 되지 않겠는가? 이 일을 하는 이유는 고객의 마음을 얻기 위해서다.

둘째로 **나의 정체성에 맞는 나만의 스토리**가 있어야 한다. 고객이 이해할 수 있는 명분과 이유가 있어야지 마냥 공짜로 준다고 하면 '내가 거지야?' 하면서 도리어 거절한다. 2018년 3월 한국 맥도날드 30주년을 맞아 "맥도날드 30살 생일 파티"란 주제로 빅맥을 30년 전 가격에 제공하는 행사를 했다. 예상보다 2배가 넘는 고객들이 몰려서 오후 시간에 벌써 준비한 재료가 다 떨어졌다. 많은 고객이 아쉬워하며 빈손으로 돌아갔다. 그래서 일주일 뒤 한 번 더 "빅맥 30년 전 가격" 행사를 했다. 그랬더니 이번엔 예상보다 절반도 되지 않았다.

고객들은 단지 할인 행사를 한다고 몰려온 것이 아니었다. 사실 처음 행사에는 수익금의 일부를 소아암 환자를 위해 기부하는 내용도 포함되어 있었다. 맥도날드는 수십 년 동안 전 세계에서 소아암 환자를 오랫동안 후원해오고 있었고,

해피밀을 사 먹는 어린이들에게는 언제나 무료 장난감도 나눠주고 있었으므로 맥도날드의 정체성에 부합하는 의미 있는 행사라고 받아들인 많은 고객이 함께 즐기고 축하해주러 왔던 것이었다.

우리 가게만의 정체성이 무엇인지 생각하고, 그에 맞는 스토리가 무엇인지 고민해보자. 그리고 고객을 기쁘게 하는 크고 대담한 일에 도전해보자. 분명 진심이 전해지고, 환한 얼굴의 손님으로 가득 찬 우리 가게를 보게 될 것이다.

3장

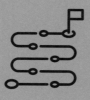

우리 가게는 지금 어디쯤 있는가?

"아직 원하는 곳에 도달하지 못했더라도, 아직 되고자 하는 사람이 되지 못했더라도 계속 걸어가는 법만은 잊지 말아라."

존 맥스웰 John Maxwell

지금 어디쯤 있는가?

'아직 원하는 곳에 도달하지 못했더라도, 아직 되고자 하는 사람이 되지 못했더라도 계속 걸어가는 법만은 잊지 말아라.' - 존 맥스웰John Maxwell

인생도 사업도 단거리 경주가 아니다. 그렇다고 장거리 경주도 아니다. 그보다 훨씬 더 긴 여행과 같다. 출발점이 있고, 도달하고자 하는 곳이 있고, 지금은 그 중간 어딘가에 있다. 그렇기에 무턱대고 앞만 보고 달리면 안 된다. 엉뚱한 길로 가고 있는데 속도를 내면 어떻게 될까? 큰일 난다. 그럴 때는 잠깐 멈춰서 주변을 돌아보고 바른길을 찾아서 경로를 바꿔야 한다.

목적지가 어딘지에 따라 내가 있는 곳의 의미가 달라진다. 예를 들어 서울에서 출발해서 지금 판교에 있다고 해보자. 내가 가려는 곳이 분당이라면 거의 다 온 셈이다. 만일 부산이라면 좀 많이 남았지만, 방향은 잘 잡았으니 그 길로 계속 가면 된다. 목적지가 일산이라면 완전히 반대로 왔으니 바로 방향을 바꿔야 한다. 좀 더 나가서 뉴욕에 가고자 출발한 것이라면, 이건 뭐 어디에 있든 아무 의미가 없다. 우선 인천 공항으로 가서 비행기부터 타야 한다.

우리는 일, 사랑, 인간관계, 취미, 등 매일 많은 경험을 하면서 살아간다. 성공하기도 하고 뜻대로 일이 안 풀리는 날도 있다. 때로는 돌부리에 걸려 넘어지기도 한다. 어떤 사람은 그 경험을 통해서 성장하고 발전하며 자기가 설정한 목표에 점점 가까이 다가가, 축적되는 시간을 살아간다. 반면 또 다른 어떤 사람은 같은 시간을 살아도 아무것도 배우지 못하고, 아무것도 바꾸지 못한 채 그저 흘려보내는 시간을 살아간다. 열심히 사는데도 같은 실수를 반복하고, 계속 제자리걸음을 한다. 왜 그럴까? 뒤돌아보지 않기 때문이다. 잠깐 걸음을 멈추고 내가 어디쯤 있는지, 올바른 방향으로 나아가고 있는지 확인해보지 않기 때문이다. 주변에서 일어난 사건이 어떤 의미가 있고 나의 미래에 어떤 교훈을 주는지 되새겨보지 않기 때문이다.

1980년 9월 23일, 당시 28세의 한 청년이 이화여대 광생약국 앞 작은 보세의류점 '잉글랜드'를 시작했다. 명문대 건축과를 졸업했지만 근육무력증이란 희귀병으로 2년 넘게 투병하느라 연령 제한에 걸려 취업문이 막히자 차선책으로 장사를 선택한 것이다. 그 청년의 이름은 박성수, 바로 이랜드 그룹의 창업주다. 앞길이 창창하건만 병상에 누워 수저 하나 들 힘도 없이 무력하게 보낼 수밖에 없었던 그는, 그 시간을 자신을 돌아보고 미래를 준비하는 기회로 삼았다. 3천 권이 넘는 책을 읽으며 다양한 지식을 쌓고 통찰력을 길렀다. 이후 자리에서 일어나 보세의류점을 시작한 뒤, 그 교훈을 잊지 않고 자주 되돌아보고, 자신이 가고 있는 방향이 바른지 점검하고, 때때로 필요한 도전과 변화를 시도했다. 그것이 2평짜리 옷 가게를 매출 12조 원이 넘는 대기업으로 성장시킨 원동력이다.

큰 회사들은 정해진 시스템과 프로세스에 따라 경영한다. 정기적으로 경로를 점검하고 돌아보는 절차를 가지고 있다. 목표 대비 얼마나 달성했는지, 계획대로 진행되고 있는지, 차질이 있다면 원인은 무엇인지, 전략은 여전히 유효한지, 방향은 올바른지, 수정이 필요한지, 적어도 분기별로 또는 월별로 분석하고 필요한 조치를 취한다.

작은 가게는 그렇지 않다. 매일 매출과 손익을 맞추는 것만 해도 큰일이다. 몸으로 때워야 할 일들이 너무 많아 정신없이 이리 뛰고 저리 뛰면 하루가 다 간다. 장사가 잘 안되면 어떻게든 만회하려고 몸도 마음도 분주해진다. 반대로 너무 잘돼도 정신이 없다. 하지만, 오히려 그럴수록 잠깐이라도 멈춰서 우리 가게는 지금 어디쯤 있는지 돌아보고 생각할 시간을 가져야 한다. 무턱대고 앞만 보고 달려가는 대신 스스로 물어봐야 한다. 처음 가졌던 목표는 무엇이었는가? 올바른 방향으로 가고 있는가? 무엇을 잘하고 있는가? 무엇을 놓치고 있는가? 혹시 현상에 익숙해져서 자동 항법 장치처럼 날마다 반복하고 있는 것은 아닌가?

"성공하는 사람들은 더 좋은 질문을 던지기에 더 좋은 답을 얻는다." - 앤서니 로빈스^{Anthony Robbins}

질문에는 마법 같은 힘이 있다. 질문은 뇌를 움직이게 하고, 창조적인 에너지를 만들어낸다. 그렇기 때문에 무턱대고 정답을 찾으려고 하기 전에, 질문이 올바른가부터 생각하는 습관을 길러야 한다. 좋은 질문은 문제의 본질을 꿰뚫어 볼 수 있게 해준다. 창의적인 아이디어와 영감을 불러일으킨다. 사업의 어떤 문제라도 "왜?"라고 다섯 번만 물어보면 확실한 답을 얻을 수 있다.

사람은 습관과 관성의 지배를 받는다. 그냥 '하던 대로'가 쉽다. 아니, 하던 대로 하려고 한다. 그러나 세상은 끊임없이 변한다. 소비자도 변하고, 유행도 변하고, 기술도 변하고, 모두 다 변한다. 오늘 당연하던 것들이 내일은 당연하지 않게 된다. 어제는 너무 탁월했던 전략이 오늘은 무용지물이 되는 경우가 많다. 심지어 업계 자체가 송두리째 바뀌어버리기도 한다. 내가 어디쯤 있는지, 어디로 가고 있는지, 이 방향이 맞는지 계속 질문해야 하는 이유다.

이 과정을 반복하면 시야가 넓어지고, 사고가 확장된다. 내 가게뿐 아니라 내가 속해 있는 업계, 고객, 경쟁 관계를 포함한 전체적인 지형을 파악하는 안목이 길러진다. 이것을 '풍경을 조망한다^{Assess the landscape}'고 한다. 아파트를 살 때 그 집만 보면 안 된다. 직장 수요, 학군, 교통망, 문화 시설, 편의 시설을 포함한 종합적인 입지도 봐야 하고, 시장 유동성, 인플레이션을 포함한 거시 경제 흐름, 인접 지역의 분양 계획을 포함한 공급 계획까지 파악해야 제대로 의사 결정을 할 수 있다. 전쟁할 때 군대와 병기만 보는 지휘관은 하수다. 제갈량은 지형은 물론이고 날씨와 바람의 방향까지 읽고 전술을 구사했다. 그토록 철저하게 대비해도 승패를 알 수 없는 것이 전쟁이다. 사업이라는 전쟁터도 마찬가지다.

책과 자료를 찾아 공부하고, 좋은 사례들을 찾아도 막상 내 사업에 적용하지 못하는 가장 큰 이유는 내가 처한 환경 및 상황과 다르기 때문이다. 아무리 좋은 약도 내 병세에 맞아야 하는 법이다. 그러려면 먼저 정확히 진단해야 한다.

지금부터 사업에 있어 풍경을 조망하고, 지형과 형세를 읽고, 나와 상대방의 입지가 어떤지를 판단하고, 내 가게는 어디쯤 와 있는지, 그리고 어느 방향으로 나아가야 할지를 가늠하는 데 도움이 되는 구체적인 방법을 알아보겠다.

지도와 나침반
'바람은 목적지가 없는 배를 밀어주지 않는다.' - 몽테뉴

여행을 떠나려면 지도와 나침반이 있어야 한다. 안 그러면 길을 잃는다. 지도는 분명한 목적지를 향해 가는 사람들에게 현재 위치를 알려주고, 목적지로 가는 최적의 길을 찾고, 다음 발걸음을 어디로 향할지 결정할 수 있도록 도와준다. 지도 없이 무조건 앞만 보고 달려간다면 어떻게 될까? 한 곳을 빙빙 돌 수도 있고, 목적지와 반대 방향으로 갈 수도 있다.

요즘은 스마트폰 안에 지도 앱이 있어 내 위치를 표시해주고 나침반이 내장되어 있어 정확한 방향도 알려준다. 그러나 사업은 한 번도 가보지 않은 곳으로

의 여행이다. 이동 전화 기지국도 설치되어 있지 않고 GPS도 작동되지 않는 오지로 가는 것과 같다. 자신의 힘으로 지도를 사용해 내가 어디에 있는지 파악하고 나아갈 방향을 찾아야 한다. 작은 가게를 운영하든 큰 회사를 경영하든 내 사업의 지도를 가지고 있어야 한다.

나침반은 동서남북을 알려준다. 정확한 방향이 어딘지 알 수 있게 해준다. 바로 목표, 비전 그리고 가치관이다. 예기치 못한 격랑을 만나 헤맬 때, 방향을 잃지 않도록 해준다. 그런 순간은 어느 날 갑자기 찾아온다. 그때 길을 잃지 않으려면 확고한 가치 체계와 의사결정의 기준을 가지고 있어야 한다. 그것을 나침반으로 삼아 다음 행동을 취해야 한다.

지도 역할을 하는 분석의 도구들이 있다. 기업들은 정해진 프로세스에 따라 그 도구들을 활용하여 마케팅 전략을 수립하고, 사업 현황을 진단하고, 적절한 조치를 취한다. 대표적인 것들로 STP^Segmentation-Targeting-Positioning (시장세분화—목표 시장—포지셔닝), SWOT^Strength-Weakness-Opportunity-Threat (강점—약점—기회—위협 요인 분석), 마케팅 깔때기^Marketing Funnel (고객 구매 의사결정 모델) 등이 있다. 경영학 수업을 들었거나, 마케팅 관련 서적을 읽었다면 한 번쯤은 들어봤을 것이다. 이론에 대한 어느 정도 배경지식이 있으면 좋지만, 몰라도 전혀 상관없다. 이론을 몰라도 성공한 기업가들은 얼마든지 있다. 중요한 것은 각 방법론의 본질과 의미, 그리고 '어떻게 내 사업의 의사결정에 활용하느냐'다.

'마케팅의 아버지' 필립 코틀러^Philip Kotler는 이런 방법론들을 조합하여 리서치^Research, 시장조사 → STP → 마케팅 믹스^Marketing Mix → 실행^Implementation → 통제^Control로 구성된 마케팅 프로세스를 발표했다. 이후 수십 년이 흘렀고 시대는 그야말로 상전벽해란 말도 모자랄 정도로 변했다. 코틀러 자신도 전통적인 마케팅 방법론은 더는 유효하지 않다고 선언하며 《마켓 3.0》, 《마켓 4.0》 등의 저서를 연이어 내며 디지털 트랜스포메이션^{Digital Transformation}, 4차 산업혁명 시대에 맞는 '업데이트된' 마케팅 방법론을 제시하고자 애쓰고 있다.

드론이 무인 배송을 하고, 일반인들이 우주여행을 하는 오늘날도 사람들은 여전히 자전거를 타고 다닌다. 전통적인 방법론은 시대와 문화의 발전에 맞게 수정되는 것이지, 그 자체가 폐기되는 것이 아니다. 오히려 그 본질적인 원리는 복잡한 시대를 항해하는 강력한 나침반이 된다. 변하는 것과 변하지 않는 것을 구분해야 한다.

모든 사업 프로세스는 계획하고, 실행하고, 점검하는 3단계 과정을 포함한다. 아무리 복잡한 프로세스도 여기에서 벗어나지 않는다. 반대로 아무리 작은 가게라도 이 과정을 빼먹으면 지도 없이 여행하는 것처럼 무모하고 위험한 일이다. 전적으로 행운에만 기대는 것이 아니라면 말이다.

계획은 치밀하게, 실행은 과감하게, 점검은 신속하게 해야 한다. 계획은 과감하게 대충 세우고, 실행할 때 신중하면 안 된다. 계획은 가능한 모든 자료를 검토하고 모든 수단을 고려해서 꼼꼼하게 세워야 하지만, 일단 결정하고 나면 실행은 과감하게 해야 한다. 그리고 실행한 결과는 신속하게 점검하고 분석해서 잘 된 것과 그렇지 않은 요소들을 구분하고 다음 사이클의 계획을 수정하고 보완한다.

이런 일련의 과정을 최대한 간소하게 만들어 가능한 한 자주 점검해야 한다. A4 한 장에 다 담을 수 있을 정도의 내용을 월별로 적어도 분기별로 검토할 수 있다면 좋다. 필수 점검 항목들을 정해 동일한 형식으로 작성하면 시기별 비교도 용이하고 전체적인 흐름도 파악할 수 있어 유용하다.

업종에 따라 중요하게 검토해야 할 내용은 천차만별이지만 공통으로 활용할 수 있는 구성 요소들을 간략히 소개하겠다. 이를 참고해서 자신의 사업 지도를 만들어보기를 바란다.

1. 목표

어느 회사든 월별, 분기별, 연간 목표가 있다. 공통적으로는 매출과 손익이 있다. 그 외에도 사업 영역에 따라 다양한 핵심 성과 지표(KPI)를 가지고 있다. 예를 들어 전통적인 제조업은 시장점유율, 매장을 운영하는 리테일 회사는 고객 수$^{Guest\ Count}$, 스마트폰 앱을 개발하는 스타트업은 주간 또는 월간 방문자 수를 뜻하는 WAU$^{Weekly\ Active\ User}$, MAU$^{Monthly\ Active\ User}$가 각각 중요한 지표다. 각 성과의 절대 수치와 목표 대비, 전년 대비, 전기 대비 달성률을 하나의 표로 볼 수 있도록 정리하고 차이가 나는 부분들의 원인을 간략히 기록한다.

2. 시장 분석

경쟁사의 활동 중에 주목할 만한 것들을 기록한다. 신제품 출시, 대대적인 광고, 홍보, 프로모션 같은 것들이 있다. 구체적인 숫자를 포함한 주요 팩트를 기록하고 그 의미와 나에게 끼치는 영향을 서술한다.

3. 성과 분석

이번 기 성과에 기여한 주요인들을 언급한다. 신제품, 프로모션, 마케팅 캠페인 등의 성과와 성공 요인을 분석한다. 데이터가 완전하지 않다면 우선 정성적 판단을 기록하고 추후 보완하면 된다. 주요 활동을 적기에 언급해야 사업 현황에 대한 전체적이고 올바른 판단을 할 수 있다.

4. 사업 및 마케팅 계획

향후 3개월~1년 사이에 있는 주요 계획들의 진행 경과 및 변동 사항을 표시한다. 신제품 출시, 기존 제품의 주요 업데이트, 마케팅 캠페인 같은 사업 관련 내용뿐 아니라 시설 투자, 조직 변경 등 지원 조직 관련 주요 내용도 언급한다.

5. 필요 자원

사업에 가장 시급하고 직접적인 영향을 끼치는 이슈를 선별해서 적는다. 사장님이 직접 챙겨야 할 정도로 중요한 것들만 따로 표시한다. 문제 해결에 드는 예산, 인력 같은 자원도 구체적으로 적어서 적기에 필요한 준비를 할 수 있도록 한다.

위의 모든 내용을 포함한 자료는 한 페이지를 넘지 않아야 한다. 그러기 위해선 꼭 필요한 내용만 간결하게 기록하자. 그러면 한눈에 사업 현황을 파악할 수 있고 방향도 명확하게 드러난다. 바로 자신의 사업 지도가 되는 것이다.

대부분의 기업은 이런 내용을 주간이나 적어도 월간 단위로 보고한다. 보고서와 자료 작성만 전담하는 부서와 담당자가 따로 있을 정도이다. 하지만 보고를 위한 보고에 머무르는 경우가 많다. 사장님의 궁금증만 해소하는 것이 목적이고 정작 중요한 방향 제시를 하지 못한다. 작은 가게는 반대로 아예 이런 보고서가 없다. 몇 명 안 되는 사람들끼리 말로 소통하면 되지 문서를 만들 필요가 없다는 생각들을 한다. 양쪽 다 사업의 지도가 없는 것이다.

아무리 바빠도 사업의 지도를 만들고 주기적으로 검토하는 것은 충분히 시간을 들일 만한 가치가 있다. 그 과정을 제대로 하지 않아서 광야에서 헤맬 시간을 생각하면 말이다. 이 장에 제시한 5가지 내용을 담아 지금 당장 나만의 사업 지도를 한 장으로 만들어보자. 원하는 목적지까지 도달하는 시간이 놀랍게 줄어들 것이다.

형세와 흐름을 읽어라

곤경에 빠지는 건 뭔가를 몰라서가 아니다. 뭔가를 확실히 안다는 착각 때문이다. – 마크 트웨인

"어떻게 그렇게 장래 일을 잘 맞히세요?" 청중 속의 한 사람이 드러커에게 물었다.

"간단합니다. 나는 단지 창밖을 보고 내가 본 것, 이미 일어난 사건이 장래에 어떤 의미인지를 전했을 뿐입니다. 대부분의 사람은 무엇이 일어났는지 알기 위해 창밖조차 보지 않거든요. 봤다고 해도 그 일이 초래할 명확한 결과에 대해 충분히 생각할 시간을 갖지 않죠."

미래를 예측하고 대처하는 능력은 지금처럼 변화의 속도가 빠르고 불확실성이 큰 시대에서는 그야말로 생존과 직결된 문제다. 그런데도 대부분 놀라울 정도로 내부 정보에만 의존한다. 내 매출 데이터, 내 제품, 내 고객 데이터 등에 파묻혀서 창밖은 볼 생각조차 못 한다. 큰 회사도 작은 가게도 마찬가지다.

눈을 들어 창밖을 보고, 주변을 둘러보자. 조금만 관심을 가지면 어떤 일이 일어나고 있는지 쉽게 알 수 있다. 중요한 것은 이미 일어난 일들이 내 사업의 미래에 어떤 의미를 가지고 어떤 영향을 끼치는지 생각해보는 것이다. 기술 트렌드, 정치 경제 상황, 국제 정세 같은 큰 흐름이 아니어도 좋다. 오히려 내 생활, 내 가게, 내 회사 주변에 일어나고 있는 작고 확실한 일들을 보는 것이 더 실질적이고 유익한 인사이트를 가져다줄 수 있다.

지하철에서 승객들의 스마트폰을 슬쩍 들여다보면 어떤 플랫폼이 대세인지, 또 앞으로 무엇이 대세로 떠오를지 감을 잡을 수 있다. 유튜브를 들여다보는 사람들이 부지기수 많아진 것은 이미 오래된 일이다. 지금은 틱톡이 빠르게 치고

올라가며 유튜브의 아성에 도전하고 있다. 신문 기사를 통해 접할 때보다 현장에서 얼마나 많은 사람이 실제로 사용하고 있는지를 보면 더 생생하게 와닿는다.

대형 마트에 가서 간편가정식 코너가 부쩍 커지고 파는 상품의 종류가 전보다 훨씬 많아진 것을 보면, 식문화 트렌드를 알 수 있다. 길거리를 질주하는 버스 광고판에 어떤 카테고리, 어떤 브랜드가 유달리 눈에 띄는지 보면 최근 소비 흐름을 알 수 있다.

배달의 민족을 필두로 한 배달앱 시장은 최근 몇 년간 뜨겁게 달아올랐다. 실제로 배달앱 거래규모는 2013년 3,347억 원에서 2018년 3조 원으로 10배 증가했다. 굳이 데이터로 확인하지 않아도 주변에서 어떻게 배달 음식을 시켜 먹는지 관심을 가지고 봤다면 이런 흐름을 몇 년 전부터 충분히 느낄 수 있었을 것이다.

중요한 것은 이런 '창밖의 풍경'이 자신의 사업에 어떤 영향을 미치고, 자신은 어떻게 대처할 것인가이다. 음식점을 하는 사장님이라면 직접 방문객은 줄어들고 배달이나 간편 가정식을 이용하는 소비자가 점점 더 늘어날 것에 대비할 수 있다. 매장 공간을 줄이거나, 이면 도로로 가게를 옮겨 절감한 임대료를 배달과 포장에 더 투자할 수도 있을 것이다. 실제로 내가 아는 한 육개장 가게 사장님은 발 빠르게 냉동 포장 제품을 개발해서 온라인으로 팔기 시작했는데, 지금은 오히려 오프라인 매출을 넘어설 정도로 톡톡히 재미를 보고 있다고 한다.

창밖에서 일어나는 일을 직접 관찰하고, 그 의미를 생각하고, 어떻게 사업에 적용할 것인가를 고민하는 데 시간을 쏟는 것은 놀라운 성장을 이룬 사장님들에게서 공통으로 볼 수 있는 습관이다.

LG 생활 건강의 차석용 부회장은 항상 오후 4시면 칼같이 퇴근해서 소비자가 있는 현장을 누빈다고 한다. 매장, 백화점, 길거리 어디든 생생한 현장에서 소비자를 관찰하고 아이디어를 얻는다. 심지어 공항 면세점을 둘러보기 위해 당일치기로 인천공항에서 일본 나리타 공항을 찍고 돌아오기도 한다고 한다. 창밖을 보는 정도가 아니라 아예 창밖으로 나가 거리로 들어가는 셈이다. 뜨는 드라마, 공연, 전시회뿐 아니라 잡지들까지 찾아보며 소비자들이 좋아하는 콘텐트를 그들과 같은 위치에서 감상하고 느끼려는 노력을 게을리하지 않는다. 그렇게 감을 유지하기 때문에 젊은 20대 소비자의 눈높이에 맞춘 마케팅 아이디어도 흔쾌히 승인한다. 그 자신이 직접 임직원들에게 아이디어를 제안하는 경우도 부지기수다. 그가 사장으로 재임하는 동안 LG 생활건강의 매출은 6배, 이익은 17배, 주가는 무려 40배가 넘게 성장한 것이 우연이 아님을 알 수 있는 대목이다.

파리바게뜨를 창업한 SPC 그룹의 허영인 회장은 70세가 넘은 고령에도 여전히 현장에서 많은 시간을 보낸다. 수시로 매장에 나가 고객 반응을 점검하는 것은 물론이고 정기적으로 일본과 유럽 등지로 직접 다니면서 제빵업계의 선진 트렌드를 파악하고 신제품 아이디어를 탐색한다. 수행원도 없이 직접 대중교통을 타고 다니면서 눈에 띄는 제품이 있으면 사서 맛을 보고 맘에 들면 구매한다. 그렇게 큰 여행 가방 가득 산 제품들을 들고 마케팅 및 연구소 임직원들과 함께 시식하면서 신제품 개발에 어떻게 반영할지 의논한다. 이런 열정이 매년 150개가 넘는 신제품을 쏟아내면서 지속해서 수많은 히트 제품을 배출하는 파리바게뜨의 가장 큰 원동력이다.

소비자들의 삶의 현장으로 들어가 그들을 만나고 관찰하는 것은 단지 '감'을 유지하고 아이디어를 얻는 것 이상의 의미가 있다. 업계의 형세를 읽고 흐름을 파악하기 위해서다. 더 나아가 그 흐름에 올라타 내 사업의 모멘텀을 만들어 낼 수 있는 밑그림을 그릴 수도 있다. **성장의 모멘텀은 어느 순간 우연히 찾아오는 것이 아니다. 기회는 준비된 자만이 잡을 수 있다. 시장의 흐름에 민감하고 의미 있는 변화의 전조를 알아채고, 그것이 가져올 형세의 변화를 예상하고 미리 준비**

하는 노력을 꾸준히 해야 한다.

요즘 금융 분야에서 가장 '핫한' 스타트업은 단연 '토스'를 운영하는 비바 리 퍼플리카다. 2015년 2월에 간편 송금 서비스 토스를 출시한 지 4년 반 만에 기업 가치가 무려 2조 7천억 원에 이르는 놀라운 성장을 이뤘다. 그들도 처음에는 자 신들이 하고 싶은, 책상에서 생각한 사업 아이템을 시도했었지만 연이어 실패했 다. 그러다 내가 원하는 것이 아니라 소비자가 원하는 서비스를 만들어야 한다고 생각을 바꾸고, 현장으로 나가 소비자들을 관찰하고 형세를 읽고 흐름을 파악하 려는 노력을 시작한 뒤 상황은 극적으로 변했다.

비바 리퍼플리카 창업자 이승건 대표의 말을 들어보자.

"그전에는 맨날 저희 팀끼리 모여서 '이런 제품이 있으면 어떨까? 이런 건 사업 기회가 될까 안될까?' 하고 저희 팀 내에서만 얘기하고 다녔었거든요. 그런데 여 러 번 실패하고 나니까

'그래서 사람들이 원하는 게 뭐지?'라는 생각을 하게 됐어요. 그래서 저희 팀 원들이 더는 회사에 출근하지 않고, 모두 뿔뿔이 흩어져 서울 구석구석을 찾았 어요. 신촌, 강남, 홍대, 가락시장 등으로 가서 온종일 거기 앉아서 사람들을 관 찰하는 시간을 갖게 됐어요.

맨날 커피숍에 가서 사람들을 관찰한 기록들을 가지고 오고, 3일에 한 번씩 모여서 얘기를 주고받았죠. "사람들은 이러고 살더라. 이런 불편함이 있더라. 그 래서 나는 이런 아이템을 생각하게 됐다."

이런 기간을 무려 3개월을 갖게 됐습니다. 그 3개월의 과정을 통해 저희가 100여 개의 아이템을 갖게 됐고, 그 아이템 중에서 6번째로 시도한 게 '토스'거 든요."

시장과 소비자를 관찰하는 데에만 무려 3개월을 보냈다면 토스 같은 대박 아이템을 발굴한 것도 당연하다. 내가 P&G에서 근무하는 동안 모든 브랜드팀이 일 년에 한 번은 반드시 '소비자 몰입 주간Consumer Immersion Week'을 가졌다. 각 브랜드팀이 일주일간 각종 소비자 조사를 포함해 현장에서 아이디어를 찾는 기간이다. 가장 혁신적인 성과를 낸 아이디어는 대부분 이 기간에 만들어졌다. 하물며 3개월간의 소비자 몰입 기간을 가졌다면 더 말할 나위도 없다.

멈춰야만 보이는 것들이 있고, 눈을 감아야만 느껴지는 것들이 있다. 창밖으로 나가서야 볼 수 있고 느낄 수 있는 현장의 흐름과 형세가 있다. 책상을 떠나서 단 일주일만이라도 그런 흐름 속에서 몰입의 시간을 가져보자. 반드시 놀라운 전환의 계기를 마련할 수 있을 것이다.

경쟁하지 마라, 판을 뒤집어라

'있는 자는 받아 풍족하게 되고 없는 자는 그 있는 것까지도 빼앗기리라 – 마가복음 4:25'

게임 체인저 Game Changer : 기존 시장에 엄청난 변화를 야기할 정도의 혁신적 아이디어를 가진 사람이나 기업을 가리키는 용어로, 애플 창업자 스티브 잡스, 페이스북 창업자 마크 저커버그, 구글 창업자 래리 페이지 등이 이에 해당한다.

우리는 평생 경쟁하면서 살아간다. 더 좋은 학교로 진학하기 위해 경쟁하고, 취업을 위해 경쟁한다. 회사에서도 내부적으론 승진을 위해 동료와 경쟁하고, 외부적으론 다른 회사와 시장 점유율을 놓고 경쟁한다. 운동선수는 말할 것도 없고

취미로 하는 조기 축구회도 다른 팀과 경쟁한다. 아이돌 그룹도 음방(음악 방송)과 음원 판매 순위를 놓고 경쟁한다. 정치인들은 선거에서 표를 놓고 경쟁한다. 사업을 하면 그야말로 무한 경쟁을 한다. 동종 업계와의 경쟁도 벅찬데 실상은 영역의 제한이 없다. 한 끼 식사라는 점에서 보면 맥도날드는 버거킹뿐 아니라 신라면과도 경쟁이다. 여가를 어떻게 보내느냐는 점에서 보면 나이키는 닌텐도와 경쟁 관계. 더 나아가 디지털 기술의 발달로 기존 산업의 경계가 허물어지고 전통 산업은 재편되고 심지어 붕괴하기까지 한다. 그 선두에 서서 새로운 판을 짜는 데 성공한 이들의 '승자 독식'은 모든 것이 디지털인 '연결의 시대^{connected era}'에 더욱더 심화하고 있다.

그런 점에서 이제는 어떻게 기존의 경쟁에서 승리하느냐가 아니라 새로운 판을 짜고 내가 주도하는 새로운 게임을 시작할 수 있을까를 고민해야 한다. 어떤 점에서 우리는 지금 '특이점^{Singularity}'을 지나고 있는지도 모르겠다. 산업 전반에 걸쳐 전례 없는 거대한 지각 변동이 일어나고 있다. 지금까지의 승자들에게는 유례없는 위기이고, 새로운 게임 참가자들에게는 전례 없는 기회가 될 수 있다.

2019년 8월 9일, 주요 일간지에 일제히 '이마트 창사 이래 처음으로 분기 적자'란 기사가 실렸다. 이마트는 1993년 1월에 창립된 이래 국내 대형 마트의 독보적인 1위 자리를 지켜왔고 매출 규모도 4조 5천억 원이 넘는 그야말로 유통업계의 공룡 같은 존재다. 이마트는 '최저가'라는 자신이 주도하는 게임의 룰을 만들었고 그를 통해 지난 30년간 유통 시장을 지배해왔다. 하지만 어느새 1~2인 가구 증대와 디지털화 물결을 타고 '편리함'과 '신속함'이라는 새로운 게임이 시작되었다. 그에 따른 소비 습관 변화와 치열해진 경쟁, 부진한 내수 등의 영향으로 인해 처음으로 300억 원이 넘는 적자를 기록하고 말았다.

다른 한쪽에서는 KBS, MBC 같은 공중파 방송국이 1,000억 원대 적자를 낼 것이라는 비관적인 소식과, 한 어린이 유튜브 채널이 월 35억 원대 수익을 올리고 있고 강남에 빌딩을 샀다는 뉴스가 극명한 대조를 이루는 모습이다. 시대의 흐름은 도도하게 흐르는 강물과 같아서 누구도 거스를 수가 없다. 형세와 흐름을 파악하고 그에 맞는 새로운 판을 짜지 않으면 거대 기업도 내일을 장담할 수가 없는 것이다.

한편, 당면한 경쟁을 피해갈 수 없는 것도 사업의 현실이다. 경쟁사가 공격적인 마케팅 캠페인이나 할인 프로모션을 하고 그 여파로 매출이 떨어지는 것이 확연한 상황에 손 놓고 있을 사람은 없을 것이다. 하지만 어떻게 대응할지는 선택할 수 있다. 상대방의 전략에 끌려갈 수도 있고, 오히려 판을 뒤집고 내가 주도하는 새로운 게임을 시작하는 계기로 삼을 수도 있다.

상대가 짜놓은 판 위에서 춤추는 대신, 판을 뒤집고, 내가 주도하는 게임에 상대가 참여하도록 하려면 어떻게 해야 할까? '차분히 넓게 살피고', '좁고 날카롭게 파고들어야' 한다.

1. 차분히 넓게 살펴라

축구나 농구 같은 스포츠에서 승리하기 위해서는 시야가 넓어야 한다. 한눈에 필드와 코트 전체를 조망하고 우리 편과 상대 선수들의 위치를 파악하고 어떻게 움직일지 결정한다. 상대가 왼쪽으로 파고들어도 오른쪽에 대한 경계를 늦추지 않는다. 반면에 어린아이들이 경기하는 것을 보면 공만 따라 우왕좌왕한다. 당황하면 시야가 좁아진다. 눈앞의 일에만 온통 신경이 집중된다. 이벤트 발생 이전의 의도나 그 후의 여파는 생각하지 못하고 허겁지겁 무마하기 바쁘다. 마케팅의 프로는 상대방의 도발에 우왕좌왕하지 않는다. 차분하고 냉정하게 필드 전체를 살피고 어떻게 상황을 나에게 유리하게 전개할 수 있을지를 생각하고 움직인다.

　마케팅 관점으로 넓게 살피면 고객이 보인다. 경쟁사의 공세에 고객이 어떻게 반응하는지, 무엇을 좋아하고, 무엇에 시큰둥해하는지 보게 된다. 그리고 고객의 입장에서 나를 볼 수 있게 된다. 고객이 우리 가게에 기대하는 것은 무엇인지, 경쟁사의 공격으로 그것이 훼손된 것인지, 아무 문제 없이 견고하게 버티고 있는지 정확히 파악해야 적절한 대응을 할 수 있다. 더 나아가서 냉정하고 차분하게 살펴보면 상대가 어떻게 움직일지도 예상할 수 있다. 그리고 그 움직임을 아무 의미 없이 만들어버릴 선제공격을 가할 수도 있다.

2. 좁고 날카롭게 파고들어라

　"다른 사람에게 깊은 인상을 주고 싶다면, 오랜 시간을 두고 그 사람의 마음속에 조금씩 다가가 호감을 쌓으려 해서는 안 된다. 사람의 마음은 그런 식으로 기능하지 않는다. 상대방의 마음속에 돌풍처럼 파고들어야 한다."《마케팅 불변의 법칙》의 저자 알 리스$^{Al\ Ries}$의 말이다. 넓게 살피면 파고들어야 할 급소가 보인다. 일단 파악하면 주저함 없이 질풍같이 그 좁은 지점으로 강력하게 파고들어야 한다. 그리고 그것은 상대방이 쉽게 따라 할 수 없는 '나만의 한 가지$^{My\ One\ Thing}$'를 구축하는 것이다. 그를 위해 고려할 수 있는 몇 가지 방법을 소개한다.

　첫째, 소비자의 '첫사랑'이 되는 것이다.

　무엇이든 '최초'의 기억은 평생 잊히지 않는 법이다. 한번 최초로 기억되고 나면 그것은 마음에 영원히 남는다. 그러기 위해서 최초의 제품이나 서비스를 만드는 방법이 있다. 〈최초의 섬유탈취제, 페브리즈^{Febreze}〉, 〈최초의 세탁세제, 타이드^{Tide}〉, 〈최초의 안전면도기, 질레트^{Gillette}〉, 〈최초의 트렌치코트, 버버리^{Burberry}〉

등 '최초' 타이틀을 가진 브랜드들이 수십 년이 지난 뒤에도 시장에서 1등의 지위를 누리는 것을 보면 꽤 효과적인 방법인 것은 틀림없다. 꼭 전체 제품이 최초일 필요는 없다. **소비자의 기억에 남을 '최초'의 요소**만 가지고 있어도 된다. 〈구글〉은 최초로 초기 화면에 검색창 외에는 아무것도 보여주지 않은 검색 포털이다. 〈페이스북〉은 최초로 '좋아요 Like' 기능을 도입한 소셜네트워크 서비스다. 〈틱톡〉은 최초의 '15초 한정' 동영상 공유 서비스다. 각각 강력한 선행 주자가 있었음에도 자신만의 영역을 구축해서 선두 자리를 빼앗거나 위협할 정도로 좋은 성적을 내고 있다.

여기서 중요한 것은 팩트가 아니라 소비자의 인식이다. 소비자의 기억 속에 최초로 새겨져야 한다. MTS 알테어^{Altair} 8800, 뒤 몽$^{Du\ Mont}$, 듀리에^{Duryea}, 헐리^{Hurley} 같은 브랜드를 아는가? 여러분뿐 아니라 그 누구도 기억 못 할 것이다. 나도 자료 조사를 하면서 처음 알았다. 각각 최초의 퍼스널 컴퓨터, 최초의 텔레비전, 최초의 자동차, 최초의 세탁기다. 충격적이지 않은가? 팩트는 최초이지만 이 브랜드들은 아예 존재하지도 않았던 것처럼 우리의 인식 속에 없다. 마케팅의 싸움터는 소비자의 인식이다.

제품이나 서비스의 속성에 '최초'의 요소가 없다면, 실제로 소비자의 '첫 경험'이 되는 방법도 있다. 자동차, 술, 생리대, 면도기 같은 제품들처럼 인생의 어떤 시기가 되어야 비로소 경험하는 것들이 있다. 대체로 성장, 결혼, 출산 같은 생애 전환기에 관련된 것들이 많다. 이 소비자들은 누구인지, 어디서 만날 수 있는지 명확하기 때문에 마케팅 타깃으로 구별하기도 용이하다. 이것을 'POME$^{Point\ of\ Market\ Entry}$ **시장 진입기 마케팅**'이라고 한다. 소비자가 처음으로 내 제품이나 서비스를 접하게 되는 시기가 명확히 구분된다면 POME 마케팅을 통해 소비자의 첫사랑이 되도록 하는 것도 좋다.

둘째, 대체 불가능한 존재가 되는 것이다.

세상에 하나밖에 없는 '온리원Only One'은 대신 할 수 있는 것이 없다. 낮의 태양이나 밤의 달처럼 그 존재 자체가 절대적으로 하나밖에 없는 것도 있다. 시간과 장소가 한정되어 대체할 수 없는 것도 있다. 대체할 수 없는 아름다운 입지에 자리 잡은 호텔이나 카페를 예로 들 수 있다. 경쟁사와 비교할 수 없는 독보적인 품질로 나만의 확고한 지위를 확보할 수도 있다. 일본이나 독일이 보유하고 있는 초정밀 광학, 화학 제품 같은 것을 들 수 있다. '네트워크'를 통해 자물쇠 효과Lock-in effect를 유발하는 방법도 있다. SNS같이 내 네트워크에 속해 있는 사람들이 모두 이용하고 있기 때문에 다른 대체품을 사용할 수 있어도 사용하지 않는 것이다. 카카오톡이 선점한 우리나라 메신저 시장에서 라인Line을 비롯한 후발 주자들이 실패한 주된 이유이기도 하다.

무엇보다도 소비자의 마음속에 심은 하나의 키워드, 이미지는 어떤 것으로도 대체할 수가 없다. 그것이 마케팅이란 무기를 활용한 최고의 전략이다. 볼보는 자동차에서 '안전함'이라는 키워드를 독점하고 있다. 맥도날드는 패스트푸드 시장에서 '가족'이라는 키워드를 독점하고 있다. 피에로 캐릭터 로널드가 주는 즐거움과 해피밀 장난감이 주는 기쁨은 버거킹이나 롯데리아나 다른 어떤 패스트푸드로도 대체할 수 없다.

"마케팅 노력 중에서 가장 무모한 것이 소비자의 기억을 바꾸려는 시도다."
– 알 리스Al Ries

일단 소비자의 인식 속에 첫사랑으로, 대체할 수 없는 유일한 그 무엇으로 각인되기만 하면 내가 주도하는 게임이 시작된다. 아주 작은 것도 상관없다. 독특하지 않아도 된다. 내게 있는 것을 활용해서 꾸준히 하면 된다. 우리 동네 근처에 있는 한 카페는 알바생의 '출근 인증샷'으로 대체 불가능한 지위를 차지했다. 패

션 감각이 뛰어난 한 알바생이 매일 가게 간판 앞에서 자신의 '출근 룩'을 찍어 인
스타그램에 올리기 시작했다. 그것이 입소문을 타고 어느새 핫 플레이스가 되었
다. 손님들이 줄지어 같은 위치에서 인증샷을 올리는 인스타 성지가 되었다. 이
처럼 작은 카페 하나를 운영하더라도 얼마든지 기존의 판을 뒤집고 내가 주도하
는 새로운 게임을 시작할 수 있다. 스티브 잡스가 아니라도 누구든지 게임체인저
가 될 수 있다. 어차피 내가 하지 않으면 다른 누군가가 만들어놓은 판 위에서 경
쟁하고 끌려갈 수밖에 없다. 그렇다면 내가 하는 것이 나을 것이다. 이제부터는
기존의 판을 뒤집고, 당신만의 새로운 게임을 시작해보자.

보이지 않는 위험
우리가 주목하는 것은 보이지 않는 것이니 – 고린도 후서 4장 18절

'블랙 아이스'를 아는가? 겨울철 운전을 할 때 가장 치명적인 사고를 유발하
는 위협적인 존재다. '보이지 않기' 때문이다. 블랙 아이스는 먼지와 살얼음이 섞
여 있어 빙판인지 도로인지 구분이 잘 안 된다. 반면 눈길보다 3배, 일반 도로보
다 9배 더 미끄럽기 때문에 평소처럼 주행하다가 미끄러지면 제어가 안 돼 대형
사고로 이어진다.

사업을 한다는 것은 수많은 위험에 노출된 채 운전하는 것과 같다. 지금 잘
나가고 있더라도 위기는 언제든지 찾아올 수 있다. 그렇기에 평소에 다양한 대비
책을 마련해 놓아야 한다. 예측할 수 있고 눈에 보이는 위험은 대처할 수 있다.
하지만 눈에 보이지 않는 위험은 깨닫지 못하는 사이에 찾아와 회복하기 어려운
타격을 입힌다. 위험에 대비하지 않으면 교통사고처럼 한순간에 회사가 망할 수

도 있다. 하지만 그보다는 원인 모를 바이러스로 시름시름 앓는 것처럼 서서히 사업이 활력을 잃고 쇠락의 길로 접어드는 경우가 더 많다. 그렇기 때문에 내 사업의 길 위에 있는 보이지 않는 위험을 감지하고 미리 대응하는 것이 필요하다.

사업에 있어 '보이지 않는 위험'은 무엇을 의미하는 것일까? 기업의 통제 범위 밖에 있는 외부 환경의 불확실성과 변화에 따른 리스크를 말한다. 반면 회사가 통제할 수 있는 재무 리스크(금리, 주가, 이자율 등의 가격변동, 유동성 변동, 신용도 변동 등에 의해 발생하는 재무적 손실 발생 가능성), 전략 리스크(조직이 선택한 전략이 적절한 성과를 거두지 못하고 실패할 가능성에 따른 리스크), 운영 리스크(조직 내부의 직원, 업무 프로세스 또는 시스템상의 문제로 인해 발생하는 오류, 부정, 비효율성 등에 따른 손실 발생 가능성) 등은 보이는 위험이라고 할 수 있다. 기술의 발달과 지식의 축적으로 인해 통제 가능한 리스크 관리는 이전보다 더 용이해졌지만, 환경 변화로 인한 보이지 않는 위험은 훨씬 더 커졌다.

해가 갈수록 변화의 속도는 빨라지고 불확실성은 커지고 있다. 기업의 수명이 점점 짧아지고 있는 것도 이와 무관하지 않다. 글로벌 컨설팅업체 맥킨지에 따르면 1935년 기업의 평균 수명은 90년이었으나 1975년 30년, 1995년 22년으로 점차 줄었고 지난해 기업 수명은 급기야 평균 15년 이하로 떨어졌다. 세계 최대 네트워크 솔루션 기업인 시스코의 존 체임버스 회장은 "현재 세계 시장에서 활약하는 기업 가운데 약 40%는 10년 내 사라질 것"이라고 경고했다. 시장의 변화를 놓치고 혁신을 추구하지 못하면 결국 변화와 경쟁업체에 밀려 시장에서 소리 소문 없이 사라질 수 있다는 경고다. 일례로 한때 미국 비디오 대여 시장을 장악했던 블록버스터 비디오는 2002년 기업가치가 무려 50억 달러(5조 3,000억 원)에 이르는 거대 기업이었으나 넷플릭스에 밀려 2010년 파산했다. 게임의 룰은 시시각각 바뀌고 있고 이제 남들을 좇는 전략은 통하지 않는 시대가 됐다. 끊임없이 혁신을 꾀하지 않으면 순식간에 도태될 수 있다. 반대로 체계적으로 환경 변화를 감지하고 적절한 대응을 할 수 있는 회사는 시대의 변화에 도태되지 않고 지속 성장할 수 있다.

어떻게 하면 '블랙 아이스' 같은 보이지 않는 위험에 대비할 수 있을까? 바로 도로가 아닌 레일 위를 달리는 것이다. 레일 위를 달리는 기차는 블랙 아이스에 미끄러질 일이 없다. 레일 위를 달린다는 것은 변화하는 외부 환경에 우왕좌왕하지 않고 나만의 단순한 원칙을 정해서 일관되게 실행한다는 뜻이다.

일례로 시스코의 성장 엔진은 다양한 M&A다. 그들은 수많은 M&A 사례를 통해 기술력이 뛰어난 소규모 회사를 인수할 때 가장 성공적인 결과를 냈다는 것을 파악했고, 이를 '직원이 75명 미만이고, 엔지니어가 75% 이상인 기업만 인수한다'라는 원칙으로 정의했다.

시대와 환경이 변하고 기술은 계속 진화하고 수많은 인수 후보 기업이 존재하는 가운데에서도 시스코는 이 간단한 원칙으로 인수 대상을 정하고 지속적인 성공을 거둘 수 있었다.

디즈니는 2023년이면 창립 100주년이 된다. 그 오랜 세월 동안 엔터테인먼트와 콘텐트 분야에서 독보적인 1위 브랜드 자리를 지켜왔다. 수많은 회사가 나타났다 사라지는 와중에서, 디지털 트랜스포메이션과 4차 산업혁명의 물결이 세상을 뒤집어놓고 있는 지금도 오히려 그 위치는 더 견고하다. 바로 디즈니가 '적합성'과 '최고 품질'이라는 단순한 원칙에 따라 소비자가 사랑하는 콘텐트를 지속해서 생산해냈기 때문이다. 백설 공주부터 마블의 어벤져스에 이르기까지 디즈니는 항상 동시대의 소비자들이 공감하고 공유하고 싶어 할 만한 콘텐트를 최고의 퀄리티로 만들어왔다.

물론 이런 원칙이 현재의 시장에 유효한지는 끊임없이 질문하고 점검해야 한다. 무작정 하던 대로 따라가는 관성과 일관성은 다르다. 외부 환경의 변화에도 기존 성공 방정식이 잘 작동하지 않는다면 수정하거나 과감하게 새로운 원칙을 발굴해야 한다. 이를 위해서 다음의 4단계 프로세스를 활용할 수 있다.

1. 의미 있는 외부를 정의하라 Define meaningful outside

내 가게와 내 사업에 의미가 있는, 즉 내가 시간과 에너지를 써야 할 만큼 중요한 외부가 무엇인지를 정해야 한다. 특히 지금처럼 자고 일어나면 드론이 하늘을 날아다니며 물건을 배송하고, 인공지능이 세계 최고의 바둑 기사를 이기고, 로봇이 버거를 만들고 커피를 내리는 급격한 변화가 매일 같이 일어나는 세상에는 내가 무엇에 신경을 쓰고 집중해야 하는지를 정하는 것이 중요하다. 그렇지 않으면 연예인의 가십 뉴스를 읽듯이 이리저리 기웃거리다 정작 자신의 가게에 의미 있는 것은 놓쳐버릴 수도 있기 때문이다. 가로수길에서 카페를 하고 있다면 차량 공유 서비스 이용자가 급격히 늘어나고 있다든지 1인 가구가 증가하고 있다든지 하는 것은 그다지 의미 있는 외부는 아니다. 그보다는 소비자들의 커피에 대한 취향이 어떻게 세분화 되고 있다든지, 디저트 문화가 급속히 발전하고 있다든지 하는 것들이 내가 집중해야 할 외부의 변화다.

2. 사업 영역을 결정하라 Decide where to play

어떤 영역에서 사업을 할 것인지, 그리고 어떤 것은 하지 않을 것인지를 명확히 정해야 한다. 내가 무엇을 잘하는지 냉정하게 분석하고 비교 우위가 있는 분야에 집중해서 경쟁력이 없는 분야는 과감히 포기하는 것이 좋다. 그것이 아무리 핫한 트렌드를 타고 있더라도 말이다.

1980년대 IBM은 메인 프레임 컴퓨터만으로 엄청난 수입을 올리고 있었다.

그런데 90년대 들어 사업 확장에 욕심을 내 퍼스널컴퓨터, 워크스테이션, 소프트웨어, 네트워크, 전화까지 닥치는 대로 진출하자 오히려 수십억 달러의 손실을 보게 되었다. 이후 93년부터 루이스 거스너 회장의 지휘로 고객의 관점에서 비핵심 사업과 자산을 신속히 처분했다. 또한 제품개발, 고객관리, 정보기술 등의 핵심 업무 프로세스를 고객중심으로 재통합하고 재설계함으로써 고객의 요구에 유연하게 대처할 수 있는 체제로 전환했다. 결과적으로 무분별하게 확장했던 사업영역을 고객 중심으로 재정의함으로써 위기에서 되살아날 수 있었다.

스티브 잡스가 애플에 복귀하고 나서 제일 먼저 한 일은 스무 개가 넘는 제품 카테고리를 단 4개로 줄여 가장 잘할 수 있는 것에 회사의 자원을 집중하는 일이었다. 래플리도 P&G의 CEO가 된 직후 핵심 사업 영역에 집중하고 그 외 카테고리는 정리하는 일에 힘을 쏟았다. 그렇게 그들은 모두 쇠락해가던 회사를 회복시키고 새로운 전성기를 열었다.

3. 현재와 미래의 균형을 유지하라 Balance present and future

단기 목표와 장기 비전 사이의 긴장과 알력은 사업이라는 활동이 시작된 이래 항상 존재해왔다. 그 사이에서 균형을 유지하는 것은 보이지 않는 암초를 피하고 성공의 항해를 지속하기 위해서는 필수 불가결한 것이다. 단기 성과 목표는 가능한 현실적이고 냉철하게 수립할 필요가 있다. 장기적인 비전은 그에 연동하되 단기 성과에서 창출한 수익의 일정 부분을 미래를 위해 반드시 투자하도록 한다. 그리고 단기 목표는 지속해서 초과 달성하는 것이 좋다. 그러면 미래에 대한 투자를 과감하게 할 수 있는 재정적인 여력과 심리적인 자신감이 생긴다. 이 부분은 다른 어떤 사업적인 결정보다 사장님 또는 비즈니스 리더의 경험과 판단이 중요하다.

4. 가치와 기준을 만들라 Shape value and standards

가치는 내 사업의 정체성이다. 그리고 구성원들이 어떤 행동을 할 것인가, 무엇을 기준으로 판단할 것인가를 결정한다. 사업이 성공하기 위해서는 가치체계가 '의미 있는 외부'와 연결되어 있어야 한다. 그리고 사업의 단기 목표와 미래 비전에 밀접한 연관성을 가지고 있어야 한다. 기준은 기대치와 관련되어 있다. 어떤 상태를 성공이라고 여길 것인지를 정하는 것이 기준이다. 그를 위해 늘 이 두 가지 질문을 던지고 '예'라고 답할 수 있어야 한다. 첫째, 우리에게 가장 중요한 분들, 다시 말해 소비자들은 우리로 인해 기뻐하고 있는가? 둘째, 우리는 시장에 있는 최고의 경쟁자를 상대로 이기고 있는가? 둘 중 하나라도 '예'가 아니라면 아직 성공하고 있다고 여기면 안 된다. 그리고 성공의 방법을 찾아야 한다.

앞으로 우리가 맞닥뜨리게 될 시대는 이미 눈에 보이는 굵직한 위험 요소들만으로도 차고 넘친다. 장기 저성장 시대와 경기 불황, 실업률 증가 및 빈부 격차 증가, 지구 온난화 및 미세 먼지를 비롯한 환경 오염, 고령화에 따른 복지 비용 증가 및 생산 가능 인구 감소, 인공 지능과 로봇 등 자동화 기술로 인한 직업의 변화와 일자리 부족, 자국 우선주의 부각에 따른 무역 분쟁과 세계 경기 침체, 그 외에도 이 문제들의 복합적인 파장까지 고려하면 그야말로 어떻게 대처할지 난감하다. 하지만 위기 속에서 오히려 기회를 잡는 사람들은 언제나 존재했고 그들은 시대의 승자가 되었다.

결국 수많은 위협에도 불구하고 사업을 지속 성장시키려면 나만의 단순하고 강력한 원칙에 따라 내가 잘하는 영역에서 일관성 있게 실행해나가야 한다. 그러면서 의미 있는 외부와 항상 연결되어 내 경로를 점검하고 최적의 진로 탐색을 쉬지 않아야 한다. 현재에 단단히 발을 디디고 미래를 향해 서서히 그리고 확고하게 나아가야 한다. 그렇게 레일 위를 달려 성장의 모멘텀을 만들어나가는 것이다.

위기를 기회로 만드는 법

비관주의자는 모든 기회에서 어려움을 보고, 낙천주의자는 모든 어려움에서 기회를 본다 - 윈스턴 처칠

때로는 오늘 오후에 일어날 일보다 10년 뒤의 미래가 더 예상하기 쉬운 것처럼 느껴진다. 이를테면 인구 변화가 라이프 스타일과 산업 지형에 어떤 변화를 가져올지 내다보는 것은 그리 어렵지 않다. 줄어드는 출산율과 의학 발달에 따른 수명 연장은 필연적으로 고령화 사회로 이어질 것이고, 그에 따라 어떤 산업이 수혜를 입고 어떤 업종이 쇠락할 것인지 예측할 수 있으며, 그에 따른 대비도 충분히 할 수 있다.

그러나 세상은 그렇게 단순하게 흘러가지 않는다. 수많은 변수가 영향을 끼친다. 지금껏 모든 일이 예상대로 진행된 적이 몇 번이나 될까? 적어도 내 기억엔 없다. 원칙을 깃발 삼아, 미래 비전을 돛대 삼아 잔잔한 바다를 항해하듯이 유유히 전진해나갈 수 있다면 얼마나 좋을까 싶지만, 어느 날 갑자기 폭풍우가 몰아닥치고 거센 파도가 배를 삼킬 듯이 덮치기도 한다. 사업을 하려면 그럴 때 살아남는 법도 알고 있어야 한다.

나쁜 소식과 좋은 소식이 있다. 나쁜 소식은 누구에게나 위기가 찾아온다는 것이고, 좋은 소식은 위기와 시련은 발전의 계기를 마련해준다는 것이다. 위대한 업적을 이룬 대가들은 공통으로 위기의 순간에 한 단계 더 높이 도약했다. 위기는 누구에게 찾아오지만 받아들이는 사람의 태도에 따라 걸림돌이 되어 넘어질 수도 있고 디딤돌이 되어 딛고 올라설 수도 있다. 바람이 강하게 불면 어떤 이는 담을 쌓고 다른 이는 풍차를 만든다는 말이 있다. 어떤 상황에서도 선택권은 나에게 있다.

나의 사업에 닥친 위기를 도약의 기회로 삼는 경영자들이 공통으로 보이는 4가지 특징이 있다.

1. 곧바로 인정하고 받아들인다

물컵을 엎지르면 곧바로 걸레를 들고 닦으면 된다. 이미 일어난 위기도 마찬가지다. 받아들이고 해결책을 찾는 데 곧바로 집중해야 하지만, 대부분 그렇지 못하다. 속상해하고, 분노하고, 부정한다. '그럴 리가 없어' 혹은 '어떻게 이런 일이 생길 수 있지' 하면서 주저앉아버린다. 이성을 써야 할 때 감정을 쓴다. 그러는 사이 초기 대응할 수 있는 골든 타임을 놓칠 수도 있다. 냉정하게 받아들이고 차분하게 움직여야 한다. 그러려면 평소에 위기는 반드시 극복할 수 있다는 마음가짐을 가지고 있어야 한다.

'너는 내일 일을 자랑하지 말라. 하루 동안에 무슨 일이 일어날는지 네가 알 수 없음이니라 – 잠언 27장 1절'

오늘 모든 것이 평안하고 번영하는 것처럼 보여도 밤새 무슨 일이 일어날지 모른다. 그 사실을 겸허하게 인정하고 받아들이는 것이 위기를 기회로 만드는 첫 걸음이다.

2. 자신의 가치를 들여다본다

위기 극복의 가장 큰 원동력은 내 가게, 내 회사, 내 브랜드의 가치에서 나온다. 단골손님들과 충성 고객들의 믿음이 그 가치를 증명해준다. 그것을 들여다보고 흔들리지 않아야 한다. 그리고 적극적으로 알려야 한다. 일단 위기가 터지면 다양한 이해 관계자들이 복잡하게 얽혀 움직이기 시작한다. 직원들과 주주들은 회사가 망할까 걱정한다. 언론과 소비자들은 온갖 추측과 짐작으로 의심의 눈길을 보낸다. 최악의 경우엔 수사 기관들이 그 의심에 기반해 수사를 시작할 수도 있다. 그런 의혹과 부정적인 목소리들이 파도처럼 밀려온다. 그럴수록 내가 고객에게 제공하는 핵심 가치를 더 견고히 해야 한다. 모두에게 들리도록 더 크게 반복해서 외쳐야 한다.

위기 상황에서 회사를 무너지게 만드는 것은 많은 경우 팩트보다 사람들의 인식이다. 일단 이해 관계자들이 '나쁜 놈'이라고 인식하면 위기에서 빠져나오기는 굉장히 어렵다. 그들이 '좋은 녀석인데 운이 없었을 뿐'이라고 여기도록 해야 한다. 그러기 위해서는 내 핵심 가치를 들여다보고, 고객들에게 그 가치를 제공하기 위해서 얼마나 치열하게 노력해 왔는지를 사람들이 알도록 해야 한다.

3. 민첩하게 움직이되 서두르지 않는다

위기에서 벗어나려면 마냥 기다려서도, 막무가내로 달려들어서도 안 된다. 차분하고 자신감 있게 움직여야 한다. 그러려면 평소에 위기 대응 매뉴얼을 마련해놓는 것이 도움이 된다. 큰 회사들은 대부분 상세한 매뉴얼을 구비해놓고, 위기가 발생하면 차분하게 매뉴얼에 따라 움직인다. 일반적인 위기 대응 매뉴얼의 내용을 간략하게 소개하면 아래와 같다.

1) '집안 단속'부터

사건 사고가 생기면 우선 직원들부터 챙겨야 한다. 직원 수가 많을수록 더 그렇다. 직원들도 발생한 사고에 대해 정확히 모르고 추측과 걱정만 하는 경우가 더 많다. 그러나 외부에서는 그것과 상관없이 내부 관계자의 말이라면 무조건 사실로 받아들인다. 그렇기 때문에 내부 관계자들에게 가장 먼저 정확한 사실관계가 파악되기 전까지는 외부에 함구할 것을 당부해야 한다. 그리고 일단 전후 관계가 정리되고 나면 외부에 우리의 입장을 일관되게 대변하도록 홍보대사의 역할을 하게끔 챙겨야 한다.

2) 팩트부터 파악

위기가 발생하게 된 경위, 그 전의 대비 상황, 관련자, 책임자, 사전에 누가 무엇을 얼마나 알고 있었는지 등의 모든 사실을 파악하고 이를 통해 사건의 전체적인 윤곽과 세부적인 내용을 이해해야 한다. 그러기 위해서 관련된 사람들을 한 명씩 차례로 인터뷰하고 사실관계를 밝혀내야 한다.

3) 스토리 구성

모든 사실관계를 파악하고 나면 그것을 종합하여 우리의 입장을 잘 이해시킬 수 있도록 메시지를 구성한다. 다음과 같은 내용을 포함하도록 한다. 첫째, 이러이러한 사고가 발생했고 이러저러한 실수나 잘못이 있었다. 둘째, 평소에 그를 방지하기 위한 어떤 노력과 조치를 사전에 취했다. 셋째, 그런데도 많은 불가항력적인 요인들 때문에 유감스럽게도 사건이 발생했다. 넷째, 재발 방지를 위해 이러저러한 노력을 기울일 것이다. 다섯째, 회사는 소비자를 위해 많은 가치를 제공해왔고 앞으로도 그것이 훼손되는 일은 절대로 없을 것이다. 앞으로도 우리를 계속 믿고 응원해달라.

4) 'C.A.P' 룰에 따라 입장 공표

큰 회사들은 위기가 발생하면 담당 임원이나 사장이 직접 언론을 비롯한 이해 관계자들 앞에 나서서 회사의 입장을 공표한다. 작은 가게는 손님들을 위한 안내문을 붙이는 식으로 소통하기도 한다. 어떤 경우든지 C.A.P 룰에 따라 발표하는 것이 좋다.

- Care & Concern (유감의 말): 잘잘못을 따지기 전에 발생한 사건에 대한 유감, 그리고 그로 인해 피해를 본 분들에 대한 진정성 있는 염려와 배려를 먼저 전한다.
- Action (앞으로 취할 조치): 그리고 사고 원인을 철저히 규명하고 잘못이 있다면 상응하는 책임을 지겠다는 내용을 포함해 이제부터 어떤 조치를 취할 것인지 책임감 있게 전달해야 한다.
- Prevention (재발 방지 대책): 그리고 앞으로 유사한 사태가 재발하지 않도록 하겠다는 약속과 다짐으로 마무리한다.

4. 진실하고 정직하다

어떤 경우에도 진실하고 정직해야 한다. 내게 불리한 정보라고 해서 감추거나 왜곡하면, 우선은 모면할 수도 있지만 결국엔 더 큰 부메랑이 되어 돌아온다. 더 중요한 것은 이 위기를 극복하고 그를 성장의 계기로 삼을 기회는 영영 날아가 버린다. 안타깝게도 주변에서 이런 사례를 너무나 많이 본다. 한 대기업 회장이 다른 사람에게 맞고 들어온 아들을 대신해 보복 폭행을 했었던 사건을 기억할 것이다. 이 사건이 세상에 알려지자 그는 그 사건을 강력히 부인했다. 곧 그 말이 거짓임이 드러났고 회장 본인은 구속되고 회사의 신뢰도가 땅에 떨어지는 최악의 결과를 맞이했었다. 십수 년의 세월이 흐른 지금도 여전히 사람들의 뇌리에서 지워지지 않고 부도덕한 기업으로 낙인이 찍혀 있다.

진실과 정직은 말로서가 아니라 적극적으로 대응하는 태도와 행동으로 보여야 한다. 침묵하고 아무것도 하지 않는다면 사람들은 무언가 감추고 있다고 여긴다. 2018년 발생한 최악의 개인 정보 유출 사고에 대한 페이스북 CEO 저커버

그의 대응과 그 결과를 타산지석으로 삼아야 한다. 2018년 3월 17일 뉴욕 타임스 등 주요 언론이 영국 데이터 분석회사 케임브리지 애널리티카Cambridge Analytica가 페이스북 사용자 5,000만 명의 개인정보를 불법 이용했다고 보도했다. 그 뒤로 저커버그와 페이스북은 나흘간이나 침묵했다. 그리고 내놓은 입장은 무성의한 사과와 책임 전가에 불과했다. 언론과 대중은 저커버그가 '정직이 최선임을 모르고 있다'라며 비판했고 그로부터 3주간 페이스북의 기업가치는 약 1,000억 달러(120조 원)나 하락한다. 그로 인해 정직으로 위기를 기회로 만든 존슨앤드존슨의 전설적인 타이레놀 사태가 다시 한번 인구에 회자되었다. 1982년 10월 미국 시카고 지역에서 타이레놀을 복용한 사람이 청산가리 중독으로 사망하는 사건이 발생한다. 존슨앤드존슨은 즉시 시카고 지역 모든 매장에서 타이레놀을 전량 회수한다. 그리고 고객 응대 전화를 모두 수신자 부담으로 무료 제공하고 회선도 대폭 늘렸다. 더 나아가 '경고! 가족과 생명을 지키기 위해 타이레놀을 절대 복용하지 마세요!'라는 전면 광고를 주요 매체에 실었다. 누군가 고의로 청산가리를 집어넣은 범죄라는 것이 밝혀졌고 FDA(식품의약국)은 추가 리콜은 필요 없다는 입장을 내놓았지만 회사는 캘리포니아에서 모방범죄가 발생하자 즉시 전국으로 리콜을 확대하고 3,100만 병을 회수했다. 그리고 3주가 지나서야 안전을 강화한 3중 포장된 제품을 다시 판매하기 시작했다.

어느 누가 일부러 위기와 시련 속으로 들어가고 싶을까? 항해하는 동안 가능하면 폭풍은 피해 가는 것이 상식이다. 하지만 아무리 피하고 싶어도 **도전과 시련을 맞닥뜨려야 하는 순간이 누구에게나 찾아온다. 두려워하거나 도망가지 않고 의연히 맞서면 그것을 극복하는 과정에서 내적 성장과 각성의 계기로 만들 수 있다. 거센 바람에 꺾이지 않고 오히려 상승 기류를 타고 위대한 비상을 할 수 있다.** 대장장이의 망치가 쇠를 두드려 날카로운 명검을 만들듯이 위기는 사람을 단련해 영웅을 만들고, 기업을 단련해 위대한 일을 할 수 있는지 시험한다. 시험을 통과한 자가 면류관을 얻듯이, 위기를 만나게 되면 정직하고 당당하게 통과해 도약의 계기로 삼을 수 있기를 바란다.

4장

누구를 바라보고 있는가?

"고객을 사랑하고, 경쟁자를 존중하라."

필립 코틀러 Philip Kotler

탄생! 1985 소비자 공화국
'모든 권력은 국민으로부터 나온다.' – 대한민국 헌법 1조

20세기 최고의 미래학자 앨빈 토플러Alvin Toffler는 1980년 그의 명저 《제3의 물결》에서, 21세기에는 생산자와 소비자의 경계가 허물어질 것이라 예견하면서 '생산자'를 뜻하는 영어 'producer'와 '소비자'를 뜻하는 'consumer'의 합성어로 '프로슈머Prosumer'란 단어를 처음으로 사용했다. 이는 이전까지 생산자가 제공하는 제품을 수동적으로 받아들이고 사용하기만 하던 소비자들이 능동적으로 자신들의 취향과 기호에 맞는 제품의 기획과 생산에 참여하고 기업의 정책에까지 영향력을 행사하게 될 것을 예견한 것이었다.

토플러의 예언이 현실이 되기까지는 그리 오랜 시간이 걸리지 않았다. 생산자가 장악했던 시장 주도권은 이미 1980년부터 점차 소비자들에게 넘어가고 있었다. 그리고 이를 결정적으로 확인해준 사건이 터졌으니 바로 1985년 코카콜라사의 뉴 코크New Coke 출시다.

1980년대 초반 펩시는 소비자들에게 눈을 가리고 펩시와 코카콜라를 맛보게 한 뒤 더 맛있는 콜라를 고르게 하는 '펩시 챌린지' 광고 캠페인을 통해 코카콜라를 거세게 추격했다. 소비자들 사이에 '펩시가 더 맛있다'는 인식이 퍼지면서 시장 점유율 격차도 급격히 좁혀졌다. 위기를 느낀 코카콜라는 100년간 고수해온 전통을 버리고 새로운 콜라를 출시한다. 이름하여 '뉴 코크'. 당시 코카콜라의 회

장이었던 로베르토 고이주에타^{Roberto Goizueta}는 호언장담했다. "이토록 확실하게 성공을 보장해줄 신제품은 지금까지 없었다." 그도 그럴 것이 뉴 코크 출시 전까지 무려 20만 번에 달하는 시음회를 거쳐, 대다수의 고객에게 뉴 코크가 기존 코카콜라보다 맛이 더 좋다는 평가를 받았기 때문이다. 코카콜라는 이번에야말로 펩시와의 격차를 압도적으로 벌리겠다고 마음먹고 대대적인 광고 캠페인과 함께 뉴 코크를 출시했다.

결과는 어땠을까? 참담한 실패로 끝났다. 출시하자마자, 기존의 코카콜라 맛을 그리워한, 아니 사랑한 소비자들의 거센 항의에 부딪혔다. 소비자들은 '내 코카콜라를 돌려내'며 미국 전역에 걸쳐 시위를 일으켰고, 코카콜라 본사는 매일 8천여 건에 이르는 항의 전화에 시달렸다. 또 기존 코카콜라가 남아있는 매장을 찾아다니며 대대적인 사재기에 나서기도 했다. 결국 코카콜라는 석 달 만에 뉴 코크를 중단하고 원래 코카콜라 맛으로 다시 돌아가기로 한다. 그러고는 코카콜라 클래식^{Coke Classic}이라는 이름으로 다시 예전 레시피로 만든 코카콜라를 출시했다.

유사 이래 소수의 군주에게 있었던 주권이 근대 시민 혁명을 통해 다수의 시민에게 넘어간 공화정이 탄생한 것처럼, 뉴 코크 사태는 제품 생산과 공급에 관한 의사결정의 주도권이 기업으로부터 소비자에게 넘어갔다는 것을 보여준 상징적인 사건이다. 이런 의미에서 이 사건을 '1985 소비자 공화국 탄생'이라고 불러도 무방하겠다.

그로부터 30년이 넘게 흐른 지금도 소비자가 아니라 생산자에게 선택권이 있는 것처럼 행동하는 가게와 회사들이 여전히 많다. 어느 회사나 '고객 중심'을 부르짖고 있지만 정작 생각하고 일하는 방식을 보면 고객은 뒷전으로 밀려나 있는 경우가 많다.

하지만 오늘도 여전히 성공하고 성장하는 기업은 소비자에게 관심을 가지고, 그들에게 진정으로 귀 기울이고, 소비자들로 하여금 참여하고, 선택하고, 만들어 가도록 하는 기업들이다.

파리바게뜨, 배스킨라빈스, 던킨도너츠, 삼립식품을 거느린 SPC 그룹은 작은 빵집에서 출발해 매출 5조 원이 넘는 대기업으로 성장했다. 그 성공 신화 뒤에는 '만 개의 빵을 만들어도 고객은 단 하나의 빵으로 평가한다'라는 창업주의 신념이 있었다.

우리나라 최초의 핀테크 유니콘 기업 토스의 창업자 이승건은 창업 후 계속 좋은 제품을 만들었는데도 연이어 8번을 실패하자, '내가 하고 싶은 것이 아니라, 철저히 고객이 원하는 것을 찾고, 고객이 원하는 것을 만들자, 고객이 불편한 것을 해결해주자'고 생각을 바꾼 뒤에야 비로소 성공할 수 있었다고 털어놓았다.

배달의 민족이 성공한 비결도 고객이 누구인지 깊게 고민하고, 그들이 열광하는 것을 제공한 것이었다. 이를테면 '직장과 그룹의 막내'라는 명확한 타깃 고객의 아이덴티티, 그들이 좋아하는 'B급 문화'라는 콘텐트 전략, 그리고 집요하리만큼 일관성 있게 적용해온 그들만의 고객 중심적인 행동이 수많은 도전과 어려움을 딛고 지금도 성장하게 만드는 것이다.

제아무리 막강한 브랜드와 시장 지배력을 가지고 있는 거대 기업이라고 해도 소비자의 말에 귀를 기울이지 않으면 금세 퇴출당하고 만다. 이것은 또한 상당수 글로벌 기업들이 본사 정책에 매여 로컬 소비자들의 니즈에 맞춰 유연하게 움직이지 못한 채 한국 시장에서 고전하고 있는 이유이기도 하다. 전 세계에서 가장 마케팅을 잘하는 P&G조차 한국 소비자의 기호를 맞추지 못해 한때 시장 점유율 1위였던 위스퍼생리대 사업을 접었다.

4차 산업 혁명의 물결 속에 있는 지금, 시장의 흐름은 기술 선도 기업이 주도

하는 것처럼 보인다. 그러나 여전히 결정권은 소비자에게 있다. 오늘날은 대부분의 영역에서 기업과 소비자 간의 '정보의 비대칭성'이 무너졌기 때문에 기업들이 가지고 있었던 마지막 우위마저 사라진 셈이다. 의료, 제약, 법률 같은 전문가의 영역들마저 검색만 하면 얼마든지 정보를 얻을 수 있다. 거기에 더해 유튜버, 블로거, 위키피디아 같은 지식 전달자들은 양자 역학 같은 어려운 개념마저도 누구나 알기 쉽게 설명해준다. 아무리 기술이 발전해도 본질은 변하지 않는다.

우리는 여전히 1985년에 탄생한 소비자 공화국에서 살고 있다. 제아무리 대단한 기술이라도 소비자가 소용없다고 하면 그걸로 끝이다. 반대로 소비자의 목소리에 귀 기울이고, 그들이 필요로 하는 것을 알아채고, 공급하는 기업들은 경쟁자들을 제치고 놀라운 성과를 내고 있다.

사업에서 성공하려면 다른 경쟁자들이 넘어설 수 없는, 나만이 가지고 있는 '불공정한 이점unfair advantage' 을 가지고 있어야 한다. 다른 말로 진입장벽이라고 할수 있다. 이를테면 특허받은 기술, 압도적인 자금력, 탁월한 정보력 같은 것 말이다. 하지만, 1985년에 탄생한 소비자 공화국을 살아가는 우리에게는 그 무엇보다도 시장을 주도하는 소비자와의 진정성 있는 관계야말로 내 사업을 성공시킬수 있는 최고의 이점이다.

지금부터 소비자에 대한 깊은 이해를 바탕으로 어떤 사업이든 성공할 수 있는 나만의 '불공정한 이점'을 만들어가는 비결을 살펴보도록 하겠다.

당신의 고객은 누구인가?
고객을 사랑하고, 경쟁자를 존중하라Love your customers, Respect your competitors – 필립 코틀러

TED 역대 조회 수 4위를 차지한 인플루언서 사이먼 시넥Simon Sinek은 성공하는 기업의 가장 큰 특징은 '왜Why' 에 대한 답을 가지고 있는 것이라고 역설한다. '왜'를 묻지 않고 '무엇What' 과 '어떻게How' 부터 고민하는 기업은 추종자는 될 수 있어도 리더는 될 수 없다는 것이 그의 견해다. 그런데 마케팅에서 그보다 더 중요한 것이 하나 있다. 바로 '누구Who'다. 누군지도 모르는 사람에게 사랑 고백을 해본 적은 아마 없을 테지만, 고객이 누구인지도 모르면서 하는 마케팅을 본 적은 있을지도 모른다. 몇 가지 예를 들어보겠다.

"플러스 친구 추가하면 이모티콘 무료 증정"
"1+1! 원조 만두 하나 사시면 하나를 덤으로 드립니다!"
"무료 세트 업그레이드! 00 버거를 드시면 프렌치프라이와 콜라가 무료!"

마케팅을 한다는 것은 고객이 어떤 사람인지, 무엇을 원하는지 잘 알고 있다는 것을 전제로 한다. 그러나 실제로는 마케팅 담당자들이 소비자를 얼마나 피상적으로 알고 있는지, 심지어 누가 고객인지조차 정의하지 않고서 고객을 안다고 착각하는지, 깜짝 놀랄 때가 많다. 마케팅은 고객과의 대화다. 누구에게 말을 거는 것인지, 그(녀)가 어떤 사람인지 정확하게 알고 있어야 대화가 잘 풀릴 것이다. 다만, 개인적인 대화와는 달리, 다르게 현실에서 마케팅 대화는 불특정 다수와 간접 접촉을 통해서 하다 보니 대중을 분류하고 공통점을 찾아내는 여러 가지 세분화Segmentation 기준을 사용해서 타깃 고객을 정한다. 흔히 아래와 같은 방법들을 사용한다.

인구학적Demography 기준

- 나이·성별·직업·수입·정서·교육수준 등, 부분별로 파악하는 것으로 세분화의 가장 일반적인 방법이다.
- '25세~45세 직장인', '30세~49세 전업주부', '20대 대학생' 등으로 구별하는 식이다. 직관적이고 구분이 명확하며 도달하기 용이하기 때문에 가장 많이 사용한다.

욕구^{Needs} 기준

- 욕구의 종류에 따라서 세분화하는 방법. 어떤 종류의 욕구를 더 중시하는지에 따라 구별한다. 예를 들어 카테고리와 관계없이 일반적으로는 성능 Performance중시 고객과 경험Experience 중시 고객으로 나눌 수 있다. 성능 중시 고객은 제품의 기능적인 퍼포먼스를 더 중요한 선택의 기준으로 여기고, 경험 중시 고객은 감각적인 경험적 만족도를 더 중요하게 생각한다. 예를 들어 타월을 고른다고 할 때, 성능 중시 고객은 물기를 잘 말려주는 것이 가장 중요한 선택의 기준이고, 경험 중심 고객은 피부에 닿는 부드러운 촉감이나 향, 디자인을 더 중요하게 생각한다. 자동차의 경우 성능 중심 고객은 가속도, 핸들링, 토크 같은 성능을, 경험 중심 고객은 승차감, 인테리어 같은 감각적인 느낌을 더 중요한 선택의 기준으로 생각한다. 더 나아가 카테고리별로 가지고 있는 세부적인 욕구를 기준으로 구별하는 방법도 있다. 예를 들어 침구류의 고객을 정의할 때는 '숙면에 대한 니즈가 큰 사람'이라고 정의할 수 있다. 청소기 카테고리에서는 '집 안 청소를 빠르고 간편하게 하고 싶은 사람'과 '눈에 보이지 않는 먼지까지 완벽하게 제거하고 싶은 사람'으로 구분할 수도 있다. 이처럼 세분화된 욕구는 다수의 소비자가 공통으로 해결하기를 원하는 문제, 이루어지길 원하는 소망, 내 제품이 제공해

줄 수 있는 혜택과 가치를 고려해서 전략적으로 선택할 수 있다.

라이프 스테이지Life Stage 기준

- 생애 주기에 따라서 어떤 단계에 있느냐에 따른 구별법이다. 대학생, 직장인, 싱글, 기혼자, 자녀 유무 등으로 나누는 것이 가장 일반적이다. '딩크족' (DINKDouble Income No Kids 자녀가 없는 맞벌이 부부)이나 '여피족' (YuppyYoung Urban Professional – 도시를 기반으로 전문직에 종사하는 젊은 층) 같은 단어는 라이프 스테이지 세분화 기준을 복합적으로 사용한 예다.

사용 행태Usage Behavior 기준

- 특정한 제품과 서비스를 사용하는 행태를 기준으로 구별하는 방법이다. 현재는 사용하지 않는 '비고객Non-user', 가끔 이용하는 '라이트 유저Light User', 중간 정도의 빈도로 이용하는 '미디엄 유저medium user', 자주 이용하는 '헤비 유저Heavy User'로 나눌 수 있다. 게임이나 앱 같은 디지털, 인터넷 서비스는 고객 이용 데이터가 남기 때문에 주당 몇 회 이용하는가에 따라 명확하게 구별할 수 있다.

주 고객을 정의할 때는 여러 기준을 복합적으로 사용한다. 예를 들어 '페이스북 헤비 유저인 30~40대 기혼 여성'이나 '성능보다 경험을 중시하는 20~30대 직장인 여성' 같은 식이다.

"타깃 고객을 누구로 정할 것인가." 이 질문은 간단해 보이지만 시간을 충분히 가지고 고민해야 하는 어려운 문제다. 왜냐하면 그것은 마케팅 전략 수립에 있어서 가장 중요한 질문이기 때문이다. 위에 제시한 세분화 방법 중 하나만 사용해서 대답할 수도 있고, 여러 개를 엮어서 사용할 수도 있다. 예를 들어 '신혼부부'라고 라이프 스테이지의 단수 기준으로 정할 수도 있고, '인스타그램 헤비 유저이고 맛집 탐방을 즐기는 30대 싱글'이라고 2~3개 기준을 복합적으로 사용해서 정할 수도 있다.

마케팅 전략 수립을 위해서는 나의 타깃 고객이 누구인지를 두 가지로 나누어서 답해야 한다. 바로 '전략적 타깃'과 '최우선 가망 고객'이다.

전략적 타깃은 가장 넓은 의미의 타깃으로 해당 브랜드나 회사 전체의 중장기적인 타깃 고객이다. 최우선 가망 고객은 좁고 구체적으로 정의한 타깃으로 단기적인 성장을 위해 가장 집중해야 할 대상이다. 지금부터 자세히 살펴보겠다.

1. 전략적 타깃 Strategic Target

이들은 내 브랜드의 '최대 유효 고객'이다. 즉 '나의 제품과 브랜드가 제공하는 핵심 가치와 상관성이 있는 모든 사람'이다. 간단히 말해 내가 제공하는 상품과 서비스를 필요로 하고, 사용할만한 가치가 있다고 느끼는 사람들이다. 현재 사용하고 있는 고객과 향후의 잠재 고객을 모두 포함한다. 전략적 타깃을 정하려면 반드시 내 제품이나 카테고리의 핵심 가치가 무엇이고, 누구에게 먹힐지를 고민해야 한다. 그런 점에서 마케팅 전략 수립의 첫 단추가 된다. 첫 단추를 잘 끼우면 나머지도 순조롭게 풀리는 법이다.

페브리즈의 전략적 타깃은 '주변의 나쁜 냄새에 대해 신경 쓰는 사람'이다. '누구나 그렇지 않아?'라고 생각하는가? 소비자 조사 결과 4명 중 1명은 나쁜 냄새에 그다지 신경 쓰지 않는다. 이 사람들에겐 페브리즈가 필요 없다. 이 전략적 타깃 고객을 정하는 의미는 내가 어떤 서비스를 제공할 것인가를 명확하게 하는 데 있다. 내가 집중할 대상이고, 앞으로 제품과 서비스를 계속 발전시킴에 있어서 노력 및 자원 집중의 가이드라인이 된다. 페브리즈의 경우 '나쁜 냄새를 신경 쓰는' 사람이 고객이라는 의미는 브랜드의 핵심 가치가 나쁜 냄새를 제거하는 데 있다는 것이다. 그래서 광고 및 브랜드 슬로건을 포함, 페브리즈의 마케팅 메시지는 모두 나쁜 냄새를 근원적으로 제거해주는 것에 맞춰져 있다. 만일 고객을 '좋은 향기를 원하는 사람'이라고 정의했다면 제품 개발 방향과 마케팅 메시지 모두 완전히 달랐을 것이다.

전략적 타깃을 누구로 정할 것인지는 내 제품과 브랜드의 핵심 가치가 무엇인지와 함께 고민해야 하는 문제다. 그렇기 때문에 고객을 정의하는 과정에서 내 사업과 관련한 현재의 장단점 그리고 향후의 방향에 대해 더 날카롭게 다듬을 수 있다. 똑같이 커피를 팔지만 스타벅스STARBUCKS와 던킨DUNKIN이 제공하는 핵심 가치는 다르다. 당연히 전략적 타깃도 다르다. 스타벅스는 던킨에서 커피를 사 먹는 사람들을 데려오려고 애쓰지 않는다. 사람들은 저마다 다른 가치관과 세계관을 가지고 있다. 어떤 카테고리에 지출할 것인지, 어떤 기준으로 제품과 브랜드를 선택하는지도 그에 따라 다르다. 음식에 있어서 '살기 위해 먹는(eat to live)' 사람과 '먹기 위해 사는(live to eat)' 사람은 다르다. 같은 요식업을 하더라도 누구를 타깃으로 하냐에 따라 사업의 방향, 메뉴, 가격 전략, 디자인 등 모든 것이 완전히 달라진다.

2. 최우선 가망 고객 Prime Prospect

전략적 타깃이 장기적 포괄적 고객인 반면, 최우선 가망 고객은 전략적 타깃 고객 중에서 가장 큰 단기적 성장 잠재력을 지닌 부분 집합이다. 당장 추가 매출이나 트래픽 성장의 원천이 되는 고객들이다. 따라서 가장 우선순위가 높은 마케팅 대상이다. 전략적 타깃은 사업의 장기적인 방향 그리고 브랜드 전략과 연계되어 있지만, 최우선 가망 고객은 단기적인 프로모션이나 캠페인의 대상 고객군이다. 현재 고객의 이용 횟수를 늘리거나, 구매 금액을 높이는 것도 포함한다.

페브리즈의 예를 들어볼까? 일주일에 1~2회 정도 사용하는 라이트 유저의 사용 빈도를 높이는 것이 매출 증대에 가장 효과적인 방법의 하나다. 현재 사용하고 있지 않은 고객들은 뭔가 불만족 요소가 있을 것이기 때문에 그걸 해결하려면 더 많은 마케팅 리소스가 필요하다. 이미 자주 사용하고 있는 헤비 유저의 경우는 사용량을 더 늘릴 수 있는 여지가 많지 않다. 라이트 유저들도 연령, 라이프 스테이지, 라이프 스타일 등의 세부적 하위 그룹으로 분류할 수가 있다. 전업주부, 워킹 맘, 오너 드라이버 남성 등등 다양하게 나눠볼 수 있다. 또 '위생 상태에 대한 염려가 많은 사람'처럼 니즈에 따른 구분도 생각해볼 수 있다. 일단 최우선 가망 고객을 결정하고 나면 이들에게 소구할 수 있는 인사이트를 찾고 그에 맞춰 마케팅 아이디어와 전략을 수립한다. 최우선 가망 고객은 단기적인 성장 목표를 달성하기 위한 마케팅 캠페인을 수립하기 위한 구심점이 된다. 보통은 분기를 한 사이클로 해서 목표를 달성하고 나면 새로운 타깃을 수립한다. 성장 잠재력이 충분하다면 여러 사이클 동안 동일한 타깃을 대상으로 마케팅을 하기도 한다.

마케팅 목표를 달성하기 위해 최우선 가망 고객은 다음의 세 가지 조건을 충족해야 한다.

1) **성공 가능성**Right to win: 고객들이 내 브랜드의 핵심 가치, 그리고 그에 기반한 마케팅 메시지에 반응해 경쟁사보다 우리 가게를 선택할 것이라는 확증이 있어야 한다. 다시 말해 지금 당장 어필할 수 있는 신제품이나 소비자 조사에서 검증된 콘셉트 같은 확실한 수단이 있어야 한다. 예를 들어 강남역에서 식당을 하는 A사장님의 현재 주 고객은 40~50대 남성이다. 메뉴나

인테리어도 그들이 선호하는 형태로 되어있다. 그런데 주변에 20~30대 젊은 여성 직장인들이 많다고 해서 메뉴나 인테리어에 아무런 변화도 주지 않고 그들을 최우선 가망 고객으로 잡으면 실패할 수밖에 없다. 같은 지역에서 카페를 하는 B 사장님은 동일하게 20~30대 여성을 최우선 가망 고객으로 정하려고 한다. 그래서 새로운 디저트 메뉴를 개발해서 고객 시식회를 했더니 20~30대 여성들의 90% 이상이 맛있다는 반응을 보였다. 그래서 음료와 세트 메뉴로 묶어서 대대적인 프로모션을 할 계획을 세웠다. B 사장님은 최우선 가망 고객 선정의 첫 번째 조건을 만족시킨 것이다.

2) **충분한 규모**Sufficiency: 글로벌 기업에서 사업 기획서에 자주 쓰는 표현 중에 'Size of prize'란 것이 있다. 직역하면 '상금의 크기'인데, 사업 계획대로 성공했을 때 얻게 되는 보상이 얼마인지를 묻는 것이다. 시쳇말로 '먹을 게 얼마나 있느냐'는 뜻이다. 최우선 가망 고객은 돈과 노력을 들여서 마케팅 자원을 가장 집중해서 쏟아붓는 대상이다. 그런 만큼 충분한 성과가 있어야 할 것이다. 타깃을 너무 좁고 작게 잡거나, 마케팅을 통해서 전환할 수 있는 고객의 수가 투입 비용 대비 크지 않다면 타깃의 정의를 다시 생각해야 한다.

3) **실행 가능성**Actionability: 실행 가능성은 두 가지를 본다. 구분 가능한가와 도달 가능한가. 예를 들어 '30대 직장인'으로 정했다면 충분히 구분 가능하고 그들에게 도달 가능한 미디어 플랜도 세울 수 있다. '반려견을 기르는 싱글 남녀'는 확인 가능하고, 어느 정도는 도달할 수 있다. 반면 '새로운 향기를 맡아보는 것을 좋아하는 사람'이라고 정한다면 확인하고 구분해서 도달할

수 있는 미디어 플랜을 세우기도 매우 어려울 것이다. 욕구와 이상에 따라서 타깃을 정의하는 것은 내 브랜드의 핵심 가치와 부합하는가, 다시 말해 성공 가능성의 측면에서는 용이하지만 실행 가능성 측면에서는 불리하다.

성공 가능성, 규모, 실행 가능성은 어느 정도 트레이드 오프^{trade-off}가 있다. 그래서 세 조건을 모두 완벽하게 만족시키기보다는 어느 정도 선에서 최적점을 찾는 것이 실용적인 방안이다. 그렇기 때문에 반드시 만족시켜야 하는 기준점이라기보다는 최대로 만족하는 지점을 찾기 위한 가이드라인 정도로 활용하는 것이 좋다.

고객이 누구인지를 묻고, 고민하고, 정의하는 것은 한 번에 해치우는 숙제가 아니다. 사업을 하는 동안 반복해서 가야 하는 여정과 같다. 이만하면 충분하다고 생각할 때 또 새로운 것, 몰랐던 것을 발견하게 된다. **그렇기에 소비자에 대한 관심과 더 알기 위한 노력을 멈추지 않아야 한다. 깨어있는 내내, 잠드는 순간까지, 아니 꿈에서도 집착처럼 소비자만 생각해야 한다. '소비자에 홀린 것처럼**_{obsessed with consumer}**' 관심을 가져야 한다. 친구나, 가족, 심지어 자기 자신보다도 더 소비자를 잘 알아야 한다.**

한 마케팅 세미나에서 연사가 말했다. "요즘 소비자들은 브랜드의 취향과 철학에 공감만 하면 언제든 지갑을 열어요. 그래서 소비자들이 공감할 수 있는 브랜드 콘셉트에 취향과 철학을 담아내야 해요." 어느 정도는 맞는 말이다. 하지만 사람은 복합적 존재다. 취향과 철학에 공감하더라도 가격이 맞아야 구매한다. 효능이 기대에 못 미치면 언제든 돌아선다. 브랜드가 중요하지 않아서 퍼포먼스만 받쳐주면 되는 제품도 있고, 퍼포먼스와 관계없이 무조건 애정을 갖는 브랜드도 있다. 디자인이 취향에 맞다고 성능이 떨어지는 탈취제를 계속 구매하진 않는다.

반면, 디자인이 맘에 드는 클러치는 수납공간이 작아도 불편을 감수하고 계속 들고 다닌다. 분명한 취향과 철학을 가진 사람들도 있지만 취향보다는 성능을 중시하는 소비자들도 많다.

취향 저격도 전략적 선택지 중 하나일 뿐이다. 중요한 것은 '내 고객이 누구인가' 그리고 '그를 위한 나만의 비장의 무기'를 갖추고 있는가이다. 작은 가게를 하나 열려고 하는 A 사장님이 있다고 해보겠다. 그가 만일 인문, 미술, 음악적으로 분명한 취향taste을 가지고 있고 동류의 고객을 타깃으로 하겠다면 그의 식견과 안목을 십분 활용해서 업종과 품목을 정하고 개성과 개념을 담은 디자인으로 멋있게, 예쁘게 '인스타 감성' 넘치는 가게를 꾸밀 수 있을 것이다. 위치도 대로변보다 조용한 이면 도로에 자리 잡아 임대료도 절약할 수 있고, SNS를 통해 입소문을 내서 같은 취향을 가진 손님들이 가게를 찾아오는 설렘과 재미를 줄 수 있다. 찾아오는 불편도 그들에게는 숨겨진 보물 찾기 같은 즐거움을 더해줄 수 있다.

비슷한 작은 가게를 열려고 하는 B 사장님은 자신의 취향이 특별히 뭔지는 잘 모른다. 그는 검증된 것을 선호하는 편이다. 물건을 고를 때도 후기를 읽어보고 판단하고, 브랜드를 믿고 고르는 경우도 많다. 그렇다면 익숙함이 주는 편안함, 검증된 브랜드가 주는 신뢰감을 선호하는 사람들을 타깃으로 하여 가게를 여는 것이 좋다. 위치도 유동 인구가 많은 메인 도로변에 자리 잡고, 지나가던 사람들도 쉽게 들어와서 바로바로 구매할 수 있는 아이템을 선정해야 할 것이다. 임대료를 감당할 수 있을 정도로 회전율과 객단가가 높은 제품을 고르면 더 좋다.

이처럼 내 가게의 콘셉트, 상품 구성, 입지는 나의 취향보다 고객에 맞춰 결정해야 한다. 유행한다고, 좋아 보인다고, 누군가의 성공 방식이라고 그대로 따라 해서는 또 다른 실패를 부를 뿐이다.

창업자의 입장에서 모든 것을 다 알 수도 없고, 모든 것을 만족스럽게 제공할 수도 없다. 나만의 한 가지에 집중하라. 그러면 그것이 씨앗이 되어 생명력을 가지고 다른 장점들을 키워나간다. 또 사람들은 한 가지가 맘에 들면 좋아할 다른 이유를 스스로 찾아낸다. 나만의 한 가지를 찾는 첫걸음은 고객이 누구인지를 탐색하고 결정하는 것이다.

내 마음을 맞혀봐!

사람이 그리웠나 봐요. 관심받고, 걱정 받고 싶었나봐요. 내 걱정해주는 사람 하나가 막, 막 내 세상을 바꿔요. - 드라마 〈동백꽃 필 무렵〉 중에서

"28년이나 같이 살았지만, 아직 아내의 마음도 잘 모를 때가 많아요. 그러니 소비자의 마음은 얼마나 알기 어려울까요. 그런데도 마케터가 소비자를 이해하는 일에 최선을 다하지 않는다는 것은 어불성설입니다." 2000년대 P&G의 전성기를 이끌었던 래플리의 말이다.

소비자의 마음을 아는 것이야말로 금맥을 캐는 것이다. 그 안에 사업의 성공 비법이 있다. 머리로 생각하는 것과 마음 가는 것은 다르다. 결정은 마음이 한다. 머리는 그걸 설명하기 위해 사용할 뿐이다. 그래서 소비자들의 말만 들으면 낭패를 당한다. 그 마음속에 있는 것들을 금을 캐내듯이 밝혀내야 한다. 문제는 소비자 자신도 자기 마음을 잘 모른다는 것이다. 그러므로 "무엇을 원하시나요?"라고 물어서는 답을 얻을 수 없다. 마케터의 섬세한 마음과 날카로운 통찰력으로 관찰하고 발견해야 한다.

요즘은 데이터 기술의 발달로 소비자들의 마음을 알 수 있다고 생각한다. '디지털 빵가루Digital Bread Crumbs'란 표현이 있다. 소비자가 인터넷을 돌아다니면서 빵가

루 흘러듯이 남긴 흔적(데이터)을 분석하면 자신도 깨닫지 못했던 그들의 마음을 알 수 있다는 말이다. 그 말은 반은 맞고 반은 틀렸다. 확실히 과거보다 데이터의 양은 비교도 안 되게 늘어났고 데이터 분석은 우리에게 많은 것들을 더 정확하게 알려준다. 특히 전자 상거래 영역에서는 소비자들의 구매 및 클릭 이력을 분석해서 놀라울 정도로 정확하게 필요한 제품들을 추천해준다. 나아가, 인공 지능을 활용해서 주문하기도 전에 배송하고 필요 없으면 환불해주는 서비스까지 등장했다. 하지만 이 방식만으로 소비자 행동의 동기를 깊이 이해하고 그 마음을 헤아리기에는 분명히 한계가 있다. 우리가 먹은 음식, 머물렀던 장소, 산 물건, 보냈던 시간이 동일하다고 해서 동일한 사람이라고는 할 수 없다. 이런 정보들을 연결해서 다음 행동을 예측하는 알고리즘의 정확도는 데이터양이 늘어나면서 높아지겠지만 사람의 마음은 논리와 연산으로 파악할 수 있는 것이 아니다. 그렇기에 직관과 통찰력을 사용해서 소비자의 마음을 읽어내는 것은, 인공지능이 상용화된 21세기에도 여전히 사업가에게 가장 필요한 능력이다.

그러면 어떻게 이런 능력을 기를 수 있을까? 항상 소비자의 행동을 관찰하고 통찰하고 해석하는 것이다. 글로벌 대기업들이 사용하는 고도의 소비자 분석도 본질적으로 이와 같다. 오히려 이 점에서는 매일 소비자를 직접 접하는 작은 가게 사장님들이 훨씬 더 유리한 위치에 있다. 대기업의 마케터들은 많아야 일 년에 몇 번 정도 있는 공식적인 소비자 조사 기간 때나 그들을 직접 만날 수 있으니까 말이다.

소비자들이 진정으로 원하는 것을 이해하기 위해서는 그들의 행동을 주의 깊게 관찰해야 한다. 특히 소비자들이 우리 제품을 구매하고 사용하는 실제 상황에서 관찰할 때 가장 많은 것을 얻을 수 있다. 포커스 그룹 인터뷰(FGI^{Focus Group} Interview)도 도움이 된다. 그러나 정말로 신의 한 수가 될 수 있는 인사이트는 현장에서 그들을 관찰하고 인터뷰할 때 발견할 수 있다.

면접 조사에서 고객들이 하는 이야기만을 곧이곧대로 받아들이면 자칫 낭패를 볼 수 있다.

그들이 이야기하는 맥락을 고려하고 행간을 읽어야 한다. 사람은 정말 원하는 것보다는 그래야 한다고 생각하는 것을 이야기한다. 말로는 A를 원한다면서도, 실제로 구매할 때는 조사원이 지켜보고 있지 않기 때문에 B를 선택할 수 있다. 마음속의 욕망을 그대로 드러내도 아무도 뭐라고 하지 않는 상황에서는 다른 선택을 할 수 있다.

내 지인의 이야기다. 출장 가는 길에 공항 면세점에서 아내에게 선물을 사 주고 싶어서 핸드백 가게에 들어갔다고 한다. 점원이 한정판으로 나온 빈티지 제품이라며 분홍색 백을 권했다. 아내가 분홍색을 좋아하고 자기 눈에도 예뻐 보였기에 그 백을 사서 아내에게 주었다. 선물을 받은 아내는 너무 좋아하면서 환하게 웃었다. 그러면서 너무 감동받았다, 너무 좋다는 말을 연이어 했다. 그 뒤로 10년간 그 친구는 아내가 그 깜짝 선물을 정말 좋아하는 줄 알았다. 하지만 아내는 한 번도 그 백을 들지 않았다는 것을 나중에 알고 깜짝 놀랐다고 한다. 그 백은 아내가 평소 입는 옷이나 구두와 어울리지도 않고, 웬만해선 소화하기 어려운 디자인이었다. 그래서 실은 적잖이 당황했지만 남편 마음이 상할까 봐 티 내지 않고 기쁜 척했던 것이었다.

소비자를 이해하는 과정도 많은 오류와 오해를 거쳐 진실에 다가간다. 그렇기에 기업들은 조사 전문가들을 고용해서 조금이라도 더 정확하게 파악하려고 노력한다. 전문적인 조사 방법론을 몰라도 그 원리를 알아두면 꽤 유용하게 써먹을 수 있다. 한마디로 그것은 '소비자들은 어떤 행동을 이러이러한 동기에서 한다'라는 가설을 세우고 검증하는 것이다. 그리고 그걸 바탕으로 데이터와 직관을 유기적으로 결합한 인사이트^{Insight}를 발굴하고, 그를 반영한 비즈니스 아이디어를 만들어낸다. 그 과정을 처음 세웠던 가설의 오류를 수정하고, 부족한 부분을 보완하면서 점점 더 소비자의 진짜 마음에 가까워진다. 그를 통해 소비자의 마음을 정확히 읽어내고 그들이 원하는 것을 제공할 수 있게 되는 것이다.

소비자들의 특정한 행동은 데이터를 통해서 사전에 파악할 수 있는 부분이 많다. 특정한 시간대나 요일에 유달리 손님이 많이 온다든지, 어떤 제품군의 매출이 특히 더 높다든지 등등. 그러면 왜 그런 행동을 하는지 가설을 세우고 검증해본다. 가설과 다른 부분이 있다면 가설을 수정하고 다시 검증하는 과정을 반복하는 것이다.

강남역 유흥가에 위치한 한 베이커리 매장은 밤 9시 이후에 유난히 케이크 매출이 높았다. 그래서 이런 가설을 세웠다. "한잔한 아저씨들이 아내와 자식들에게 점수 따려고 충동적으로 케이크를 구매한다." 그런데 실제로 밤에 케이크를 구매하는 고객을 관찰해보니 이 가설과 달리 20~30대 여성들이 가장 많이 구매했다. 그래서 회식 2차나 파티에서 쓸 것인데, 뒤늦게 생각이 나서 늦은 시간에 사 가는 것이라고 가설을 수정했다. 추가 검증을 위해 케이크 구매 용도를 묻는 간단한 설문 조사를 했다. 그 결과 파티용은 맞는데, 구입 시간이 늦은 이유는 좀 달랐다. 미리 사두면 냉장 보관을 해야 하는데 그럴 장소가 마땅하지 않아 그 시간에 사러 온 것이었다. 그리고 늦은 시간에 구매를 하다 보니 종류가 다양하지 않은 점이 불만이라는 것도 알게 되었다. 이를테면 하얀 생크림 케이크를 원하는데 초코케이크밖에 없는 것이다. 그런 고객 중 상당수는 맘에 드는 케이크가 없으면 구매를 포기하고 다른 매장으로 가는 경우도 왕왕 있었다. 정리하면 이 베이커리 매장의 20~30대 여성 고객들은 밤 시간에도 다양한 파티용 케이크를 고르고 싶다는 니즈가 있었다. 이걸 만족시켜 줄 경우 상당한 추가 매출의 기회도 존재했던 것이다. 그래서 이 매장 사장님은 20~30대 여성 고객들을 대상으로 케이크 예약 판매를 적극적으로 홍보해서 꽤 재미를 보았다. 예약 구매하면 데코레이션 픽을 서비스로 제공하고 약간의 배달비만 내면 가까운 곳은 직접 배달해 주기도 했다. 고객 입장에서는 원하는 케이크를 고를 수 있어서 만족도도 올라가고 매장 입장에서는 잠재 판매 기회를 발굴해서 추가 매출을 올릴 수 있게 된 것이다.

소비자들의 마음을 알기가 어려운 또 다른 이유는 사람의 마음이 복잡하고 때론 이중적이기 때문이다. 새로운 것에 설레고 좋아하면서도 낯선 것은 두려워한다. 익숙한 것에 편안하지만 반복되는 것은 지루해한다. 그런데 어떨 때 새로운 것을 좋아하고 어떤 때 익숙한 것을 좋아하는지에 대해서 딱히 논리가 없다. 개개인의 성향과 취향에 따라 다르다.

한번은 하와이로 여행을 갔다. 정말 좋아서 천국에 온 것 같았다. 그래서 다음 해 휴가 때 다시 하와이로 갔는데, 기억 속의 그 하와이가 아니었다. 첫 경험의 새로움과 설렘이 없었기 때문에 전혀 다르게 느껴졌던 것이다. 그 뒤로는 아무리 좋았어도 같은 여행지를 반복해서 가지 않는다. 그런데 음식점은 항상 같은 곳을 가고 같은 메뉴를 시킨다. 같은 것을 매일 먹어도 질리지 않는다. 내 지인은 정반대로 해마다 휴가철이 되면 같은 곳, 같은 호텔로 간다. 그 익숙함과 편안함이 진정한 힐링을 준다고 한다. 하지만 음식은 항상 새로운 것을 즐긴다. 가능하면 다른 맛집을 가고 같은 집에 가더라도 항상 새로운 메뉴를 살피고 맛보는 것을 좋아한다.

사람들은 저마다 다양하고 소비자들의 마음은 항상 변한다. 소비자를 이해하는 데는 왕도가 없다. 관심과 애정을 가지고 지속해서 관찰하는 것이 최선이다. 오래된 커플이 권태에 빠져 서로에게 관심이 없어지면 상대방이 원하는 것이 보이지 않고 이별의 길로 들어서듯이, 고객에 대한 애정과 관심이 사그라지면 그들이 원하는 것은 보이지 않고 어느새 하나둘씩 떠나게 된다. 반대로 자신을 이해하고 잘 알아주는 사람에게는 꾸준히, 오랫동안, 충성스럽게 마음과 지갑을 활짝 연다.

고객들은 오늘도 우리를 바라보며 이렇게 말하고 있다.

"내 마음을 맞혀봐!"

한 놈만 빡!

모두의 친구는 누구의 친구도 아니다. 모든 사람을 사랑하는 건 누구도 사랑하지 않는 것이니까. - 아리스토텔레스

"백 놈이든 천 놈이든 난 한 놈만 패… 한 놈만 빡! 한 놈만 빡!"

1999년에 개봉한 영화 〈주유소 습격 사건〉에서 배우 유오성이 연기한 '무대포'의 대사다. 한 사람에게만 집중할 때 많은 사람을 이길 수 있는 건 패싸움뿐만이 아니다.

사장님들은 누구나 가능한 한 많은 고객이 자기 가게를 찾아주기를 바란다. 그런 점에서 고객의 범위를 정할 때 최대한 넓게 잡고 싶은 것은 자연스러운 본능이다. 하지만 더 많은 고객에게 어필하려면 먼저 단 한 명의 고객에게 집중해야 한다. '에브리바디Everybody = 노바디Nobody'다. 모두를 만족시키려 하면 누구도 만족시키지 못한다. 반면 '온리원Only One = 에브리원Everyone'이다. **한 사람을 감동하게 하면 모두가 감동할 수 있다. 한 사람이 진심으로 감동하면 그 감동이 주변으로 퍼져 나가 다른 사람들도 끌어들인다.** 처음부터 많은 사람을 감동시키려고

하면 누구의 가슴도 울리지 못한다. 한 사람에게 집중하면 나머지 아흔아홉 명은 따라온다.

신념을 가진 한 명은 관심만 있는 아흔아홉 명보다 힘이 세다 - 존 스튜어트 밀

마케팅은 나만의 온리 원을 위한 일이다. 생각해보면 지구상에 70억이 넘는 사람이 살고 있지만 똑같은 사람은 단 한 명도 없다. 일란성 쌍둥이조차도 다른 지문과 홍채를 가지고 태어난다. 게다가 서로 다른 성격, 취향, 개성을 가지고 있다. 사람은 누구나 남과 다른 나만의 가치를 인정받고 싶어한다. 나를 알아주는 사람을 위해서는 목숨도 기꺼이 바친다. 그렇기 때문에 한 사람을 위해서 만든 메시지와 모두를 위해서 만든 메시지는 울림의 깊이와 크기가 다를 수밖에 없다.

그렇기에 마케터는 고객을 가능한 한 좁고 세밀하게 정의하고, 구체적으로 묘사할 수 있어야 한다. 내 고객이 누구인지, 어떤 사람인지 마케터의 언어가 아닌 소비자의 언어로 생생하게 묘사해보자. 프랑켄슈타인처럼 상상력으로, 이것저것 짜깁기한 문서상의 언어로 만들어낸 가상의 인물이 아니라 실제 현실 속의 인물처럼 생생하게 묘사할 수 있어야 한다. 예를 들어, '수면 장애를 겪고 있는 30대 직장인' vs. '아침에 일어나면 자도 잔 것 같지 않고 몸이 찌뿌둥해서 회사 가기 싫어지는 30대 직딩' 중 어느 쪽이 더 생생한 소비자의 언어인지는 잘 알 거로 생각한다.

타깃 고객을 좁고 구체적으로 정해서 그것에 집중함으로서 성공한 대표 사례로는 〈배달의 민족〉을 들 수 있다. "20~30초반의 대학생 또는 사회초년생으로 조직의 막내로서 늘 어울리는 복학생 형이나 편안한 동네 형 같은 사람. 패러디, 키치, 짤방, 웹툰 같은 B급 문화에 익숙하고 TV는 안 봐도 토요일 저녁 〈무한도

전〉 본방은 사수한다." 김봉진 대표가 말한 배달의 민족의 타깃이다. 소비자의 언어로 생생하게 잘 표현하지 않았는가? 배달의 민족은 이런 사람을 그들의 온리 원으로 정하고 제품 디자인부터 모든 마케팅 프로모션, 심지어 그들만의 서체까지 집요할 정도로 일관되게 이 코드에 맞추어 실행했다. 분명히 20대 후반의 B급 문화를 좋아하는 막내가 좋아할 스타일로 만들었는데 40~50대도, 대기업 임원들도 이런 스타일을 좋아한다.

전략 보고서에 쓰는 언어가 아닌 일상의 언어로 표현하는 것이 어렵다면, 비즈니스 타깃이 아닌 사랑하는 사람에 대해 어떻게 설명할 건지 생각해보자. 우리는 사랑하는 사람에 대해서는 많은 것을 알고 있다. 좋아하는 음식, 잠버릇, 감동받은 영화, 즐겨 입는 옷, 자주 찾는 장소 등등. 이와 마찬가지로 고객에 대해서 알고 있는 모든 것을 묘사하는 것을 〈360도 프로파일링Holistic Profiling〉이라고 한다. 그 안에는 해당 제품이나 서비스 카테고리에 대한 욕구, 행동 및 습관, 가치 및 가격 인식, 언제 어디서 내 이야기를 가장 잘 들어주는지, 영향력을 끼치는 사람은 누구인지 등의 정보를 포함한다. 통계적인 평균이 아닌, 실제로 대표 고객 한 사람을 표현할 수 있는 사실들로 구성한다. 나이, 거주지, 이름도 붙이면 더 생생하게 느낄 수 있을 것이다. 바로 이것이 내가 감동시켜야 할 '나만의 한 사람'이다.

여러분이 가상의 베개 브랜드 〈꿀잠〉의 사장님이라고 가정하자. 〈꿀잠〉은 혁신적인 충전재로 만들어 거위 털 같은 푹신함과 편안함을 주고 어떤 자세로 자더라도 몸에 딱 맞춰 숙면을 할 수 있도록 도와준다. 자, 그럼 다음과 같은 타깃 고객을 대상으로 〈꿀잠〉의 마케팅 플랜을 짠다면 어떻게 할 것 같은가?

〈꿀잠〉 타깃 고객

- 전략적 타깃: 수면의 질을 개선하길 원하는 사람들
- 최우선 가망 고객: 수면 시간이 부족하고 아침이 찌뿌둥한 30~40대 직장인 여성

자, 이번엔 아래의 예시와 같이 먼저 대표 고객의 360도 프로파일을 만들고 마케팅 계획을 수립하면 어떨까?

〈고객 360도 프로파일링 예시〉

	정의	예시
브랜드 & 고객명	해당 브랜드 및 대표 고객의 이름	〈꿀잠〉 대표 고객 민지하 씨
인구 통계학 및 라이프 스테이지 정보	연령, 거주지를 포함한 인구 통계학 정보	37세, 기혼, 서울 마포구 거주, 회사원, 월 소득 500만 원
욕구	제품/브랜드 선택/선호의 이유가 되는 감정적, 기능적 동기	항상 수면 시간이 부족함. 아침에 여기저기 걸리고 찌뿌둥한 경우가 많음. 조금만 자도 숙면을 하고 개운한 아침을 맞길 원함.
습관 및 행태	해당 카테고리를 탐색, 구매, 사용할 때 보이는 소비자 행동	평소에는 베개에 대해서 자주 생각하지 않음. 이불 커버나 베개 커버는 디자인이 예쁜 것들로 가끔 바꿔줌. 백화점에 침구 코너에서 맘에 드는 제품들을 살펴보고 온라인으로 구매하는 쇼루밍 행태를 자주 보임.
가격/가치 인식	가격 및 가치에 관련한 소비자의 인식. 지불 의사가 있는 최소/최대 가격 및 가장 많이 구매하는 가격대를 포함.	보통 개당 3~5만 원 정도의 베개를 구매함. 기능성 베개라면 10만 원까지 지불 의향 있음.

태도 및 가치관	해당 카테고리에 연관된 소비자의 삶에 대한 태도 및 가치관	항상 바쁘게 살고 시간이 부족하다고 느낌. 적게 자고도 개운하고 에너지 넘치는 삶을 원하지만 수면의 질을 높이는 방법은 아직 적극적으로 탐구해보지 않았음. 검증된 효과만 있다면 그런 수면용품에 투자할 의사는 있음.
시간대 및 장소별 수용도	해당 브랜드 메시지에 언제, 어디서 가장 수용도가 높은지에 대한 정보	저녁 먹은 후 잠자기 전까지 스마트폰으로 SNS 및 웹서핑을 함. 필요한 생활용품들도 주로 그때 온라인 통해서 구매함. 그때 다양한 온라인 쇼핑 및 상품 정보를 가장 많이 탐색함.
이상적 소비자 경험	해당 제품/서비스 카테고리 관련 이상적인 이용 경험. 모든 브랜드 경험을 통틀어 어떻게 삶을 개선하는지를 서술. 브랜드의 차별점을 활용한다.	잠이 달라지니 삶이 달라졌다.
주요 인플루언서	소비자의 가치관 및 의사 결정에 영향을 주는 개인, 셀럽, 미디어	고등학교, 대학교 때 친한 친구들과 매일 단톡방에서 이런저런 이야기를 나누고 다양한 신상품에 대한 정보도 나눔. 친구들의 추천에 대한 신뢰도가 가장 높음.

이렇게 소비자와 내 브랜드의 모든 면을 입체적, 종합적으로 들여다보니 소비자도 더 잘 이해되고 마케팅 플랜도 더 세밀하게 수립할 수 있을 것 같지 않은가?

타깃을 좁고 명확하게 정해서, 그가 감동하는 콘텐트를 만들면 타깃으로 정하지 않은 사람들도 끌어들일 수 있다. 20대가 열광하는 콘텐트는 40~50대도 좋아한다. 실제로 인스타그램이나 페이스북 콘텐트에 대한 고객 반응을 분석해보면 처음에 20대가 반응하고, 이후 30대, 40~50대가 뒤이어 반응한다. 젊음을 유지하고 싶은 사람들의 욕망 때문인지 실제 나이와 관계없이 40~50대도 20~30대가 좋아하는 것들을 따라 하고 그들과 비슷한 선호와 취향을 가지는 경우가 많다.

그렇다고 젊은이들만 타깃으로 해야 하는 건 아니다. 나이 든 사람들을 타깃으로 한 마케팅에 오히려 젊은이들이 열광하는 경우도 얼마든지 있다. 나이 있는 지식층을 타깃으로 하니, 그 지적 콘텐트의 '격'과 퀄리티에 젊은 사람들이 매료된 일본 츠타야를 예로 들 수 있다. 츠타야의 창업주인 마스다 무네아키는 2011년 야심 찬 '다이칸야마 프로젝트'를 구상하면서 〈프리미어 에이지Premier Age〉를 그의 '온리원'으로 정했다. 그는 프리미어 에이지를 다음과 같이 정의했다. "단카이 세대*의 중심인 50~65세의 '어른을 바꾸는 어른'. 경제적 여유와 시간적 여유를 모두 갖췄다. 30년 전에 '생활의 패션화'라는 변혁을 이끌었던 주역으로 자신의 라이프스타일을 창조하기 위해서 자각적이면서도 능동적으로 움직였던 사람들." 그리고 그들을 만족시킬 수 있는 새로운 라이프스타일을 제안하기 위해 서점을 중심으로 한 복합 문화공간 〈티 사이트〉를 다이칸야마에 연다. 그리고 티 사이트는 그가 타깃으로 한 프리미어 에이지보다 라이프 스타일을 추구하고 문화 트렌드를 이끌어가는 젊은이들에게 더 열광적인 지지를 받는다. 마스다 무네야키는 처음부터 이것을 예측, 아니 의도했다. 그의 말을 들어보자.

"매력적인 프리미어 에이지가 다이칸야마에 모이게 되면 이를 동경하는 젊은이들도 반드시 모일 것이다. 왜냐하면 자신이 동경했던 삶과 실제로 만날 수 있기 때문이다. 그곳에 가면 자신도 그런 삶에 참여할 수 있고, 그것이 확실하다면

---

* 단카이 세대는 일본에서 제2차 세계 대전 이후 1947년부터 1949년 사이에 베이비붐으로 태어난 세대를 말한다.

젊은이들은 반드시 모일 것이다."

결국 젊은이들을 타깃으로 하든, 나이 든 사람을 타깃으로 하든, 공감할 수 있는 콘텐트가 있고 이어줄 연결 고리가 있다면 타깃은 얼마든지 확장되고 늘어난다. 하지만 그러기 위해서는 먼저 내가 사랑하고 감동하게 할 한 사람을 선택하고 집중해야 한다.

SBS의 〈짝〉에서부터 채널 A의 〈하트시그널〉에 이르기까지 수많은 매치 메이킹 예능 프로그램을 보면 출연자들은 모두 선택의 순간을 맞이한다. 마음을 정하지 못해서 갈팡질팡하거나 '양다리'를 걸친 출연자는 결국 모두에게 실망을 안겨주고 누구의 마음도 얻지 못했던 것을 기억해야 한다. 고객도 마찬가지다. **누구를 나만의 한 사람으로 할 것인지 정해야 한다. 그리고 깊은 관심을 가지고, 이해하고, 사랑해야 한다. 어떻게 해야 그를 기쁘게 할 수 있는지 고민하면 그 한 사람을 얻고, 나아가 전부를 얻는 연결 고리가 되어줄 것이다. "당신은 내 모든 것"**이란 온리 원 고객을 향한 고백은 당신을 위한 축복이 예언이 되어 실현될 것이다.

어디서 뭘 하다 왔는가?

아무것도 없었지요. 이 점이야말로 놀라운 일이 아닙니까 – 셜록 홈스 《공포의 계곡》 중에서

인생은 타이밍이다. 사랑도 타이밍이고, 마케팅도 타이밍이다. 무엇을 말할지보다 언제 어떤 상황에서 말하느냐에 따라 결과가 달라진다. 처음 직장 생활을 할 무렵이다. 상사의 승인을 받아야 하는 어려운 안건이 하나 있었다. 그래서 어

떤 논리로 납득시키고 설득할 것인지 고민하고 있었다. 같이 프로젝트를 하던 선배가 자기가 가서 승인을 받아오겠다고 하더니 정말 들어간 지 5분도 안 돼 웃으며 결재를 받아 왔다.

"우와! 어떻게 하신 거예요? 어떤 논리로 설득하셨어요?"

"지금 기분이 좋아 보이셔서 슬쩍 얘기했더니 바로 오케이하시던데?"

"사람들은 메시지 자체를 걱정하는 데 많은 시간을 들이면서, 메시지를 전달하기 바로 직전에 무슨 일이 일어나는지는 고려하지 않는다." 애리조나 주립대학 심리마케팅학과 석좌교수 로버트 치알디니^{Robert Cialdini}의 말이다. 마케터라면 무슨 메시지를 전달할지보다 듣는 사람의 수용도가 가장 높은 시간과 장소가 언제, 어디인지를 알아내는 데 더 큰 노력을 기울여야 한다. 마케팅은 소비자를 설득하는 것이다. 내 브랜드가 경쟁사보다 더 나은 가치를 준다고 믿게 하고, 가급적 미루지 않고 지금 당장 구매하고, 계속해서 사용하도록 설득하는 것이다. 설득은 '내가 무엇을 전달했느냐'가 아니라 '상대방이 어떻게 받아들였나'에 따라 그 성패가 결정된다. 누군가를 설득해서 원하는 것을 얻으려면 상대방이 들을 준비가 되어 있을 때 말을 걸어야 한다. 그가 내 말에 집중할 수 있는 상황에서 맥락에 맞게 다가가야 한다.

지금 우리 일상은 매일같이 복잡하고, 격동적이고, 강렬한 자극으로 넘쳐난다. 변화의 속도는 갈수록 빨라지고, 언제나 새로운 것들이 등장한다. 누군가의 말에 차분히 집중하기가 점점 더 힘들어진다. 환경이 주는 복잡함 속에서 소비자들은 본능과 직관을 사용해서 자신에게 도움이 되는 메시지를 걸러내고, 선택적으로 받아들인다. 가장 큰 영향을 끼치는 것은 메시지를 접하기 직전에, 또 접하는 그 순간에 어떤 환경과 자극에 노출되어 있는가 하는 맥락이다. **그렇기 때문에 소비자의 맥락을 읽어야 한다. 같은 사람도 어떤 맥락에 있는가에 따라서 전**

혀 다른 사람처럼 행동한다. 단순히 소비자가 어떤 사람인가 이해하는 것을 넘어서 어떤 맥락에서 내 브랜드의 메시지를 접하는지에 맞춰 말을 거는 때와 장소를 세밀하게 결정해야 한다. 병법의 대가 손자가 말했다. "모든 전투는 치러지기 전에 이미 승패가 결정된다." 언제 어디서 소비자를 접하느냐에 따라 마케팅의 성패는 이미 결정된 것과 같다.

라면이나 만두 광고는 사람들이 배가 부른 저녁 7~8시쯤 하기보다 야식이 생각나는 밤 11시~12시쯤 해야 훨씬 더 먹고 싶을 것이다. 게다가 바로 온라인에서 주문할 수 있는 링크까지 걸어준다면 금상첨화다. 페브리즈는 빨기 힘든 섬유 제품에서 냄새를 제거해주는 제품이다. 쉽게 빨 수 있는 면 티셔츠보다는 좀처럼 세탁하기 힘든 두꺼운 코트에 훨씬 더 쓸모가 있다. 겨울철 삼겹살집에서 회식을 끝내고 나오는 손님들에게 페브리즈를 뿌려주고 샘플을 제공하는 행사만큼 그 효능을 절실히 느끼는 때와 장소가 없다. 포테이토 칩을 고르고 있는 소비자라면 맥주나 콜라에 손이 갈 것이다. 내 제품에 맞는 키워드를 찾는 것도 같은 맥락이다. 고객이 관심을 가질 때 노출하면 구매 확률이 높아지는 것은 당연하다.

때와 장소를 가리지 않고 연중 광고를 할 수 있을 정도로 마케팅 예산이 차고 넘치는 것이 아니라면 언제 어떤 상황에서 소비자의 수용도가 가장 높은지 면밀하게 관찰하고 커뮤니케이션 플랜을 수립해야 한다. 그러기 위해서는 고객이 내 마케팅 메시지에 노출되는 순간 '무슨 생각을 하고, 어떤 일을 하고 있는지' 또 내 가게로 찾아오는 순간 '어디서 무얼 하다가 왔는지'를 이해해야 한다. 고객의 상황과 맥락을 고려해서 그에 맞는 제안을 하는 것이다.

배달의 민족의 위트 넘치는 잡지 광고를 보면 소비자의 맥락에 맞는 소통이 무엇인지 잘 알 수 있다. 다양한 전문 잡지에 맞춰 각기 다른 문구로 보는 이들의 마음을 연다.

- 국회 전문지《동행》: 다 먹고살자고 하는 짓이다.

- 월간바둑: 그래 봤자 치킨 그래도 치킨

- 월간《DESIGN》: 잘 먹고 한 디자인이 때깔도 좋다!

- 광고 마케팅 전문지《IM》: 마케팅할 때 먹는 치킨은 0칼로리

- 월간《마이크로소프트웨어》: 먹을 땐 개발자도 안 건드린다.

[출처] Marketing 사례 52. 배달의민족 마케팅 – 잡지광고 | 작성자 officecrm

광고뿐 아니라 제품도 서비스도 고객의 맥락에 맞춰 다르게 제공할 수 있다. 식당이나 카페를 예로 들어 생각해볼까? 바쁜 아침 출근 시간에는 속도가 생명이다. 주문하면 바로 제공할 수 있도록 인기 메뉴들을 미리 충분히 만들어놓는게 좋다. 가능하면 손님이 바로 집어갈 수 있도록 갓 만든 메뉴를 계산대 근처에 진열해놓으면 더 좋다. 반면 오후 시간은 좀 더 여유롭다. 무얼 먹을지 충분히 고민하면서 고를 수 있고, 또 이것저것 추가로 먹을 수도 있다. '뭐가 맛있어요?'라고 물어보는 손님에게 저녁을 먹으러 1차로 온 것인지, 이미 식사는 했고 한잔 더하러 2차로 온 것인지에 따라 상황에 맞는 메뉴를 추천하면 만족도도, 재방문할확률도 더 높아질 것이다. 대부분의 식당은 한 메뉴판에 점심과 저녁 메뉴가 모두 적혀 있다. '아. 이거 좋다'라고 주문했는데 '그건 점심 메뉴에요'라는 대답을들으면 마지못해 저녁 메뉴를 찾아 주문하지만 왠지 손해 보는 느낌이 들 때가왕왕 있다. 점심과 저녁 메뉴판을 따로 만들어서 각각 가장 맛있게 먹을 수 있는구성을 제시하면 손님들의 만족도도 훨씬 높아질 것이다.

소비자들의 상황과 맥락에 맞게 최적화된 가치를 제공하는 것이 지금처럼 중요한 시대는 없었다. 요즘은 같은 사람이라도 상황에 따라 아예 전혀 다른 사람처럼 행동하고 선택하고 소비한다. 회사에서 '직장 막내'라는 정체성을 가지고 있을 때는 점심으로는 롯데리아 버거, 커피는 믹스 커피, 저녁 회식 때는 삼겹살에소주를 시키지만, 퇴근 후에 근사한 데이트를 즐기는 '주인공'이라는 정체성을 가질 때는 수제 버거, 스페셜티 커피, 스테이크에 프랑스 보르도 그랑크뤼와인을즐긴다.

"고객님, 지난번에 드셨던 믹스 커피를 준비했습니다."

"아니요, 뭘 잘 모르시네요. 지금 저는 다른 사람입니다. 산미가 있고 달콤한아로마를 지닌 스페셜티 커피를 주세요."

오늘 우리는 이처럼 역할극 같은 세상에 살고 있다. 고객을 대할 때, '어디서 무얼 하다 오셨나요?'란 질문보다 '지금, 당신은 누구신가요?'를 먼저 물어야 할지도 모르겠다.

마음을 움직여라

모든 지킬 만한 것 중에서 더욱 네 마음을 지키라. 생명의 근원이 이에서 남이니라 – 잠언 4장 23절

인간은 감정의 동물이다. 우리는 감정적인 이유로 의사결정을 하고 그에 대해 논리적인 이유를 댄다. '오늘 저녁으로 뭘 먹지' 같은 사소한 결정부터 '누구와 결혼할까.'하는 중대한 결정까지 모두 감정이 개입한다. 똑같은 부탁을 하더라도 내가 좋아하는 사람의 부탁은 쉽게 들어주는데 싫어하는 사람의 경우는 거절하곤 한다. 소비자들도 마찬가지다. 그렇기 때문에 머리가 아닌 마음을 움직여야 한다. 마케팅의 목표는 결국 소비자의 마음을 얻는 것이다.

이전에는 대부분의 마케터가 '인간은 합리적이고 이성적으로 의사결정을 한다.'란 암묵적인 가정하에서 커뮤니케이션을 했다. 하지만 근래 들어서는 소비자와 '감정적 유대관계'를 형성하는 것이 점점 더 중요해지고 있다. 감정이 의사결정에 끼치는 영향은 우리 생각보다 훨씬 크다는 것이 밝혀진 것은 비교적 최근의 일이다. 뇌 과학, 행동경제학의 발달로 인간은 합리와 이성이 아니라 감정과 습관적 편향에 따라 행동하는 존재라는 것이 밝혀졌기 때문이다. 최근 20년간의 노벨 경제학상 중 무려 12개가 이 분야의 연구 성과에 돌아간 것만 봐도 알 수 있다.

어떻게 소비자의 마음을 움직이고 감정적 유대관계를 만들 수 있을까? '감성팔이'식으로 가슴 뭉클한 사연을 담은 광고를 제작하면 될까? 아니면 요즘 유행하는 유쾌한 병맛 코드를 담은 유머 마케팅을 펼치면 될까? 그런 접근 방식으로 만들어낸 감정은 콘텐트와 스토리에 대한 것이지, 우리 회사에 대한 것은 아니다. 단순히 소비자들을 울고, 웃게 만드는 콘텐트를 만든다고 내 브랜드에 대해 감정적 유대감이 형성되는 것은 아니다. 소비자가 내 브랜드에 호감을 느끼고 마음을 열도록 하기 위해서는 사람의 마음을 움직이는지를 근본적이고 전략적인 원리로써 이해하고, 그것을 고객에게 제공해야 한다. 지금부터 그것이 무엇인지 간단히 살펴보겠다.

인정 Recognition

사람은 누구나 인정받고 싶어 한다. 대기업의 CEO나 아이돌같이 이미 만인의 인정을 받는 사람들조차 타인의 인정에 목말라 한다. 그렇기에 상대를 인정해 주는 것은 사람의 마음의 문을 여는 '마스터키'와도 같다. 사람은 자신을 인정해 주는 상대방에 호감을 느낀다. 고객 자신이 인정받는다고 느끼게 하도록 하자. 광고, 회사 홈페이지, 상품 안내장을 비롯한 모든 마케팅 메시지를 통해 자신의 고객을 인정하는 브랜드는 그에 상응하는 보상을 받는다. 할인 프로모션을 할 때 다짜고짜 싸다고 하는 것보다, 개념 있고 알뜰한 소비자의 현명한 선택으로 비치게 하면 구매하는 고객은 인정받는다고 느낀다.

인정받는다는 감정이 이성적 의사결정에 얼마나 큰 영향을 끼치는지 잘 보여주는 사례를 한번 보자. 새러 솔닉Sara J. Solnick과 데이비드 헤민웨이David Hemenway 연구팀이 257명의 하버드대 교수와 학생을 대상으로 다음과 같은 실험을 했다.

당신은 A와 B 회사 중 어느 회사를 선택하겠는가?

A 회사: 당신의 연봉은 5,000만 원이고, 동료들의 평균 연봉은 2,500만 원이다.

B 회사: 당신의 연봉은 1억 원이고, 회사 동료들의 평균 연봉은 2억 원이다.

놀랍게도 무려 56% 사람들이 A 회사를 선택했다. B 회사가 연봉을 A 회사보다 두 배나 더 많이 주긴 하지만, 회사 내 동료들과 비교해서 얼마나 '인정을 받는가'가 더 중요한 요소로 작용한 것이다. 가장 합리적이고, 냉철하고, 이성적이라고 여겨지는 집단인 하버드 대학의 교수와 학생들이 이 정도라면 대부분의 사람은 어떨지 충분히 짐작이 간다.

맥도날드는 전 세계의 소비자들에게 저렴한 가격에 뛰어난 품질의 버거를 제공한다. 그러나 광고에서 저렴한 가격만 부각시킨다면, 소비자들은 은연중에 마치 자신이 돈이 없어서 맥도날드를 사 먹는 싸구려 인생 같다는 느낌을 받을 수 있다. 그러면 자신도 모르게 맥도날드 사 먹기가 꺼려진다. 실제로 돈이 없더라도 '없어 보이고' 싶지 않다. 돈이 없어서 싼 제품을 사 먹는 것이 아니라 현명하고 지혜롭기 때문에 가격 대비 좋은 제품을 선택하는 것으로 보이고 싶다. 한국 맥도날드에서는 가장 저렴한 메뉴를 〈행복의 나라〉라고 이름 붙였다. 그리고 '제대로 아끼고 제대로 즐긴다Smart Saving, Smart Craving' 라는 문구를 붙였다. 광고 모델은 세련되고 트렌디한 직장인이다. 한눈에 봐도 돈이 없어서가 아니라, 가성비 좋은 스마트한 소비를 하는, 아낄 때 아끼고, 쓸 때 쓰는 멋진 사람처럼 보인다. 광고를 보면 행복의 나라를 사 먹는 사람은 현명한 소비자, 개념 소비자이고 자신도 그렇게 인정받는다는 보상을 느끼게 된다. 그에 힘입어 행복의 나라는 2018년 한 해 동안 한국 맥도날드의 여러 제품군 중에서 가장 높은 성장률을 기록했다.

친밀감 Intimacy

사람은 자기와 비슷한 부류의 사람들에게 친밀감을 느낀다. 친밀감을 느끼는 상대에게는 그렇지 못한 사람들보다 더 쉽게 마음을 연다. 소비자들도 브랜드를 낯선 이방인이 아니라 내 가족과 친구라고 여길 때 브랜드 메시지를 더 잘 받아들이고 마음과 지갑을 연다.

브랜드가 주는 메시지를 친숙하게 느낄 때 감정적 유대감을 가질 가능성이 더 높다. 친밀감을 느끼게 하려면 자주 접해야 한다. 강렬한 한 번의 만남보다는 매일 접하는 익숙한 것에 친밀감을 느낀다. 한 번의 대대적인 광고 캠페인보다는 꾸준히 접할 수 있도록 하는 것이 유대감을 쌓는 데 더 효과적이다. 10억 원의 예산이 있다면 이를 한 달 동안 대대적인 광고 캠페인에 써버리는 것보다 매달 1억 원씩 꾸준하게 지출하는 것이 더 효과적이다.

친밀감을 느끼게 하기 위해서는 먼저 나와 비슷한 부류라는 동질감을 느끼도록 해야 한다. 낯선 것에 대해서는 호기심보다 경계심이 더 크게 느껴진다. 처음 보는 신기한 물건은 들었다 놨다 살펴보기는 하지만 보통 바로 구매하지는 않는다. 마음속의 장바구니에 넣어두고 조금 시간을 두고 고민한다. 그러다 어느 정도 익숙해지고, 경계심이 없어지면 그제서야 구매한다.

친밀감을 형성하는 데 가장 중요한 요소는 무엇일까? 바로 시간이다. 친밀감은 어느 한순간에 이루어지는 마술이 아니라 시간과 정성을 들여 서로 노력하면서 길러지는 것이다. 사람과 사람 사이에서도 진정한 친밀감은 깊은 신뢰 관계를 바탕으로 한다. 그러기 위해서 상대방을 위한 배려, 관심, 정직, 그리고 진실한 대화를 나눠야만 길러진다. 일방적인 설득이 아닌 대화란 점에 주목해야 한다. 마케팅 제작물은 대개 일방적으로 내가 할 말만 하는 형식을 취한다. 친밀감을 가진 상대방과 대화하듯이 한번 만들어보자. 그런 마음을 담아 만들면 비록 직접

4
장

얼굴을 보고 대화하는 것이 아니더라도 그 마음이 전달된다. 같은 시간과 공간에 있지 않더라도 만든 사람의 마음은 고객에게 고스란히 전달된다.

매력 Charm

"저는 실력보다 매력을 봅니다. 스타에게 무엇보다 필요한 것은 사람을 두근 거리게 하는 떨림, 돌아보게 만드는 끌림이니까요." 아이돌 연습생을 선발하는 한 심사위원이 한 말이다.

매력이란 무엇일까? 사람의 마음을 사로잡아 끄는 힘이다. 사람은 매력을 가 진 존재에게 이끌리고 마음을 연다. 사람이든 브랜드든 마찬가지다. 멋진 비주 얼, 세련된 음악, 은은한 향기, 부드러운 촉감 등 감각으로 느낄 수 있는 것들에 도 매력을 느끼지만 즉흥적이고 오래가지 못하는 경우가 많다. 마음을 움직이는 매력의 진정한 힘은 태도와 행동에서 나온다. 자신감 있는 표정, 신뢰감을 주는 말, 상대에 대한 배려와 존중, 경청하는 자세를 가진 사람에게는 거부할 수 없는 매력을 느낀다.

소개팅에 다녀온 대학생들이 흔히 나누는 대화다. "처음 들어오는데 너무 잘 생긴 거야! 딱 내 스타일인 거지. 그래서 설레고 기분이 좋았어. 그런데 같이 있 는 내내 자기 자랑만 늘어놓고 내 얘긴 듣는 둥 마는 둥… 갈수록 비호감인 거야. 다신 보고 싶지 않아."

공감이 가는가? 브랜드도 마찬가지다. 일방적으로 내가 할 말만 하는, 내 자 랑만 늘어놓는 브랜드엔 끌리지 않는다. 반대로 나의 상황에 공감하고, 내 말에 귀 기울이고, 내게 관심을 가지고, 나를 바라봐주는 브랜드에는 호감을 느끼고 마음을 연다.

지금 잠시 책을 덮고 내 가게, 내 회사, 내 브랜드는 고객에게 어떤 존재인지 한번 생각해보자. 내가 하는 모든 말, 행동, 내가 제공하는 서비스, 제품 속에 어떤 메시지가 담겨 있나? 고객을 인정해주고, 친밀감을 느낄 수 있도록 하고, 고객을 잡아끄는 매력이 있는가?

지금까지 고객의 마음을 움직이기 위해 인정, 친밀감, 매력을 사용하는 방법을 살펴봤다. 하지만, **결국 최고의 비결은 진정성에 기반한 애정과 관심이다. 고객에게 진정으로 관심을 기울이고 살피면 자연히 그가 무엇을 필요로 하는지, 무엇에 기뻐하는지, 어떤 것에 친밀감과 매력을 느끼는지 알게 된다. 이심전심이라고 하듯이 결국 내가 먼저 마음을 주는 것이 상대방의 마음을 얻을 수 있는 가장 확실한 길이다.**

진상 고객은 선물이다

고난 당한 것이 내게 유익이라 – 시편 119편 71절

'변장한 축복Disguised Blessing' 이란 말을 들어보았는가? 내게 닥친 시련과 고난이 나를 성장시켜 주는 원동력이 되어서 향후에 큰 축복의 계기가 된 것을 일컫는 말이다.

가게를 하는 사장님들이나 고객을 상대해야 하는 직종에 있는 사람들에게 진상 고객은 정말 만나고 싶지 않은 존재다. 하지만 피하고 싶다고 피할 수 있는 건 아니다. 언제 어떻게 진상 고객을 만날지 알 수 없다. 그렇다면 관점을 바꿔보는 건 어떨까? 진상 고객을 변장한 축복으로 바라보는 것이다.

진상 고객은 일종의 예방 주사 같은 역할을 한다. 내 사업에서 어디가 취약한지, 고객 경험 측면에서 불편한 점은 무엇인지 발견하고 개선하는 기회가 될 수 있다.

한 보험사의 고객 센터에서 있었던 일이다. 보험금 지급 절차에 불만을 가진 고객이 찾아와 고성을 지르며 소위 '진상질'을 찐~하게 했다. 하지만 담당 직원은 침착하게 화난 고객을 진정시키고 차분히 그의 불만을 경청했다. 막상 들어보니 그 고객의 입장이 이해되었다. 보험 약관에 따라 소액의 치료비/입원비를 지급받는데 그 절차가 너무 번거롭고 복잡했다. 심지어 그분은 부산에 사시는 분인데 답답한 마음에 서울 본사까지 직접 찾아와서 하소연했다. 지급받는 돈보다 교통비가 더 나가는데도 말이다. 일리가 있다고 생각한 직원은 그 내용을 잘 정리해서 담당 임원에게 보고했다. 이를 계기로 그 보험사는 보험료 청구 및 지급 절차를 간소화했고 고객 만족도가 크게 높아졌다. 더 나아가 보험업계가 어려운 시장 환경에도 불구하고 성장을 거듭하고 있다.

사람들은 대개 맘에 들지 않는 것이 있으면 조용히 떠난다. 내가 이용하지 않으면 되지 굳이 불편하게 불평하고 맞서서 싸울 필요가 없으니까. 그런데 굳이 나서서 불편한 점을 따지고 드는 사람들을 진상이라고 한다. 물론 말도 안 되는 이유를 들어서 갑질하는 사람들도 있다. 그러나 그들은 내가 보지 못하는 제품 또는 서비스의 취약한 점을 알려준다. 불편한 감정을 걷어내고 그들이 제기하는 불만을 냉정하고 객관적으로 보면 개선할 점이 보인다. 1명의 불평 속에서 한 가지 개선점을 찾으면 말없이 떠날 수 있는 99명의 이탈을 방지할 수 있다.

맥도날드의 가장 유명한 메뉴인 빅맥은 가맹점주의 아이디어로 탄생한 제품이다. 가맹점주 짐 델리게티는 기존의 햄버거보다 더 푸짐한 버거를 원했던 고객들의 목소리를 듣고 1967년 빅맥을 만들었다. 그리고 1978년 맥도날드의 공식 메뉴로 받아들여져 미국 전역에 출시하게 된다. 고객의 목소리를 귀담아들은 가맹점주, 그리고 그 가맹점주의 목소리에 반응한 본사의 협업을 통해 최고의 히트 제품이 탄생한 아름다운 스토리다.

그런데 그 스토리의 이면에 숨은 얘기를 좀 다른 관점에서 약간의 상상력을 더해 생각해보자. 델리게티가 빅맥을 만든 뒤 11년이나 지난 뒤 본사에서 공식 메뉴로 인정하게 된 이유가 뭘까? 무려 빅맥인데 말이다. 기존에 팔던 햄버거 말고 다른 제품을 요구한 고객들은 가맹점주 입장에서 보면 진상 고객일 수도 있다. 쓸데없는 불평이라 치부하고 무시할 수도 있었지만 델리게티는 그 요구를 받아들여 본사에서 제공되지 않은 메뉴를 만들었다. 본사 입장에서는 '표준화된 메뉴와 서비스'라는 프랜차이즈의 핵심 가치를 지키지 않은 델리게티를 진상 가맹점주로 볼 수도 있다. 실제 오늘날 많은 프랜차이즈 브랜드에서 빈번히 일어나는 일들이다. 가맹점주는 고객들 요구에 맞춰 이런저런 메뉴들을 추가해서 팔고, 본사의 품질 관리 담당자들은 그런 가맹점주들을 적발해서 벌점을 매기고 시정을 요구하는 일이 빈번하게 일어난다.

하지만 맥도날드는 더 풍성한 버거를 원하는 고객의 목소리에 귀를 기울였고, 그를 만족시키는 델리게티의 아이디어인 빅맥을 공식 메뉴로 채택했다. '진상'이라고 치부하고 무시하는 대신 '선물'로 받아들인 결과 오늘날 맥도날드를 대표하는 최고의 제품이 탄생하게 된 것이다.

진상 고객들은 '상식의 선'을 벗어나는 행동이나 '말도 안 되는' 요구를 하는 경우가 많다. 그들은 조용히 '넘어가지' 않는다. 자신의 불만을 적극적으로 표현하고, 자신들의 요구를 성가시게 들이댄다. 상식의 범위를 벗어나 있다는 것은 다른 관점에서 보면 혁신의 실마리가 될 수 있다는 뜻도 된다. 여행사에 찾아와서 '달에 가는 여행상품을 내놓아라'는 요구를 하는 고객이나, 패스트푸드점에서 자기 자리로 음식을 가져다 달라고 요구하는 고객은 일반적으로 진상 고객의 범주 안에 들어간다. 하지만, 민간 우주 여행사 버진 걸랙틱Virgin Galactic은 2020년 경이면 우주여행을 상용화할 것으로 보인다. 맥도날드는 미국을 비롯한 전 세계 여러 나라에서 고객이 원하면 주문한 음식을 테이블로 가져다주는 서비스를 실행하고 있다. 앞서 예를 든 보험회사의 경우처럼 고객의 불만 제기를 통해 서비스의 질을 개선하고 더 나아가 경영성과의 개선까지 일구어낸 사례도 있다.

니트로글리세린은 폭약의 원료이지만 협심증 같은 심장 질환 응급약으로도 쓰일 수 있다. 무엇이든 받아들이는 사람이 어떻게 사용하는가에 따라 독이 될 수도 약이 될 수도 있다. 진상 고객도 마찬가지다. 내가 어떻게 받아들이는가에 따라 생각지도 못했던 선물이 될 수 있다.

진상 고객의 '말도 안 되는 요구'를 'Why not?(안 될 것도 없지)' 이라는 관점으로 바라보자. 아무도 도전하지 못했던 새로운 서비스를 만들어낼 수도 있고, 혁신적인 제품의 아이디어가 될 수도 있고, 내가 미처 보지 못했던 사업의 취약한 점을 개선하게 될 수도 있다.

5장

당신의 약속은 무엇인가?

"고객을 만족시켜라, 처음에도, 맨 나중에도, 그리고 항상."

루치아노 베네통 Luciano Benetton

브랜드? 브랜딩!

"마케팅 기술의 대부분은 브랜드 구축의 기술이다." - 필립 코틀러

"브랜드 좋아하세요? 꼭 브랜드 가셔야 하는 거 아니면 요 앞에 괜찮은 집 있는데 한번 가보실래요?" 점심시간에 같이 커피 전문점을 찾던 중에 직장 동료가 불쑥 물었다. '브랜드'란 무엇일까?

'브랜드'는 '달구어 지진다' 또는 '화인火印하다'란 뜻의 노르웨이 고어 'brandr'에서 유래했다고 한다. 소나 말 같은 가축들을 구별하기 위해 소유자의 이름을 달군 인두로 낙인을 찍은 것을 브랜드라고 불렀다고 한다. 또 16세기 대항해 시대가 열리면서 저마다 비슷비슷한 나무 궤짝에 물건을 담아서 장사를 하다 보니 헷갈리지 않도록 나무 궤짝에 소유주나 회사의 이름을 낙인했던 것을 브랜드라고 부른 데서 유래했다는 설도 있다. 재미있는 것은 브랜드의 유래에 관한 이야기를 통해 브랜드의 본질적인 역할을 읽을 수 있다는 점이다. 소나 말, 또는 비슷비슷하게 생긴 나무 상자 같은 재화에 브랜드를 찍으면 명확하게 구별이 된다. 브랜드는 본질적으로 차별화를 통해 남들과 다름을 보여주기 위한 수단이다. 조금 어려운 말로 하면 브랜드는 '로고, 디자인, 패키지, 징글, 태그라인, 색상을 포함한 언어적 상징과 시각적 상징을 통해 경쟁사와 구별 짓는 나만의 독특한 요소의 결합체'라고 할 수 있다.

브랜드, 꼭 필요할까?

여기저기서 브랜드 무용론이 대두된 지 이미 오래되었다. '브랜드'는 '가성비'와 대척점에 있는 단어로 인식이 되고 있다. 품질과 성능에서 별다른 것이 없는 제품에 '브랜드'를 붙여 비싼 가격에 판다는 인식이 소비자들 사이에 퍼져 있다.

이마트는 거품을 빼고 가성비 좋은 상품만을 제공하겠다는 뜻으로 '노 브랜드'를 내놓기도 했지만 이 역시 자신을 알리기 위한 또 하나의 '브랜드'일 뿐이다.

'마케팅은 사기다' 또는 '브랜드는 죽었다'라는 오명과 오해를 부르는 사건과 사고들은 왕왕 발생해왔다. 2006년에 터진 빈센트앤코Vincent & Co라는 명품시계 사기 사건과 지오모나코Gio Monaco라는 명품 브랜드 사기 사건이 대표적인 예다. 스피커 한 대에 수억 원이 넘는 어떤 하이엔드 오디오 브랜드는 일제 중저가 제품에 껍데기만 바꿔서 수십 배가 넘는 가격에 판매한 '케이스 바꿔치기'로 빈축을 사기도 했다.

그런데도 여전히 브랜드는 필요하다. 그 어느 때보다도 말이다.

브랜드가 갖는 가장 본질적인 가치는 소비자들의 탐색 비용을 줄여주는 것이다. 좋은 품질의 제품을 찾기 위해 일일이 비교하는 것보다 믿을 수 있는 브랜드를 선택하면 된다. 그러나 지금은 검색을 통해 모든 객관적 증거를 수집하고 그를 통해 구매를 결정하는 시대다. 시장에는 수많은 상품이 넘쳐난다. 양적인 면에서나 다양성 면에서나 유사 이래 최고다. 그 종류는 갈수록 점점 더 늘어날 것이다. 3D프린팅을 비롯한 디지털 제조 기술과 인터넷의 발달로 수많은 1인 기업이 생겨나고 있다. 과거에는 1개의 동일한 상품을 100명이 사용했다면, 오늘날은 1명을 위해서 100가지 다른 상품을 만드는 시대다. 그만큼 내 제품을 나타내고, 경쟁자나 다른 제품과 구별해줄 수 있는 브랜드가 더욱더 필요한 것이다.

문제는 브랜드가 가지고 있는 지위를 악용하는 사람들로 인해서 브랜드가 오명을 쓰게 된 것이다. 하지만 여전히 진실한 마음으로 가치를 만들어내고 유통하는 사람들이 있다. 그들은 자신의 다짐과 약속을 전하고 지키기 위한 징표로 브랜드를 활용한다.

브랜드는 돌판에 새겨진 문자처럼 한 가지 뜻이 고정되어서 변하지 않는 것이 아니다. 일반 명사는 '물'이나 '사과'처럼 그 뜻이 변하지 않는다. 하지만 브랜드는 그 의미가 계속 변한다. 브랜드는 해당 제품이나 서비스의 고유한 속성과 특징을 압축해서 전달하는 고유 명사다. 동시에 그 브랜드에 대한 소비자들의 생각과 감정을 투영한 고유명사이기도 하다. 사람도 브랜드가 된다. 연예인들의 이미지가 시대(그리고 그들의 행동과 사건)에 따라 어떻게 변해가는지 한번 생각해보자.

로마는 하루아침에 이루어지지 않았다. 브랜드도 그렇다. 대규모 자본으로 대대적인 광고를 통해 짧은 시간에 많은 사람에게 알릴 수는 있다. 그건 브랜드가 아니라 단지 '인지도'를 구축한 것일 뿐이다. 그 사람이 누군지 아는 것과 그 사람을 믿는 것은 다르다. 더 나아가 그 사람을 사랑하게 되는 일은 훨씬 더 오랫동안 정성을 들여야 한다. 공허한 약속만으로 사랑을 얻을 수는 없다. 상대의 마음을 감동하게 하는 진심만이 사랑을 얻을 수 있는 법이다.

세계적인 광고 대행사 사치 앤 사치Saatchi & Saatchi의 글로벌 수장을 지낸 케빈 로버츠Kevin Roberts는 그의 저서 《러브마크》를 통해 브랜드는 상표를 뜻하는 트레이드 마크Trademark' 에서 신뢰를 뜻하는 '트러스트 마크Trustmark'로, 더 나아가 사랑을 표식인 '러브마크Lovemark' 로 발전해나가야 한다고 역설한다. 대부분의 브랜드는 트레이드마크에 머물러 있다. 몇몇 브랜드는 소비자의 신뢰를 받는 트러스트 마크의 지위로 나아간다. 대표적인 트러스트 마크로는 〈삼성〉, 〈도요타〉 등을 들 수 있다. 극소수의 브랜드들만이 사랑과 신뢰의 감정을 불러일으키는, 더 나아가 맹목적인 충성심을 불러일으키는 러브 마크로 자리매김했다. 러브마크의 대명사로는 〈애플〉, 〈스타벅스〉, 〈할리 데이비슨〉 등을 들 수 있다.

언어적 시각적 기호에 불과한 브랜드가 소비자의 삶에 어떤 의미를 부여하고, 더 나아가서 〈러브마크〉로 발전해나가도록 하는 모든 과정을 브랜딩^{Branding} 또는 브랜드 빌딩^{Brand Building}이라고 한다. 즉 브랜드를 만들어가는 일이다. 브랜드는 소비자들의 인식 속에 만들어지고, 발전하고, 성장해간다. 그렇기에 브랜드를 만들어가는 데 가장 중요한 것은 소비자들이 그 브랜드에 관해 어떤 경험을 하는가이다. 소비자들이 광고를 볼 때, 진열대에서 제품을 살펴볼 때, 포장지를 뜯을 때, 실제로 제품을 사용할 때, 홍보 행사에 참여할 때의 보고, 듣고, 만지고, 듣는 모든 것들이 '브랜드 경험'을 형성한다.

스티브 잡스는 브랜드 경험이란 용어가 등장하기 전부터 그것이 얼마나 브랜드를 만들어가는 데 중요한지 깊이 이해하고 있었던 것 같다. 애플은 제품의 언박싱(제품 포장을 뜯고 개봉하는 것) 과정에서 고객에게 최상의 경험을 주기 위해 제품 포장의 재질, 디자인, 심지어 어떻게 뜯기는지도 수십 또는 수백 번 테스트 하고, CEO의 최종 점검을 통과해야 한다고 한다. 애플이 세계 최고의 가치를 가진 브랜드이자 고객들의 러브마크가 될 수 있었던 비밀을 살짝 엿본 것 같지 않은가?

브랜드는 나의 제품과 서비스를 통해 고객에게 전하고자 하는 가치의 결정체이자 약속의 징표다. 고객을 위한 당신의 브랜드 약속은 무엇인가? 사업을 하는 사람이라면 반드시 자신의 브랜드를 만들고, 그 안에 내가 전달하고자 하는 나만의 가치를 담고, 고객들이 내 브랜드를 접할 때마다 그 가치를 만나고, 누리고, 느끼고, 나아가 뇌리와 가슴에 새겨지도록 모든 브랜드 경험을 일치시켜야 한다.

한마디로 해보아라

"모든 것은 가능한 한 단순하게 만들어야 한다. Everything should be made as simple as possible, but simpler." – 아인슈타인

"너희 회사는 뭐 하는 회사야?"

직장인이라면 누구나 한 번쯤 이런 질문을 받아본 적이 있을 것이다. 명절에 모인 친척에게, 나의 취직에 궁금하신 부모님에게, 소개팅에서 만난 사람에게, 내가 다니는 회사에 관해 설명해야 하는 경우가 있다. 맥도날드 같은 회사처럼 설명이 필요 없는 회사도 있지만, 회사 이름도 생소한 경우에는 말이 길어진다. '어쩌고… 저쩌고…'

그런데 이 질문에 대해 '한마디로' 대답할 수 있는가?

'치킨집이야! 미용실이야! 빵집이야!'처럼 쉽게 대답할 수 있는 경우도 있다. 반면 누구나 알지만 뭐 하는 회사인지 한마디로 설명하기는 쉽지 않은 회사도 있다. 누구나 구글을 알지만 '구글이 뭐 하는 회사야?'라는 질문에 한마디로 답하는 것은 아무나 할 수 없다.

'한마디로 답하는 것'은 사업자에게 유익함이 있다. 한마디로 답하려면 충분히 고민하고, 핵심을 무엇인지 이해하고, 본질에 도달할 때까지 응축하고 또 응축해야 한다. 그러면 가장 중요한 것에 집중할 수 있다. 자원과 시간을 효율적으로 사용할 수 있다. 그만큼 성공 가능성도 커진다.

'한마디로 답하는 것'은 소비자를 위해서도 유익함이 있다. 내게 팔려고 하는 것이 무엇인지 핵심을 바로 알려주기 때문에 선택에 걸리는 시간과 노력을 절약할 수 있다. 부차적인 혹은 말초적인 것에 현혹되지 않게 해준다.

그렇게 한마디로 대답할 수 있을 때까지 고민하고 찾아낸 '핵심'과 '본질'이 내

5장

사업의 방향과 크기를 결정한다. 눈에 보이는 물건을 파는 것은 얼핏 대답하기 쉬워 보인다. "어떤 사업을 하시나요?"라는 질문에 "커피를 팝니다"라는 대답은 쉽고 명확하다. 하지만 그 안에는 다른 커피 사업자와 다른 나만의 한 가지가 담겨 있지 않다. 그리고 그 사업은 '커피'라는 상품을 파는 데 한정되어 있다. 브랜드와 콘셉트를 파는 것이 아니라 어디서나 구할 수 있는 일용품을 파는 것이다. 그렇다면 굳이 소비자는 내 가게를 선택할 이유가 없다. 동일한 질문에 대해 스타벅스의 창업자 하워드 슐츠Howard Schultz는 "최상의 커피와 함께 제3의 공간을 제공합니다"라고 대답했다. 스타벅스가 커피 브랜드에서 넘사벽의 위치를 차지하게 된 씨앗은 하워드 슐츠의 '한마디' 안에 이미 담겨 있었다.

커피를 팔 수도 있고, 수제 맥주를 팔 수도 있고, 치킨을 팔 수도 있고, 자동차를 팔 수도 있고, 유튜브 콘텐트를 만들 수도 있고, 청소 대행 앱을 운영할 수도 있고, 모빌리티 사업을 할 수도 있고, 브랜딩 컨설팅을 할 수도 있고, 온라인 광고 대행업을 할 수도 있고, 숙박업을 할 수도 있다. 단, **어떤 일을 하더라도 내 사업의 본질이 무엇인지, 나만이 제공할 수 있는 유일한 가치를 한마디로 표현할 수 있을 때까지 생각하고, 생각하고, 또 생각해야 한다.**

답은 단순하지만 그 답을 찾는 과정은 절대 단순하지 않다. 몇 달이 걸릴 수도 있고, 몇 년이 걸릴 수도 있다. 수십 번, 수백 번 고민하고 다시 써야 한다. 그러나 고민하기를 멈추지 않는 한 반드시 답을 찾을 것이고, 그 답은 사업의 새로운 차원으로 인도하는 문을 여는 열쇠가 되어줄 것이다.

"무엇을 파는가?" 이 질문에 대하여 상품의 종류로 답하는 건 쉽다. 애플은 스마트폰을 파는 회사이고, 구글은 인터넷 광고를 파는 회사다. 메트라이프는 보험 상품을 파는 회사이며 맥도날드는 햄버거를 파는 회사다.

하지만 "어떻게 다른가?" 즉, 같은 종류의 상품을 파는 다른 회사와 어떤 점이 다른지까지 포함해서 한마디로 해보라고 한다면 많이 고민해야 한다. 버거킹도 햄버거를 판다. 그러면 '맥도날드는 버거킹과 뭐가 달라?'라는 질문에 한마디로 어떻게 답할 수 있을까? 삼성도 스마트폰을 판다. 그럼 '애플은 삼성과 뭐가 달라?'라는 질문에는 어떻게 답하면 좋을까?

여기에 대한 답을 '브랜드 자산Overall Brand Equity' 또는 '브랜드 에선스Brand Essence'라고 한다. 소비자가 인식하는 그 브랜드를 나타내는 총체적인 의미를 뜻한다. 보통 브랜드 구조Brand Architecture를 피라미드 형태로 도식화해서 표현하는데 그 최상단에 위치한 개념이다. 고객들이 해당 브랜드를 생각하면 가장 먼저 떠올리고, 가장 먼저 기대하게 되는 느낌, 핵심 콘셉트 같은 것이다. 세계적인 브랜드들의 브랜드 에선스를 예시로 들면 다음과 같다.

- 나이키 = 궁극의 운동 퍼포먼스Ultimate Athletic Performance
- 오랄비 = 치과의사가 해주는 것 같은 양치질Brush like dentist
- BMW = 드라이빙의 즐거움Driving Pleasure
- 월트 디즈니 = 마법 같은Magical
- 애플 = 단순하고 우아한Simple Elegance
- 아디다스 = 굽히지 않는Relentless
- 코카콜라 = 행복
- 볼보 = 안전

이것은 광고 슬로건과는 다르다. 브랜드 에선스는 브랜드의 핵심 베니핏Benefit과 고객에 전하려는 차별화된 가치를 응축한 개념이다. 광고 슬로건은 브랜드 에선스를 소비자들에게 전달하기 위한 창의적 표현이다. 나이키의 '저스트 두 잇Just

Do It'이나 코카콜라의 '오픈 해피니스' 같은 것이다. 이것은 브랜드 에선스를 직접 포함할 수도 있고, 또는 은유적으로 함축하고 있을 수도 있다.

브랜드의 궁극적인 지향점은 고객의 인식 속에 그것을 각인시키고 소유하는 것이다. 마케팅의 전장은 고객의 인식이다. 다시 말해 고객들이 어떤 브랜드를 생각할 때 가장 떠올리는 속성을 소유하기 위한 경쟁이다. 그리고 브랜드 에선스는 카테고리 내에서 가장 고객들이 선호하고, 또 내 브랜드를 차별화시킬 수 있는 대표적인 속성을 정해서 그것과 연결하는 궁극적인 전략이다.

예를 들어 소비자들은 BMW라는 브랜드를 생각하면 가장 먼저 드라이빙 퍼포먼스를 떠올린다. 승차감이나 안정성보다는 순수하게 드라이빙에서 느끼는 즐거움이 우선이다. 반면 볼보는 '안전'을 가장 먼저 떠올린다. 따지고 보면 볼보만 안전한 것은 아니다. BMW도, 벤츠도 안전하지만 그런데도 소비자들이 볼보를 생각하면 가장 먼저 안전을 떠올리고, 안전하면 볼보를 가장 먼저 떠올린다. 이것이 볼보의 브랜드 자산으로 '안전'이라는 이미지를 소유하고 있다는 뜻이다.

오랄비의 브랜드 자산은 '치과의사가 해주는 것 같은 양치질'이다. 이 브랜드 자산을 구축하기 위해 오랄비는 치과의사협회의 인증과 추천을 받고 광고에 하얀 가운을 입은 치과의사가 일관되게 등장한다. 페리오나 2080 같은 경쟁 브랜드들도 광고에 치과의사를 등장시키고 협회의 추천을 받고 있다. 그러나 많은 소비자가 오랄비라는 브랜드를 생각할 때 가장 먼저 떠올리는 것은 치과의사다. 칫솔이라는 제품 카테고리 내에서 치과의사라는 이미지는 오랄비가 소유하고 있다고 할 수 있다.

브랜드 에선스는 한번 정하면 오랜 기간 꾸준히 쌓아나가야 한다. 세계적인 브랜드들도 하나의 속성을 소유하기 위해 여러 해 동안, 길게는 수십 년에 걸쳐 제품, 디자인, 광고, 홍보, 프로모션 등 모든 활동들을 일관되게 브랜드 에선스에 맞추어 전개해나간다. 물론 전혀 변하지 않는 것은 아니고, 시대의 흐름에 따라 진화하고 그에 따라 변화하는 시장과 소비자의 상황과 맥락에 맞게 수정해 나간다. 단, 일관성을 유지하면서 말이다. 예를 들어, BMW의 예전 브랜드 에선스는 '궁극적인 드라이빙 경험Ultimate Driving Experience'이었다. 기능적인 부분에서 '드라이빙'이라는 핵심은 유지하면서 '경험'이라는 표현을 좀 더 구체적으로, 더 고객에게 와닿을 수 있도록 '즐거움'이라는 표현으로 수정했다. 그렇게 이전에 BMW가 쌓아온 이미지와 일관되면서도 시장의 흐름에 맞춰 진화한 것이다.

사실 '브랜드 에선스'라는 용어는 몰라도 전혀 상관없다. 누군가 (소비자)가 '너희 가게는 뭐 하는 가게야?', '다른 가게랑 뭐가 달라'라고 물을 때 그 질문에 한마디로 답할 수 있다면, 그 대답이 남과는 다른 나만의 가치와 독창성을 담고 있다면, 앞으로 5년, 10년이 지나도록 내가 펼쳐나갈 사업 방향을 제시해준다면, 현재의 모습을 넘어 새로운 차원으로 도약할 수 있는 가능성의 씨앗을 담고 있다면, 그것으로 충분하다. 세상을 다 얻을 수 있는 보물이 그 안에 담겨 있다. 단, 이 보물은 당신의 생각 속 깊은 곳에 묻혀 있다. 고민과 사색이라는 도구를 들고 파 내려가다 보면 반드시 찾을 수 있다. 지금 바로 시작해보자.

그래서, 나는 뭘 얻죠?

"고객을 만족시켜라, 처음에도, 맨 나중에도, 그리고 항상." - 루치아노 베네통Luciano Benetton

"그래서 결론이 뭔데?"

사장님이나 임원에게 보고할 때 거의 매번 듣는 말이다.

"높은 분들은 항상 바빠. 그래서 기획안을 보고할 때는 결론부터 말하고, 특히 이 아이디어를 실행하면 회사가 무엇을 얻게 되는지를 명확하게 이해시켜야지 승인이 나."

내가 신입 사원 때 회사 선배가 해준 조언이다. 정말 그랬다. 결론부터 말하고, 회사가 무엇을 얻을 수 있는지 명확하게 제시한 보고는 금세 승인이 났다. 아무리 많은 내용을 담고, 과정을 자세히 설명하고, 다양한 근거 자료를 제시해도 혜택이 명확하지 않은 기획안은 거절당했다.

고객도 회사의 상사와 같다.

"그래서 나는 뭘 얻죠?"

당신이 고객에게 말을 거는 순간 거침없이 내뱉는 단 한마디다. 이 질문에 대한 대답을 마케팅 용어로 '고객 혜택customer benefit'이라고 한다.

"우와! 개이득!"이런 말, 아는가? 젊은 친구들은 마음에 드는 물건을 찾았을 때, 지불한 가격보다 더 가치 있는 것을 받았을 때, 심지어 공짜로 무언가를 받았을 때, 이런 표현을 쓴다. '이득'이란 단어에 더 강조하려는 뜻에서 '개'를 붙여 크게 이득, 혜택을 봤다는 기쁨을 표현한 것이다. 사장으로서 또는 마케터로서 여러분의 최종 목표는 내 고객으로부터 이 말을 듣는 것이다.

15초 TV 광고, 제품 포장의 홍보 문구, 페이스북이나 인스타그램 포스팅, 쿠팡이나 네이버 스마트 스토어의 상세 페이지, 회사 홈페이지 첫 화면, 버스나 지하철의 광고판, 레스토랑의 간판, 빵집에 진열된 갓 구운 빵들, 어제 오픈한 작은 동네 책방의 간판, 인기 드라마 중간에 등장하는 PPL, 웹툰 마지막에 붙어 있는 한 컷 광고, 홈 쇼핑 방송에서 열성적으로 퍼포먼스를 펼치는 쇼호스트 등 각자 모양은 다르지만 모두가 같은 일을 하고 있다. 바로 고객의 질문에 대답하고 있는 것이다.

"그래서 나는 뭘 얻죠?"

고객의 이 질문에 대한 대답이 명확하고 납득이 되면 고객은 '구매 승인' 버튼을 누른다. 지금 바로 여러분의 가게, 상품, 서비스가 고객에게 노출된 모든 접점을 살펴보자. 홍보 문구, 광고 메시지, 제품 이미지 등 모든 내용이 고객에게 어떤 이득을 주는지 명확하고 간결하게 전달하고 있는가?

그렇다면 축하한다. 이제 더 나아가 한마디, 아니 한 단어로 대답해보라. 생각보다 쉽지 않다. 속사포 랩처럼 많은 말로 길게 설명은 잘하겠는데, 한 문장, 한 단어로 응축해서 표현하는 것은 정말 어렵다.

천천히 시간을 들여 자세히 설명하면 좋을 텐데, 왜 굳이 한 문장, 한 단어일까요?

회사의 '높은 분'들보다 더 바쁘고, 시간이 없는 분들이 바로 고객이기 때문이다. 소비자 한 사람에게 하루 평균 노출되는 광고 메시지는 4만 건이 넘는다고 한다. 고객은 그 속에서 나에게 의미 있고, 이득이 되는 내용을 걸러내고, 내 돈을 지출할 '구매 승인 항목'을 결정해야 한다.

실제로 인터넷 서핑을 하는 사람들을 '시선 추적기eye tracker'라는 도구를 통해 측정해본 결과 인지를 한 광고 배너에 머문 시간은 평균적으로 1초가 채 안 된다는 결과가 나왔다.

자, 이제 왜 한 문장, 아니 한 단어로 표현해야 하는지 납득이 되는가?

내가 만나본 사장님들은 모두 다 자신의 가게, 회사, 브랜드에 대한 애정과 자부심이 넘친다. 그래서 하고 싶은 말이 너무 많다. 한마디로 표현하기 당연히 쉽지 않다. 하지만 **사업의 성공은 내 관점이 아닌 고객의 눈으로 내 사업을 볼 줄 아는 것에 달려 있다. 고객의 입장에서 보아라.** 1초 만에 고객에게서 "우와, 개이득!"이란 말이 나오도록 만들 단 한마디가 무엇인지 생각하고, 생각하고, 또 생각해보자.

가치의 기준점

"통찰은 몇 가지 단서만으로는 얻어지지 않는다. 통찰은 모든 필요한 정보를 유기적으로 조합하여 얻어내는 명료한 조감도이다." - 폴 갬블Paul Gamble

"기준!"

초등학교 운동장 한가운데서 한 아이가 외친다. 그러자 그 아이를 가장 오른쪽 맨 앞으로 해서 나머지 친구들이 오와 열을 맞추어서 일사불란하게 줄을 맞추어서 우르르 선다. 초등학교 체육 시간에 자주 했던 훈련이다. 어떤 위치에 있든지 첫 번째 아이가 오른손을 번쩍 들고 '기준!'이라고 외치면 나머지 모든 아이가 그 아이를 기준점으로 삼아 줄을 맞추어 선다.

어른이 된 지금 학교 운동장에서 이렇게 줄을 서는 행동은 더는 하지 않는다. 하지만 우리는 다른 의미에서 매일 가치의(또는 가격의) 기준점을 찾고 그에 맞춰 선택하고 있다. 시장에서 물건을 살 때나 회사 프로젝트를 맡길 광고 대행사를 결정할 때도 제시한 가격이 싼지 비싼지 마음속에 기준점을 찾아서 비교한다.

네스프레소 커피 캡슐은 공식몰에서 한 개 720원에 판매한다. 싼지 비싼지 주변 지인들에게 물어봤더니 다양한 대답이 돌아왔다.

"완전 싸지! 스타벅스 아메리카노 한잔에 4,100원인데, 그거에 비하면 완전 싼 거지!" (스벅러버)

"비싸지! 스타벅스 호환 캡슐은 마트에서 한 개 500원이면 살 수 있어!" (마트 러버)

"믹스 커피는 하나에 100원이면 돼. 7배나 주고 설탕도 없는 쓴 커피 마실 필요는 없지." (믹스러버)

각자 마음속에 어떤 비교 대상, 즉 기준을 가지고 있는가에 따라 동일한 가격에 대한 반응이 전혀 달라진다. '스벅러버' 씨는 가격이 1,000원이라고 해도 싸다고 할 것이고, '믹스러버' 씨는 300원이라고 해도 비싸다고 할 것이다.

커피 한 잔이 주는 기능적인 속성은 절대적으로 정해져 있다. 로스팅에 따라 쓴맛, 단맛, 산미가 복합적으로 나고, 과일 향, 탄내, 견과류 향이 적절히 섞여 있는 아로마, 카페인이 주는 각성효과 등. 하지만 소비자들은 얼마를 지불해야 적절한 가격인지를 이런 속성들에 대한 절대적인 평가를 기준으로 결정하지 않는다. 동일한(또는 비슷한) 효능을 주는 제품이나 서비스 중에 하나를 기준으로 삼아 그와 비교해서 결정한다.

고객이 느끼는 가치는 절대적인 것도 아니고 객관적으로 측정 가능한 것도 아니다. 오히려 주관적이고, 맥락에 따라, 비교 대상에 따라 변한다. 가격이 싸다고 무조건 좋은 것은 아니다. 가격은 고객이 가장 가치 있다고 느끼는 지점을 기준으로 정하는 것이다. 가격을 낮추려는 노력보다 고객의 '체감 가치'를 높이려는 노력이 더 좋다. 오히려 고객이 느끼는 가치에 맞추려면 가격을 높이는 게 더 잘 팔리기도 한다. 그러려면 내가 제공하는 제품의 가치를 가장 잘 느낄 수 있는 맥락과 비교 대상을 찾아서 그에 맞는 스토리를 전달해야 한다. 단, 그 가치는 '나만의 한 가지'에서 찾아야 한다. 다른 어디에서도 찾을 수 없는 나만의 장점을 고객이 느끼는 가치 기준점으로 제시하는 것이다.

오늘날 약혼, 결혼반지로 가장 선호하는 보석은 단연코 다이아몬드다. 그만큼 가격도 다른 보석보다 훨씬 비싸다. 하지만 서양에서 20세기 초만 하더라도 약혼반지의 10% 정도만 다이아몬드였다는 것을 아는가? 심지어 가격도 지금과는 비교도 안 되게 쌌다.

다이아몬드가 오늘날의 위치를 차지하게 된 것은 당시 전 세계에 다이아몬드를 독점 공급하고 있었던 다이아몬드 브랜드 드비어스De Beers가 가치의 기준점을 바꾸는 마케팅을 했기 때문이다. 그들은 우선 '다이아몬드 만의 단 한 가지'를 찾았다. 그것은 다른 어떤 보석보다도 강력한 내구성이다. 그러나 단단한 것만으로는 보석을 원하는 고객에게 아무런 가치가 없다.

그래서 그것을 '영원한 사랑의 징표'라는 무한한 가치로 연결했다. 그렇게 탄생한 것이 '다이아몬드는 영원하다'는 유명한 광고다. "세상에서 가장 단단한 보석입니다"와 "영원한 사랑의 징표입니다" 중 어떤 것이 더 가치 있게 느껴지는지는 두말할 필요가 없다. 그리고 그 가치에 걸맞게 다이아몬드 반지의 가격을 2배, 심지어 3배 넘게 올렸다.

사람들은 다이아몬드의 투명한 아름다움에 더해, 강력한 내구성이라는 특징을 영원한 사랑의 맹세에 가장 어울리는 보석으로 받아들인다. 그로 인해, 그들이 느끼는 다이아몬드의 가치는 값으로 논할 수 없이 무한히 치솟게 된 것이다.

다이아몬드 사례처럼 극적이지 않더라도 가치의 기준점이 되는 비교 대상을 바꾸는 것만으로도 소비자들의 인식을 바꿀 수 있다.

한 번은 프로 농구 중계를 보다 보니 포인트 가드를 맡은 선수 키가 정말 작아 보였다. '170cm 초반 정도 되려나' 하고 생각했다. 그런데 우연히 그 선수를 길거리에서 마주친 적이 있었는데 정말 키가 컸다. 당시 주변에 있는 모든 사람 중에 가장 컸다. 농구 코트에서는 다른 선수들이 워낙 크기 때문에 '상대적으로 작아 보였던' 것이다. 무대를 농구 코트에서 강남역 길거리로 바꾸는 것만으로도 가장 작아 보이던 사람이 가장 커 보이는 사람이 되는 것처럼 인식의 전환은 가치의 기준점을 바꿈으로써 일어난다.

영국의 유명한 마케팅 컨설팅 회사 애스트로텐Astroten의 설립자인 리처드 쇼튼Richard Shotton은 어떤 실험에서 사람들을 두 그룹으로 나누어 첫 번째 그룹엔 포드 몬데오Ford Mondeo의 가격이 2만 495파운드라고 알려주고, 두 번째 그룹에겐 벤틀리 플라잉 스파Bentley Flying Spur의 가격이 11만 8천 파운드라고 말해 주었다. 그리고 두 그룹 모두에게 BMW 5시리즈의 가격이 3만 265파운드인데 가격 대비 가치가 있다고 생각하는지 물었다. 첫 번째 그룹은 33%만이 그렇다고 답했지만, 두 번째 그룹은 47%가 그렇다고 답했다. 다른 차와 비교하라고 한 것도 아니고 단지 가격 정보만 주었을 뿐인데도 사람들은 은연중에 비교를 하는 것이다.

이런 가치의 상대성을 잘 이해하고 활용하면 우리 가게가 제공하는 제품과 서비스의 가치를 훨씬 더 마음에 와닿게 할 수 있다. 기존에 잘 팔리지 않던 것들도 드디어 팔리기 시작한다. 소위 '가성비'와 '가심비'는 모두 상대적이다. 비교 대상을 바꾸어주는 것만으로, 동일한 제품에 동일한 가격이라도 체감하는 가치는 훨씬 더 커질 수 있다.

지금부터 사람들이 지불하는 가격보다 체감 가치가 낮은 경우를 몇 가지 유형으로 나눠보고 각각 어떻게 대처할 수 있는지 살펴보겠다.

유형 1 "품질이 좋긴 한데, 그 정도로 비쌀 만큼은 아닌 것 같아요."

제품이나 서비스가 경쟁사보다 비싸다면 다 그만한 이유가 있다. 더 좋은 재료를 쓴다든지, 더 오랜 시간 공들여 만든다든지. 하지만 소비자들은 모른다. 눈에 보이는 품질과 혜택만을 기준으로 판단한다. 그렇기 때문에 느껴지는 '혜택'을 더 크게 만들어주는 것이 가장 직접적인 대응책이다.

감성적 베니핏(Emotional Benefit)과 연결한다

기능적 속성이 아니라 소비자의 감성을 자극하는 것은 물리적 가격이 문제가 되지 않도록 하는 최고의 전략이다. 엽서 브랜드 홀마크^{Hallmark}는 오랫동안 꾸준히 자사 제품의 베니핏을 사랑하는 사람들과 서로 마음을 나누고, 북돋워 주고 유대감을 형성하는 감정과 연결했다.

비싼 가격을 높은 품질의 시그널로 여기도록 한다

벨기에 프리미엄 맥주 스텔라 아르투아^{Stella Artois}는 '비싼 가격은 탁월한 품질의 증거'라는 광고 캠페인을 꾸준히 펼쳤다. '싼 게 비지떡'이라는 심리를 이용한 것이다. 이를 통해 스텔레 아르투아가 다른 맥주보다 비싼 것은 그만큼 더 품질이 좋기 때문이라는 인식을 소비자들에게 심어주었고 그에 힘입어 스텔라 아르투아의 판매량은 1976년부터 2003년 사이 무려 356배나 뛰어올랐다.

돈이 문제가 되지 않도록 한다

마스터 카드의 유명한 광고 슬로건인 '값으로 따질 수 없다. ^{Priceless}'처럼 사람들에겐 금전적으로 따질 수 없는 소중한 것들이 있다. 내 제품이 제공하는 베니핏이 그렇게 돈으로 살 수 없는 가치로 연결되도록 한다면 어떨까요? 메르세데스 벤츠^{Mercedez-Benz}는 최악의 불경기가 닥친 와중에도 꾸준히 매출을 끌어올렸다. 그 원동력은 '120여 가지 안전장치가 돌발 상황에도 내 가족의 안전을 지켜준다.'는 광고 캠페인이었다.

가격 차이를 새로운 관점으로 재조명한다

독일의 한 생리대 브랜드는 1년에 3천 원만 더 내면 사람들 앞에서 곤란한 상황을 피할 수 있다는 광고 캠페인으로 경쟁사를 제치고 사상 최고 매출을 올렸다.

유형 2 "더 싼 제품 중에도 동일한 성능을 주는 것들이 있어요."

마트 PB 상품이나 '노 브랜드'처럼 소비자들에게는 언제나 더 저렴한 대안이 있다. 30롤짜리 두루마리 화장지를 예로 들면 크리넥스는 2만 원 가까이 하지만, PB 상품은 1만 원도 안 한다. 이 경우 크리넥스 브랜드는 어떻게 대처해야 할까?

저가 제품에 대한 만족감을 흔들어라

소비자들이 싼 제품도 괜찮다고 생각하는 이유는 중요한 성능 차이는 크지 않다고 여기고 그것으로 만족하기 때문이다. 그 선입견을 깨뜨려야 한다. '실은 굉장한 차이가 있다'고 알려주면 조금 더 가격을 지불하더라도 내 제품을 사용할 이유가 생긴다. 미국 치약 브랜드 크레스트^{Crest}는 '품질 낮은 치약이 치아에 스크래치를 낼 수 있다'는 캠페인을 통해 매출을 18%나 끌어올렸다.

내 제품의 우수함에 집중하라

무엇보다 나만이 가지고 있는 탁월한 우수성이 있다면 그것에 집중하는 것이 최고의 전략이다. 최초이거나, 최고이거나, 유일하다면 더더욱 그렇다. 내게는 너무나 당연한 것들도 다른 사람에게는 말해주지 않으면 알 수가 없다. 내 가게만의, 내 제품만의 우수한 점은 기회가 될 때마다 전하고, 전하고, 또 전해야 한다.

명분을 제공하라

주방 세제 브랜드 '돈Dawn'은 20년 넘게 '야생 동물 구하기' 캠페인을 실시했다. 동물 보호단체와 제휴를 통해 폐유나 오염된 물에 더러워진 동물들을 데려다가 '돈'으로 깨끗하게 씻어서 다시 야생으로 돌려보내는 봉사활동을 지원하는 것이었다. 이를 통해 동물들을 씻는 데 사용해도 될 만큼 '돈'은 인체에도 안전하다는 인식을 심어주었고, 야생 동물 보호에 일조한다는 '착한 명분'을 가지게 된 것이다.

공신력 있는 추천

칫솔 브랜드 오랄비는 수십 년째 치과의사협회의 공식 추천을 받고 있다. 카테고리를 막론하고 소비자들이 가장 신뢰하는 것은 전문가의 객관적인 추천이다.

유형 3 "제가 감당하기엔 너무 비싸네요."

가격이 너무 높은 경우에는 위에 제시한 방법들이 잘 먹히지 않는다. 그래도 방법은 있다.

측정 단위를 바꿔라

고농축 섬유 유연제 다우니Downy는 일반 비농축 제품보다 병당 가격이 2~3배 비싸게 출시됐다. 고농축 세제를 경험해보지 못한 소비자들은 너무 비싼 가격 때문에 선뜻 구매하지 못했다. 그래서 기존 '세제는 한 병으로 22번 사용하지만, 다

우니는 60번 사용할 수 있어요.'라는 광고 문구를 통해 소비자들의 인식을 바꾸어 놓았다. 반려동물 사료 브랜드 아이암스^{Iams}는 하루에 사과 하나 가격이면 당신의 소중한 강아지를 훨씬 더 건강하게 해줄 수 있다는 메시지를 통해 경쟁 브랜드보다 훨씬 더 비싼 가격에도 불구하고 압도적인 판매량을 기록했다.

비교 대상을 바꾸라

크레스트는 2주간 사용하는 치아미백용 제품을 출시하면서 3만 원이 넘는 가격을 책정했다. 마트에서 파는 오랄케어 제품치고는 꽤 비싸다. 크레스트 마케팅팀은 고민 끝에 '수십만 원이 넘는 치과 시술에 비해 훨씬 스마트한 선택'이라는 메시지를 통해 많은 소비자의 지갑을 열었다.

손실 회피 심리를 자극하라

필리핀의 고급 비타민 브랜드 클루시볼^{Clusivol}은 "아프면 돈이 더 많이 들어요."라는 캠페인을 통해 16%가 넘는 매출 성장을 기록했다.

뒤집어 보기: 싼 게 비지떡일까 걱정돼요

가격이 너무 싸도 소비자들은 의심한다. 품질이 안 좋은 거 아닐까, 저질 재료를 써서 건강에 해로운 건 아닐까. 이익을 희생하면서 저렴한 가격에 공급하는데 그런 우려 때문에 오히려 더 팔지 못하는 건 용납할 수 없다. 여기에 방법이 있다.

원재료의 원산지와 품질을 강조한다

맥도날드는 전 세계 소비자들에게 '패스트푸드니까, 가격이 저렴하니까, 품질도 저렴할 것'이라는 의심의 눈초리를 받는다. 영국과 프랑스 맥도날드는 이 선입견을 뒤집었다. 맥도날드는 100% 국내산 소고기를 쓰고, 엄선된 치킨을 비롯해 철저한 원재료 품질을 관리한다는 사실을 고객들에게 꾸준히 알렸다. 그 결과 과거의 의혹과 오명을 씻고 소비자들의 신뢰를 다시 회복했다. 당연히 매출도 살아났다.

군더더기를 다 없앤다

유럽 저가 항공사 이지제트Easyjet는 신문, 음료, 기내식, 공항 카운터 같은 서비스를 다 없애고 그렇게 절감한 비용을 모두 고객에게 돌려드린다는 캠페인을 통해 연간 38%의 성장을 이루었다. "종이 신문과 형편없는 기내식 값으로 30만 원을 더 내시겠어요?"라는 도발적인 광고 문구가 그 예다.

저렴한 게 아니라 현명한 것이다

한국 맥도날드는 저가 메뉴 '행복의 나라' 광고 문구를 '제대로 아끼고 제대로 즐긴다'로 잡았다. 세련되고 여유로워 보이는 멋진 젊은이를 모델로 세웠다. 보는 사람은 은연중에 '저런 멋진 사람이 돈이 없어서 저가 메뉴를 먹는 건 아닐 거야'라고 생각할 것이다.

이상과 같이 소비자들의 가치 인식의 기준점을 바꾸어서 너무 비싸서, 또는 너무 싸서 잘 안 팔리는 제품의 판매를 증진하는 방법은 다양하게 있다. 세상 모든 일이 그렇듯이 적절하게 잘 사용하면 약이고, 무턱대고 사용하면 독이 될 수 있다. 중요한 것은 우리 가게의 상황이 어떤지, 고객들의 인식은 어떤지를 정확하게 이해하는 것이다. 그리고 그에 맞는 처방을 쓴다면 얼마든지 매출 곡선의 기울기를 극적으로 바꿀 수 있다.

그 말을 어떻게 믿죠?

RTB^{Reason To Believe}를 제시하라!

내가 처음 P&G 마케팅 부서에서 일하기 시작하면서 배웠던 것 중 가장 기억에 남는 하나를 꼽으라면 'RTB(믿어야 할 이유)'다. 모든 마케팅 기획서에 명확한 베니핏과 더불어 RTB를 반드시 명시하는 것이 원칙이다. 예를 들어 오랄비 크로스액션 칫솔의 베니핏으로 탁월한 플라크 제거력을, 그에 대한 RTB로 인체 공학적으로 설계된 빗살무늬 칫솔모를 제시했다. 다른 예로 고급 레스토랑에서 '맛있는 요리'를 약속으로 내세운다면 그에 대한 RTB는 엄선된 고품질 원재료, 10년간 연구해 완성한 비법 레시피, 5성급 호텔 출신 쉐프를 들 수 있다.

P&G는 유독 RTB를 꼭 명시할 것을 고집한다. 사실 마케팅에서 베니핏과 그에 대한 RTB를 반드시 제시해야 한다는 제약은 자칫 커뮤니케이션을 논리적 설명에 치우치게 만들 수 있다. 그만큼 창의력도 제한할 수 있다. 특히 15초밖에 안되는 TV 광고에서는 베니핏과 RTB 이야기를 하고 나면 다른 이야기를 할 시간이 거의 없다. 예를 들어 '페브리즈 광고를 하는데 겨울철 코트에 찌든 음식물 냄새를 없애준다'는 베니핏과 '냄새 입자를 근본적으로 제거해준다'는 RTB를 반드시 포함하라고 하면 독창적인 광고를 만들 수 있는 여지는 거의 없어 보인다. 그래서 광고 대행사 사이에서 P&G는 창조적인 기지를 발휘할 여지를 주지 않는다는 볼멘소리가 왕왕 나오곤 했다. 한 번은 광고인들의 세계 최대 축제인 칸 광고제에 한 연사가 무대에 등장하면서 앞면에 'I am from P&G (저는 P&G 출신입니다)'라는 문구를 새긴 티셔츠를 입고 나왔다. 그가 뒤로 돌자 티셔츠의 뒷면에 'Where's my RTB (RTB는 어디 있죠)?'라는 문구가 새겨져 있었다. 객석을 가득 채운 모든 광고인은 격하게 공감하며 박장대소했다. 그 정도로 P&G의 RTB에

대한 집착은 악명(?) 높다.

전달하고자 하는 혜택에 대한 근거를 제시할 것을 요구하는 것은 이상한 일은 아니다. 하지만 '반드시 그렇게 해야 할까? 좀 더 재미있고 위트 있게, 때로 감동적으로 브랜드에 관해 이야기한다면 꼭 근거를 제시하지 않아도 사람들은 내 제품을 좋아하리라 생각할 수도 있지 않을까?'라는 생각도 할 수 있다. 마케팅 사관학교라고 불릴 정도로 전 세계에서 마케팅을 가장 잘하는 P&G가 그렇게나 RTB에 집착하는 데는 이유가 있다.

사람들은 언제나 선택의 근거를 찾는다. 의식적이든 무의식적이든 어떤 결정을 할 때는 반드시 명분과 이유가 있어야 한다. 그것이 얼마나 합당한지는 생각보다 중요하지 않다. 중요한 것은 무엇이 되었든 근거가 있는가의 여부다.

우리는 과거 어느 때보다 심한 '불신의 시대'를 살고 있다. 정보는 넘쳐나고, 사회에 대한 불안은 팽배하고, 마케팅 메시지에 대한 소비자들의 불신은 그 어느 때보다 높다. 소비자들은 제품을 구매하기 전에 수집할 수 있는 모든 객관적인 증거를 꼼꼼히 따져보고 확인한다. 그런 행태를 꼬집어 '확인하다'는 뜻의 '체크 Check'와 소비자를 뜻하는 '컨슈머Consumer'의 합성어인 '체크슈머Checksumer'란 말까지 등장했다.

매년 대한민국의 소비 트렌드를 분석해서 핵심 키워드를 제시하는 서울대 소비자학과 김난도 교수의 《트렌드 코리아》에는 2015년에 '증거 중독'이라는 키워드가 등장했다. 확실한 증거를 보여주지 않으면 그 무엇도 믿지 않는 사람들, 눈으로 직접 확인해야 직성이 풀리고 마음이 놓이는 소비자들을 일컬어 증거 중독에 걸린 사람들이라 표현했다.

마케팅에서 가장 중요한 것은 고객이 받을 혜택을 매력적이고, 이해하기 쉽고, 간결하게 제시하는 것이다. 하지만 혜택만 제시하면 안 된다. 내 약속을 믿을 수 있는 이유를 함께 제시해야 한다. '체크슈머'나 '증거중독' 같은 새로운 용어로 표현하지 않더라도 소비자들은 언제나 마케터의 주장에 대한 근거를 요구해 왔다. 그건 인간의 본성 같은 것으로 사람들은 본능적으로 명분을 찾고, 근거를 찾는다. 명시적이든 묵시적이든 근거를 제시하는 쪽에 더 믿음을 가진다.

이 점을 가장 잘 활용하고 있는 곳은 온라인 쇼핑몰이다. 사실 좀 지나치다 싶을 정도인데 지금 한번 스마트폰을 열어서 네이버 쇼핑, 쿠팡, 11번가 같은 사이트에 들어가서 상위에 있는 사이트들을 눌러보자. 두 가지 공통점을 발견할 수 있을 것이다. 끝없이 내려가는 '무한 스크롤 상세페이지' 그리고 '수백 개의 후기'이다. 모두 다 판매자의 주장 또는 약속에 대한 '근거'다. 요즘 소비자들이 최고의 근거로 여기는 것은 '후기'다. 나와 비슷한 사람들이 실제로 사용하고 난 후 기록한 생생한 후기를 보면 마음 놓고 구매해도 되겠다는 생각이 드는 건 인지상정이다. 그런 점을 악용해서 돈을 받고 후기를 대신 작성해주는 업체들도 있다고 하니 씁쓸하기도 하다.

그런가 하면 자신의 주장에 어떤 근거도 제시하지 않는 가게들도 여전히 많다. 제품이나 서비스에 자신이 있어서 그런 것인지, 미처 생각을 못 한 것인지는 알 수 없지만 분명한 점은 그런 가게들은 새로운 고객을 창출할 기회를 놓치고 있다는 것이다. 온라인 쇼핑몰의 상세 페이지처럼 과하진 않더라도 내가 제공하는 제품과 서비스의 핵심 베니핏에 대한 RTB를 명확하고 간결하게 제시하는 것은 반드시 매출에 있어 큰 차이를 만들어낸다. 지금부터 설득력 있는 RTB를 구성하는 방법을 몇 가지 소개하겠다.

숫자를 제시하라

마케팅 메시지에 대한 소비자의 신뢰를 얻을 수 있는 가장 효과적인 방법의 하나는 객관적인 숫자를 제시하는 것이다. 보고서를 작성할 때 몇 가지 숫자만 들어가 있어도 훨씬 더 효과적으로 상사를 설득할 수 있다. 소비자를 대상으로 하는 설득 과정인 마케팅 메시지도 마찬가지다. 예를 들어 화장품의 효능에 대한 근거로 '임상 실험으로 검증된 효능'이라고 하는 것보다는 '임상 실험 결과 기존 제품 대비 화이트닝 효과 2배 향상'이라고 구체적인 숫자를 제시하는 것이 훨씬 더 효과적이다.

숫자를 활용할 때는 쉽게 와닿을 수 있는 직관적인 단위로 바꿔서 전달하는 것이 좋다. '한 달 동안 260만 개 판매'보다는 '1초에 한 개씩 판매'가 더 와닿는다. '2만 평'보다는 '상암 월드컵 경기장의 10배'가 더 이해하기 쉽다. 내 지인 중에 화장품 사업을 시작한 분이 있다. 본인이 개발한 제품을 자랑하며 '진피 침투율이 53%나 돼요. 시중에 나와 있는 제품들은 0%인 제품도 많고 그나마 좋은 제품도 2%가 최선이에요"라고 했다. 실제로 그 문구 그대로 제품 브로슈어에 적혀 있었다. 그 문구를 "기존 최고 제품 대비 진피 침투율 25배"로 바꾼다면 훨씬 더 강력하게 와닿을 것이다.

시각화하라

사람들은 글을 읽는 것보다 그림이나 동영상, 더 나아가서 실물을 확인했을 때 더 잘 믿는다. 백문이 불여일견이라는 한자성어가 있다. 백 번 듣는 것보다 한 번 보는 것이 더 낫다는 뜻이다. 영어 속담 중에 '그림 하나가 천 마디 말의 가치가 있다'는 것도 비슷한 뜻이다. 장황한 말보다 한 장의 그림(또는 사진)으로 내가 전하고 싶은 메시지를 시각화해서 전달하는 것이 훨씬 더 효과적이다. 이를 '혜택의 시각화Benefit Visualization'라고 한다.

원래 언어란 것이 세상에 존재하는 사물을 기호화해서 전달하는 것이다. 일종의 코딩 작업을 해 놓은 것이다. 그래서 언어를 통해 전달받은 정보를 해독하고 이미지를 그리는 디코딩작업을 거쳐야 한다. '사과'를 한 번도 본 적이 없는 사람에게 말로 '쌍떡잎식물 장미목 장미과 낙엽교목 식물인 사과나무의 열매로 지름 5~10cm 정도의 둥근 모양으로 빛깔은 보통 붉거나 노랗고, 베어먹으면 아삭아삭한 식감에 신맛과 단맛이 난다.'라고 장황하게 설명하기보다는 사진을 보여주면서 '이게 사과야'라고 하는 것이 더 효과적이다. 더 나아가 진짜 사과를 하나 주면서 '이게 사과야. 한번 베어 먹어봐.'라고 하는 것은 더욱더 효과적이다. 글보다는 이미지가 더 뇌리에 강력하게 각인된다. 직관적이고 순식간에 의미를 파악할 수 있다. 1,000 단어를 읽는 데는 최소한 몇 분의 시간이 걸린다. 대한민국의 성인 평균 독서력은 분당 500글자 정도라고 한다. 한 단어에 5글자 정도라면 1,000단어를 읽는 데 10분 정도가 걸린다. 반면 이미지 또는 그림 한 장을 보고 이해하는 데는 불과 몇 초면 된다. 그만큼 시각화해서 제시하는 것이 훨씬 더 유리하다.

비교 대상을 제시하라

앞서 '가치의 기준점'에서도 말했듯이 사람들은 비교 대상이 있을 때 훨씬 쉽게 이해하고 잘 받아들인다. 비타민과 미네랄 같은 건강 기능 식품에서 흔히 사용하는 '레몬 100개 분량의 비타민 C 함유' 같은 것이나, 한 이온 음료 광고 문구로 유명한 '물보다 흡수가 빠르다'라는 것을 예로 들 수 있다.

지금까지 베니핏에 대해 믿을 수 있는 근거를 제시하는 RTB의 유용함에 대해 살펴봤다.

주의할 점은 주객이 전도되면 안 된다는 것이다. RTB는 어디까지나 우리 가게가 제시하는 약속을 믿을 수 있게 하는 수단이다. 고객이 구매하는 것은 어떤 혜택을 얻기 위해서이지 그 근거 때문이 아니다. 맥도날드는 식재료 관리나 주방의 위생관리면에서 전 세계 그 어떤 기업보다도 탁월하다. 좋은 재료를 사용하고, 주방에서는 철저한 위생 관리 매뉴얼에 따라 음식을 만든다. 예를 들어 패티는 호주, 뉴질랜드산 청정우의 살코기만을 사용해서 만들고, 모든 직원은 30분마다 한 번씩 30초 이상 팔뚝까지 손을 깨끗이 씻도록 한다. '좋은 품질의 맛있는 햄버거'라는 약속에 대한 RTB인 셈이다. 하지만 맥도날드는 이런 위생 관리에 대해서 보다 맛있는 햄버거에 대해서 훨씬 더 많이 이야기한다. 어차피 사람들은 듣고 싶은 것만 듣고, 보고 싶은 것만 보려고 한다. 맥도날드가 저질 재료를 쓰고, 위생관리가 엉망이라고 생각하는 사람들은 어차피 무슨 이야기를 해도 그렇게 믿는다. 그들에게는 위의 이야기들은 변명처럼 들릴 뿐이다. 그럴 바에는 '그래도 맛은 있잖아'라고 생각하도록 내버려두는 편이 더 낫다.

나도! vs. 나만!

사실을 다룰 땐 적어도 균형 감각을 보여줘야 한단 말이야 - ≪셜록 홈스: 네 사람의 서명≫ 중

어떤 가게를 하든, 어떤 회사를 하든, 사업 경쟁에서 승리하려면 다음의 두 가지 질문에만 대답할 수 있으면 된다.

"첫째, 나만 제공해줄 수 있는 것은?"
"둘째, 나도 제공해줄 수 있는 것은?

'**나만 제공해줄 수 있는 것**'은 다른 경쟁자와 비교해서 내가 상대적으로 뛰어난 점이다. 어떤 사업을 하든지 경쟁은 피할 수 없다. 내 기준에서 아무리 좋은 것을 제공하더라도 소비자들은 항상 비교하기 마련이다. 어디서든 쉽게 구할 수 있는 것이라면 그만큼 가치도 낮고, 또 쉽게 대체될 수밖에 없다. 무엇이든지 나만 가지고 있는 것이 있어야 한다.

더 나아가서 경쟁자가 아예 가지고 있지 않은 것을 나만이 독점적으로 제공해줄 수 있다면 성공은 보장된 것이나 다름없다. 단, 그것이 고객에게 의미가 있고 가치가 있는 것이어야 한다. 단지, 세상에서 유일한 것이라고 해서 무조건 다 고객이 원하는 것은 아니다. '똥으로 만든 아이스크림'이라면 세상에서 유일할 수도 있겠지만, 아마도 많이 팔긴 어려울 것이다.

이렇게 나만이 제공해 줄 수 있는 것, 나를 경쟁자들과 구별해줄 수 있는 것을 'POD^{Point of Differentiation} (차별점)'라고 한다.

'**나도 제공해줄 수 있는 것**'은 다른 경쟁자들이 모두 제공하는 기본적인 것들을 말한다. 이것을 'POP^{Point of Parity} (유사점)'라고 한다. 만일 이것을 제공하지 않는다면 소비자들의 기본적인 고려 대상조차 되지 않을 기본적인 서비스나 제품의 특성 같은 것이다. ATM (자동현금 인출기)는 시중 은행이라면 누구나 제공하는 것이죠. 현금 인출기 없는 은행이 있을까? 삼겹살집은 시원한 맥주, 소주, 콜라를 제공한다. 음료 냉장고가 없는 고깃집은 없을 것이다.

재미있는 것은 POD와 POP는 계속 변화하고 진화한다는 점이다. 자동차의 컵 홀더는 지금은 당연히 모든 차에 기본적으로 장착되어 있는 POD이다. 하지만, 처음 컵 홀더가 등장했을 때 많은 자동차 메이커들은 컵 홀더를 탑재하지 않았다. 음료를 마시는 것은 운전에 집중하는 것에 방해가 된다고 생각했기 때문이다. 하지만, 소비자들은 컵 홀더가 있든 없든 운전 중에 목이 마르면 음료를 마셨기 때문에 컵홀더가 있는 차를 더 선호하는 것은 당연하다.

사업을 하면서 경쟁력을 유지하려면, 다시 말해 소비자들로부터 내 가게를 찾게 만들려면 끊임없이 나만이 가지고 있는 POD를 찾고, 동시에 다른 경쟁자만이 가지고 있는 POD는 나도 가지고 있는 POP로 만들어야 한다.

기존에 내가 가지고 있지 않았던, 경쟁자들의 POD를 발 빠르게 도입해 POP로 중화시킨 맥도날드의 두가지 사례를 살펴볼까?

사례 1: 미국 맥도날드는 건강한 식습관을 추구하는 웰빙 트렌드로 인해 줄어드는 고객들을 붙잡기 위해 다양한 새로운 메뉴를 도입했다. 샐러드, 과일 스무디, 튀기지 않고 구운 그릴드 치킨 샌드위치 같은 것들이다. 이를 통해서 맥도날드는 건강한 메뉴를 찾는 고객들에게도 계속 고려 대상군에 포함되어 있을 수 있었고, 그로 인한 손실을 줄일 수 있었다.

사례 2: 2000년대 들어 스타벅스를 필두로 한 커피 전문점이 성공하기 시작하면서 커피와 함께 아침을 먹으려는 고객들과, 오후의 간식을 먹으려는 고객들이 맥도날드로부터 스타벅스로 빠져나가기 시작했다. 이는 맥도날드에 무시할 수 없는 위협이 되었다. 그래서 2007년부터 맥카페 라인업에 라테와 카푸치노를 출시하여 맥카페를 스타벅스 대비 POP로 구축하는 전략을 시도했다. 이는 성공적이었다. 고객들은 커피와 함께 먹는 아침이나, 오후의 커피 타임을 가질 장소를 찾을 때 스타벅스와 함께 맥도날드를 고려하기 시작했으니까.

사업의 성공을 위해 나만 가지고 있는 것, 즉 POD를 구축하는 것은 중요하다. 나만이 가지고 있는 것을 먼저 확고히 해야 하다. 누구도 모방할 수 없는 나만의 것. 한데 요즘은 참 그게 어렵다. 기술이 발달하고 정보가 누구에게나 널리 오픈된 오늘날 세상과 완전히 단절되어 있다고 해도 '나만의 무언가'를 가진다는 것은 쉬운 일이 아니다.

그렇기에 경쟁자의 POD를 중화시켜 POP로 만드는 것도 동일하게 중요하다. 경쟁사가 가지고 있는 차별점을 그냥 두어서는 안 된다. 적절히 중화시킬 수 있어야 한다. 나도 그에 못지않은 좋은 성능과 혜택을 준다는 점을 강조해야 한다.

전략적인 포지셔닝의 이상적 지향점은 경쟁사가 따라 할 수 없는 가장 중요한 속성을 나만의 차별점으로 소비자들의 뇌리에 각인시킴과 동시에, 다른 중요한 속성들에서는 경쟁사와 비교해서 모자랄 것이 없는 탄탄한 유사점을 가져가는 것이다.

무술의 고수가 공격과 방어를 유려하게 구사하며 상대를 제압하듯이, 연애의 고수가 자연스러운 밀당을 통해 사랑을 얻듯이, 마케팅의 고수를 POD와 POP를 통해 나의 고객들을 사로잡을 수 있어야 한다.

"POP와 POD를 명확히 정의하여 우리 가게만의 경쟁력 있는 포지셔닝전략을 수립하자."

고객의 시선으로

오늘을 살아가세요, 눈이 부시게. 당신은 그럴 자격이 있습니다. - 드라마 〈눈이 부시게〉 중에서

브루스 윌리스 주연의 영화 〈식스 센스〉와 김혜자 주연의 드라마 〈눈이 부시

게〉, 이 두 작품에 한 가지 공통점이 있다. 무엇일까? 극 후반부에서 한순간에 주인공을 바라보는 시점의 변화를 통해 극적인 반전, 그리고 말할 수 없는 전율과 감동을 안겨준 것이다. 극이 진행되는 내내 주인공은 나의 시선으로 상대방을 바라봤었는데, 클라이맥스에 이르러 갑자기 상대방의 시선으로 나를 보게 되는 경험을 시청자들에게 선사한다. 사실 현실에서 쉽게 할 수 없는 경험이다.

한데, 이 시선의 전환, 다시 말해 고객의 시선으로 나를 바라볼 수 있는 능력이야말로 최고의 마케터, 성공한 기업가들에게서 발견할 수 있는 공통점이다. 최고의 마케터는 고객의 입장에 빙의할 수 있다. 내 관점이 아닌 고객의 관점에서 바라볼 수 있어야 한다. 내 관점에서 벗어나지 못하면 결코 일류가 될 수 없다. 그들의 이야기를 들어보면 나의 시선으로 고객을 바라볼 때는 평범한, 또는 그 이하의 결과만 내다가, 고객의 시선으로 나를 바라볼 수 있게 된 뒤부터는 전에 없었던 성공이 쓰나미처럼 밀려오게 된 것을 종종 볼 수 있다. 예를 들어 이전에 언급했던 토스 창업자 이승건이 고객에게 필요한 것을 만들자고 마음먹은 뒤에야 성공이 찾아왔던 이야기나, 배민의 김봉진 대표가 배민을 사용하는 주 이용자들인 '막내들'의 시선으로 바라보고 그들이 좋아하는 것을 담아낸 것이 배민의 독특하고, 독보적인 마케팅 성공의 원동력이 되었던 것처럼 말이다.

2019 극장가 최고의 흥행작은 1,600만 관객을 동원한 〈극한직업〉이다. 한국 영화 역대 흥행 순위에서도 〈명량〉에 이어 2위를 차지할 만큼 넘사벽의 흥행기록을 가지고 있다. 이 영화의 메가폰을 잡은 이가 바로 이병헌 감독이다. 그런데 공교롭게도 같은 해에 내놓은 JTBC 드라마 〈멜로가 체질〉은 1% 대의 저조한 시청률에 그쳤다. 이병헌 감독은 저조한 시청률에 대해 이렇게 말했다. "20대가 드라마 내용을 이해하지 못하는 모습을 보며 포용력이 좁은 작품이라고 생각했어요. 저도 높은 시청률을 기록하고 싶죠. 요즘은 내가 하고 싶은 것과 대중이 보고

싶은 것 사이의 간극을 줄여나가기 위해 공부 중이에요." 그는 또 이렇게 말했다. "친척들이 우르르 모인 자리에 끼어 앉아 있으면 알게 되죠. '극한직업'이 흥행한 이유도 '멜로가 체질'이 1%가 된 이유도. '극한 직업'은 웃음과 페이소스, 두 가지 가 전 국민이 이해되는 선 안에서 착실히 전달됐죠. 반면 '멜로가 체질'을 온전히 이해하고 재밌게 보는 사람은 친척 중에 단 두 사람이었어요. 저와 제 누나예요." (출처: chosun.com 2019. 10. 12)

〈멜로가 체질〉의 주인공들은 갓 서른이 된 친구들이다. 20~30대의 이야기 이지만 감독 자신도 이야기한 것처럼, 정작 현실의 20대는 이해를 못 하고, 30대 는 공감을 못 했다. 그래서 재미가 없다고 느낀다. 40대 감독의 시선과 감성으로 바라본 이야기를 담아냈기 때문일 것이다. 그래서인지 내 주변의 40대는 모두 이 드라마에 열광했다. 이렇게 같은 감독이 만들어도 '상대방의 시선으로 바라본 이야기'를 담았는지, '내 시선으로 풀어낸 이야기'를 담았는지에 따라 극과 극의 결과를 보이는 것이 재미있지 않은가?

좋은 소식이 있다. 이 능력은 하나님이 누구에게나 공평하게 나눠주신 것이 고, 누구든지 원하기만 하면 사용할 수 있다. 토스의 이승건 대표는 치과 의사 출 신이고, 배민의 김봉진 대표는 디자이너 출신이다. 둘 다 마케팅 부서에서 일해 본 적도 없고, 체계적으로 마케팅 교육을 받은 것도 아니다. 단지 내 시선으로 고 객을 바라보는 대신, 고객의 시선으로 나를 바라보는 것을 각자의 사업에서 철저 히 실천했을 뿐이다.

이런 점에서는 많은 데이터를 가진 대기업보다 작은 가게, 작은 회사의 사장 님들이 더 유리한 점이 있다. 바로 고객을 직접 만나고, 대화하고, 그들의 눈을 들여다볼 수 있으므로 그들의 관점을 더 생생하게 느끼고, 공감할 수 있다는 것 이다. 대기업에서는 서류상의 숫자로, 분석 데이터를 통해, 정해진 틀을 통해 바라보는 일이 많기 때문에 그 이면의 '인간적인' 면모를 꿰뚫어보기가 어렵다.

스티븐 코비Steve Covey는 그의 베스트셀러《성공하는 사람들의 7가지 습관》에서 '패러다임 전환paradigm shift'이 무엇인지 다음의 에피소드를 통해 소개했다. 전에 몰랐던 상대방의 상황을 알게 됨으로써 상대를 바라보는 시각이 변화되었다는 내용이다. 워낙 유명한 이야기여서 어디선가 들어보셨겠지만, 한 번 더 읽어볼 만한 가치가 있는 글이기에 아래에 원문을 인용했다.

나는 뉴욕 지하철에서 어느 일요일 아침 작은 패러다임(어떤 한 시대 사람들의 견해나 사고를 근본적으로 규정하고 있는 테두리로서의 인식의 체계, 또는 사물에 대한 이론적인 틀이나 체계를 의미하는 개념)의 전환을 경험한 적이 있었다. 지하철을 탄 사람들은 조용히 않아서 신문을 읽고 있었다. 또 다른 사람들은 생각에 잠겨 있어나 눈을 감고 쉬고 있는 상황이었다. 전체적으로 매우 조용하고 또 평화스러운 장면이었다.

그런데 다음 정거장에서 한 중년 남자와 그의 애들이 탑승한 순간 아이들은 매우 큰 소리로 떠들고 제멋대로여서 전체 분위기가 금방 바뀌었다. 아이들과 함께 탑승한 그 남자는 바로 내 옆에 앉았는데 두 눈을 감고 이러한 상황에 전혀 신경 쓰지 않는 듯이 보였다. 아이들은 앞뒤로 왔다 갔다 하면서 큰 소리로 말하고 물건을 팽개치며 심지어는 어떤 사람이 읽고 있는 신문을 움켜잡기까지 하였다. 매우 소란스러운 분위기였다. 그러나 내 옆에 앉아 있는 이 남자는 죽은 듯이 가만히 있었다.

화를 내지 않고는 견디기 어려운 상황이었다. 나는 이 남자가 아이들은 저렇게 날뛰도록 내버려두고 자신은 무감각하게 가만히 있으면서 아무런 책임도

지지 않는 것을 이해할 수 없었다. 거의 모든 승객이 짜증을 내고 있음을 쉽게 알 수 있었다. 나는 더 이상 참을 수 없어서 이 남자에게 이렇게 말했다.

"선생님. 아이들이 저렇게 많은 손님에게 폐를 끼치고 있습니다. 어떻게 아이들을 좀 조용하게 할 수는 없겠습니까?"

그때야 이 남자는 마치 상황을 처음으로 인식한 것처럼 눈을 약간 뜨면서 다음과 같이 힘없이 말하였다.

"당신 말이 맞군요. 저도 뭔가 어떻게 해봐야겠다고 생각합니다. 그런데 사실 지금 막 병원에서 오는 길인데 한 시간 전에 저 아이들의 엄마가 죽었습니다. 저는 앞이 캄캄해서 무엇을 어떻게 해야 할지 모르겠고 아이들 역시 이 일을 어떻게 해야 할지 막막한 것 같습니다."

여러분은 이 순간에 나의 심정이 어떠했는지 상상할 수 있는가? 내 패러다임이 바뀌었다. 나는 갑자기 상황을 다르게 보기 시작했고 상황을 다르게 보았기 때문에 다르게 생각하게 되었고 다르게 느끼게 되었기 때문에 다르게 행동하기 시작했다. 나의 짜증은 사라졌고 화가 났던 나 자신의 태도나 행동을 어떻게 다스릴까 걱정할 필요도 없었다. 내 마음은 온통 이 사람이 가진 고통으로 채워졌다. 동정심과 측은한 느낌이 자연스럽게 넘쳐 나왔다.

"당신의 부인이 돌아가셨다고요? 저런 안됐습니다. 뭐라고 위로할 말이 없습니다." 모든 것이 순식간에 바뀐 것이다.

'패러다임 전환'에 대해 수많은 저술과 논문이 있고, 학술적인 깊이와 전문 지식을 가진 글도 많지만 나는 여전히 이 이야기가 가장 쉽고, 명확하고, 가슴에 와 닿는다. '고객의 시선으로 바라보는 것'도 마찬가지다. 어떤 이론으로 설명하고,

방법론을 통해 배우는 '스킬'이 아니다. 매일매일 열린 마음으로 고객에게 관심을 가지고, 그들을 이해하고, 그들의 입장에서, 그들의 신발을 신고, 그들의 옷을 입고, 고객의 마음, 감정을 품고, 고객의 시선으로 바라보려는 '마음의 태도'이고 사업에 임하는 '자세'다.

이 태도를 겸비하면 '파는 것'과 '사게 하는 것'의 차이를 알 수 있게 된다. 그렇게만 되면, 오늘은 시청률 1%에 불과했지만, 내일은 1,600만 명이 관람하는 콘텐트를 만들 수 있다. 오늘 손님이 5명에 불과한 가게도, 내일은 500명이 줄지어 입장하는 대박 가게로 거듭날 수 있다.

6장

팔지 않아도 사게 만들려면?

'목마른 사람이 우물 판다'

한국 속담

봤어? 써봤어? 한 번 더?

"사업을 키우는 법은 간단합니다. 더 많은 고객이 우리 제품을 알고, 써보고, 써본 고객들이 다시 돌아와 한 번 더 구매할 만큼 맘에 들어 하도록 만드는 것이죠." – 래플리

매출이 팍팍 뛰게 만드는 마케팅 기획의 비결은 고객과 대화하듯이 하는 것이다. 사랑 고백을 하기 전에 몇 번이고 상대방이 앞에 있는 것처럼 연습하듯이, 고객의 마음을 얻기 위해 어떤 말을 할지, 내 어떤 점을 어필할지를 고민하면서 계획을 세운다. 상대방의 마음을 얻기 위한 대화의 핵심은 결정적인 질문을 하는 것이다. 그중에서도 사업의 성공을 위한 최고의 질문 세 가지를 소개한다.

"봤어^{See}?"

"써봤어^{Try}?"

"한 번 더^{Repeat}?"

우리의 목표는 이 세 가지 질문에 모두 "예스!"라는 답을 듣는 것이다.

"봤어?"라는 질문의 뜻은 내 가게를, 내 제품을, 내 브랜드를 알고 있는지 묻는 것이다. '보다'를 의미하는 영어 단어 'See'는 '안다'는 뜻도 담고 있다. 눈으로

봤든지, 귀로 들었든지 일단 아는 것이 첫걸음이다. 아무리 좋은 것을 가지고 있어도 상대방이 모르면 무용지물이다. 사장님들 중에 "이렇게 제품이 좋은데, 왜 사람들이 안 사는지 모르겠어요."라며 푸념하시는 분들이 왕왕 있다. 더 나아가 우리 제품이 더 좋은데, 경쟁사 제품이 더 잘 팔리는 건 옳지 않다고 따지듯이 묻는 분들도 더러 있다. 한데 소비자들은 공정하게 평가하는 심판이 아니다. 과학자도 아니고, 법관도 아니다. 보고 싶은 대로 보고, 믿고 싶은 대로 믿는다. 그리고 사고 싶은 걸 산다. 내가 해야 하는 일은 그들이 어떻게 판단하고 결정하고 행동하는지 이해하고, 그에 맞춰 나를 변화시키는 것이다. 비가 내리면 우산을 쓰고, 해가 나면 선글라스를 쓰듯이 말이다. 내 가게, 내 제품, 내 회사를 소비자들이 알게 하는 것은 전적으로 내 책임이다. 지속해서 매출을 올리는 첫걸음은 가능한 한 많은 사람에게 알리는 것이다. 사람들은 원래 잘 알고 있는 존재에 대해서는 친숙함을, 모르는 것에 대해서는 경계심을 가진다. 일단 알려야 선택받을 가능성이 열린다. 그래서 많은 일류 기업들은 얼마나 많은 사람이 내 제품과 브랜드를 얼마나 알고 있는지, 즉 인지도를 첫 번째 마케팅 관리 지표로 관리한다.

인지도를 높이려면 무엇을 하면 될까? 광고와 홍보를 하면 된다. 그러려면 예산이 필요하다. 여전히 TV를 포함한 대중매체를 활용한 광고가 단기간에 인지도를 높이는 가장 확실하고 효과적인 방법이다. 문제는 예산인데 수억 원, 수십억 원의 마케팅 예산이 있다면 모르겠지만, 작은 가게나 스타트업은 어떻게 하면 될까? 비슷비슷한 가게들이 넘쳐나는데 나를 확실하게 기억하게 하려면 어떻게 해야 할까? 몇 가지 방법을 소개한다. 어쩌다 한번 기발한 아이디어를 만들어내거나 재미있는 마케팅 사례를 만들었더라도 지속해서 성과를 내기는 어렵다. 그래도 방법은 있다. 아래에 제시하는 원리를 이용해서 내 가게, 내 브랜드의 인지도를 높일 수 있는 나만의 방법을 찾아보자.

뇌리에 새겨질 강렬한 이미지를 만든다

적은 예산으로 인지도를 높이기 위해서는 한 번만 봐도 기억에 남을 강렬한 인상을 남길 수 있어야 한다. 예산이 많으면 광고를 반복해서 소비자들에게 여러 번 노출할 수 있지만, 예산이 적으면 단 한 번의 기회밖에 없을 수도 있다. 그 한 번을 잊을 수 없는 순간으로 만들면 된다.

내가 아는 가장 극적인 사례는 1984년 슈퍼볼 광고로 사용된 매킨토시 론칭 광고다. 애플의 당시 광고 예산은 70만 달러밖에 없었고 이는 대대적인 광고 캠페인을 펼치기에는 턱없이 부족한 액수였다. 그래서 스티브 잡스는 이 예산을 모두 쏟아부어 모든 미국인이 시청하는 슈퍼볼 광고 시간에 상영하는 대담한 결정을 내린다. 그야말로 '단 한 번만 봐도 잊지 못할' 광고를 만들어야 했다. 그렇게 그 유명한 애플의 슈퍼볼 광고 '1984'가 탄생했다. 조지 오웰의 소설 《1984》를 모티브로 삼아 모두가 최면에 걸려 있는 음울한 흑백 세계에 도끼를 든 한 여인이 경비병의 추격을 뒤로하고 도끼를 던져 스크린을 부숴버리고 소설 속의 1984년과 지금의 1984년이 왜 다른지를 이야기한다. 이를 통해 빅브라더처럼 세상을 지배하고 있는 IBM의 독점을 깨뜨리겠다는 애플의 강렬한 의지를 상징적으로 보여주는 광고였다. 드라마틱한 효과를 높이기 위해 〈에일리언〉과 〈블레이드 러너〉로 유명한 리들리 스콧 감독에게 제작을 맡겼다. 결과는 대성공이었다. 매킨토시는 출시 후 4개월간 7만 대가 넘게 팔려나갔고, 이 광고는 마케팅 역사상 가장 성공적인 론칭 광고의 반열에 올랐다. 같은 해 칸 광고제에서 30여 개가 넘는 상을 휩쓸었고, 지금까지도 단 한 번의 방영으로 기업의 운명을 바꾼 광고로 인구에 회자되고 있다.

소비자에게 내 브랜드를 각인시키기 위해 반드시 TV 광고가 필요한 것은 아니다. 브랜드 로고, 슬로건, 비주얼 이미지, 네이밍 등 어떠한 것이라도 한 번만 봐도 잊히지 않을 강력한 상징이 될 수 있는 것을 만들면 된다. 커피 전문점 '프릳츠'는 브랜드 로고에 물개캐릭터를 입혔다. '커피 브랜드 로고에 웬 물개?'라는 생각이 들지만 그런 특이성 때문에 한 번 보면 잊을 수 없다. 브랜드명 또한 'Fritz'인데, 보통은 '프리츠'나 '프릿츠'로 음역하겠지만, 이 역시 특이하게 '프릳츠'로 했다. 화장품 브랜드 러쉬Lush의 매장 근처를 지나면 수십 미터 앞에서부터 강렬한 향이 난다. 이 향은 러쉬를 처음 접한 사람들도 지나가던 발길을 멈추고, 매장을 둘러보고, 기억하게 만드는 강력한 상징의 역할을 한다.

꾸준히 일관성 있게 소통한다

한 번 본 것은 쉽게 잊지만 열 번 본 것은 기억한다. 어린이용 만화에 등장하는 주인공들은 항상 같은 옷과 같은 헤어스타일을 하고 등장한다. 아이들은 아직 지각 능력이 발달하지 못해서 옷이나 헤어스타일이 달라지면 다른 사람으로 인식하기 때문에 혼란을 주지 않기 위해서라고 한다. 아직 알려지지 않은 브랜드가 소비자에게 인지도를 높이기 위해서는 어른들에게도 동일한 방법을 취하는 것이 효과적이다. 많은 경우 마케터들은 빨리 싫증을 낸다. 새 광고를 시작한 지 얼마 지나지 않아 금세 새로운 것으로 바꿔버린다. 하지만 담당자는 매일 같이 생각하고 수십에서 수백 번을 보기 때문에 금세 지겨워지지만, 대부분의 소비자는 한두 번도 못 본 경우가 많다. 아직 하나의 인상도 형성되지 않았는데, 메시지가 바뀌면 혼란스럽고 기억하기도 힘들다. 하나의 메시지가 대중들에게 기억되는 데는 시간이 필요하다. 당장은 반응이 없는 것 같아도, 나는 지겹더라도 일관성을 유지하는 것이 중요하다. 글로벌 브랜드들은 반세기가 지나도 브랜드 로고나 상징을 거의 바꾸지 않는다. 혹 바꾸더라도 유사성과 일관성을 유지하면서 살짝살짝 바꾼다. 유명 브랜드들도 그럴진대, 아직 잘 알려지지 않은, 인지도를 쌓아나가는 것이 숙제인 새로운 브랜드들은 더욱더 일관성을 유지해야 하지 않을까?

의미를 부여한다

사람들은 의미가 부여될 때 쉽게 기억한다. '20090308, 20150806'을 외워보라고 하면 몇 번을 반복해도 기억하기 어렵지만, '내 결혼기념일인 2009년 3월 8일', '내 첫아이 생일 2015년 8월 6일'처럼 의미가 부여되면 평생을 가도 잊히지 않는다. 그렇기에 내 가게가, 내 브랜드가 소비자들에게 어떤 의미를 가질 때 많은 마케팅 비용을 쓰지 않아도 오랫동안 기억하고 다른 사람들에게 자발적으로 그 의미를 전하게 된다. 그런 이유로 사람들은 사회적, 환경적 가치를 옹호하는 브랜드에 이끌린다. 예를 들어 더바디샵The Bodyshop은 여성의 권리 신장, 공정 무역, 직원의 다양성 강화 같은 사회적 정의에 목소리를 높여왔고 소비자들은 더바디샵이란 브랜드에 사회적 가치라는 의미를 더해서 기억하고, 브랜드를 옹호한다. 운동화 브랜드 뉴발란스New Balance는 유명모델을 쓰지도 않고, 대대적인 광고를 하지도 않았지만, '스티브 잡스가 프레젠테이션 때 신은 운동화'라는 의미가 부여되자 폭발적인 인지도와 매출 상승을 기록했다.

예전에 다니던 교회 앞에 작은 칼국수 가게가 하나 있었는데 항상 손님이 북적북적했다. 그 집 간판 밑에는 '서울에서 두 번째로 맛있는 칼국수 집'이라고 쓰여 있었다. 궁금해서 사장님에게 물었다.

"서울에서 첫 번째로 맛있는 칼국수 집은 어디예요?"
"엄마가 해준 칼국수에요. 바로 손님 어머니 집이죠."
재미있지 않은가? 20년도 더 지난 일이지만 선명하게 기억이 난다. 그 집은 아직도 그 자리에 있고 여전히 손님들로 북적인다. 사람들에게 어떤 의미를 줄 때, 내가 굳이 팔려고 애쓰지 않아도 사람들이 기억하고, 사고 싶어 한다. 여러분의 가게는, 브랜드는 사람들에게 어떤 의미를 선사해주길 원하는가?

이제 두 번째 질문인 **"써봤어?"**에 대해 이야기해볼까. '아는 것'과 '행하는 것' 사이에는 아주 큰 차이가 있다. 머리에서 가슴까지는 가는 데 아주 오랜 시간이 걸린다는 말도 있다. 많은 사람에게 내 브랜드를 알리는 데 성공했다면, 다음 길은 '써보게' 하는 것이다. 알고는 있지만 아직 써보지 않았다면 그 이유가 무엇일까? 분명히 어떤 장애요인이 있기 때문이다. 이것을 소비자들의 시도를 가로막는 '시도 장애요인Trial Barrier'라고 한다. 한의사가 막힌 혈 자리를 뚫듯이 시도 장애요인을 찾아서 해결해주어야 비로소 사업이 성장의 선순환으로 들어간다. 지금부터 소비자들이 내 제품과 서비스를 '써보는 것'을 가로막는 대표적인 시도 장애요인을 살펴볼까?

찾을 수가 없어

의외로 가장 큰 장애요인은 찾기가 어렵다는 것이다. 나도 지인으로부터 어떤 제품이 정말 좋다는 이야기를 듣고 사려고 백방으로 알아봤지만 결국 어디서 파는지 몰라서 포기했던 경험이 있다. 마트에 장을 보러 가서 좋아하는 과자를 사려고 했는데 어디 진열되어 있는지 못 찾아서 결국 다른 과자를 샀던 적도 있다. 품절로 인해서 원하는 타이밍에 구매하지 못하기도 한다. 그리고 나면 다시 입고되어도 판매 추세가 이전만 못 하다. 고객은 기다리지 않는다. 지금 원하는 것이 없으면 다른 대안을 찾는다.

그렇기에 고객이 원할 때, 즉시 찾을 수 있는 곳에 준비되어 있도록 하는 것이 무엇보다 중요하다. 그렇지 않으면 기껏 내 제품을 써보려고 마음먹었던 고객들이 경쟁사로 가버린다.

음식점에서 새로운 메뉴를 개발했다면 당연히 메뉴판의 가장 눈에 띄는 자리에 누구나 볼 수 있도록 표시해놓아야 한다. 온라인 쇼핑몰의 경우는 검색 결과 첫 번째 페이지에 노출되는 것과 그렇지 않은 것에는 엄청난 차이가 있다. 오프라인 매장이라면 가게를 중심으로 동서남북 모든 방향에서 쉽게 찾을 수 있는지 고객의 눈으로 바라보자. 그렇지 않다면 하늘에 풍선이라도 반드시 띄워서 쉽게 찾을 수 있도록 해야 한다.

실패하면 어쩌지?

아직 사용해보지 않은 것이라면 '실패하면 어떡하지'란 걱정이 드는 것은 당연하다. 비용을 지불하고 사야 하는 것이라면 더욱더 그럴 것이다. 마트에 가보면 다양한 시식 행사를 하는 이유가 바로 그것이다. 한 입 맛보고 내 입맛에 맞으면 정품을 한 팩 구매할 수 있다. 향수는 시향을 하고, 자동차는 시승하고, 와인은 시음을 하고, 화장품은 샘플을 써본다. '실패하면 어쩌나'하는 소비자의 염려를 없애주는 것이다. 사람들은 잘 모르는 동네에서 식당을 고를 땐, 손님이 많은 곳을 고른다. 온라인 쇼핑몰에서 물건을 고를 땐 실구매자 후기를 꼼꼼히 살피고, 주말 데이트에서 보고 싶은 영화를 선택할 땐 관람평과 영화 리뷰를 보고 내 취향에 맞고 재미있는 영화인지 확인한다. 시식이나 시음 같은 직접 경험이나, 후기 같은 간접 경험이나 모두 고객들에게 확신을 주기 위한 것이다. 아무리 좋은 제품이나 서비스라도 사용해보지 않은 고객은 주저한다는 것을 명심하라. 다양한 수단을 활용해서 '이용 경험'을 제공하면 아직 써보지 않았기 때문에 오는 망설임은 제거할 수 없다. 더 나아가 그 경험이 고객 마음에 든다면 망설임을 확신으로 바꿀 수 있다.

뭐가 다른지 모르겠어

"다 거기서 거기지, 뭐." 새로운 것을 시도해보지 않으려고 하는 사람들이 흔히들 하는 말이다. 못 보던 제품이 나오면 호기심이 발동해서 일단 맛을 보려는 사람들이 있지만, 익숙한 것에만 머물려고 하는 사람들도 있다. 그들의 마음을 들여다보면 '어차피 내가 아는 맛이야'라는 심리가 자리 잡고 있다. 그런 관성을 깨고 움직이게 하려면 그만한 가치가 있어야 한다. '뭔가 달라야'하는 것이다. 남다른 매력이 있고 관심을 잡아끌 만큼 충분히 어필해야 한다.

2019년 최고의 히트 상품 '에어프라이어'는 '기름을 쓰지 않고 튀긴다'는 이전엔 없었던 콘셉트부터 사람들의 관심을 끈다. 제품 자체가 그렇게 차별화되어 있다면 당연히 호기심을 불러일으키고 한번 써보고 싶은 마음이 들 것이다.

반면 전 세계 맥도날드 숫자보다 많다는 대한민국의 흔한 치킨집은 어떨까? 새로운 치킨 프랜차이즈를 론칭하면서 소비자들의 관심을 끌 수 있을까? 2015년에 1호점을 연 '60계 치킨'은 '매일 18ℓ의 깨끗한 기름에 60마리만 판매'한다는 브랜드 스토리로 흔하디흔한 치킨 시장에 '뭔가 다른' 모습으로 등장했다. 후발 주자임에도 불구하고 빠르게 자리를 잡아 2019년 대한민국 퍼스트브랜드 대상을 수상하기도 했다. 사실 일반적인 치킨집도 60마리 정도 튀기면 탄 맛이 나서 기름을 안 바꿀 수가 없다고 한다. 하지만 일반 소비자들은 그런 세세한 내용은 잘 모르기 때문에 매일 신선한 기름으로 60마리만 판매한다고 하면 더 깨끗할 것 같아서 한번 사 먹어 보고 싶은 생각이 든다. 오랄비가 '치과의사협회 추천'을 내세우는 것도 다른 칫솔과는 다르니 한번 써보라고 어필하는 것이다. 샴푸 브랜드 팬틴이 출시하면서 '14일의 약속'이란 슬로건을 내세운 것도 14일만 써보면 머릿결이 눈에 띄게 달라지니 한번 써보라는 마케팅 메시지를 던진 것이다.

지금까지 살펴본 것들 외에도 시도 장애 요인은 업종마다, 사업의 상황에 따라 다양하고 제각각이다. 그렇기 때문에 우리 가게의 상황에 따라 어떤 장애 요인이 있는지 유심히 관찰하고 찾아봐야 한다. 소비자들이 기웃기웃하고, 가게 안으로 들어와서 이것저것 살펴보기는 하는데 정작 구매하지는 않는다면 분명히 이유가 있다. 위에 제시한 방법들을 참고해서 이유를 찾아보자. 스스로 원인을 찾았다면 반드시 해결책도 생각해낼 수 있다. 책이나 다른 사람의 성공 사례는 원리를 이해하는 데는 도움이 되지만 그대로 따라 한다고 나의 문제를 해결해주지는 않는다. 해결책은 내가 스스로 관찰하고 고민해서 찾아내야 한다. 관심을 가지고 살펴보면 반드시 답을 찾을 수 있다.

많은 고객에게 알리고, 써보게 했다면 이제 마지막 질문을 할 차례다. **"한 번 더?"**

한번 이용한 고객이 다시 돌아오지 않는다면 아무리 새로운 고객을 만들어도 '밑 빠진 독에 물 붓기'다. 제품이나 서비스가 만족스럽다면 고객은 자연스레 다시 이용할 것이고, 그렇지 않으면 떠난다. 감동할 정도로 좋다면 다른 사람들에게 추천하고 더 나아가 스스로 전도사가 되어 새로운 고객을 끌고 올 것이다. 하지만 현대 사회에는 너무나 다양한 대안이 존재하고, 새로운 경쟁자들이 매일 생겨나고 있기 때문에 소비자는 한번 만족했더라도 새로운 브랜드를 찾아 언제든지 떠날 수 있다. 그렇기에 한 번 나를 찾아온 고객을 계속 찾아오게 만드는 것이 그 어느 때보다 중요하다. 즉 고객 충성도Customer Loyalty를 관리해야 한다. 이에 관해서는 수많은 책과 전문적인 방법론들이 있다. 원하면 얼마든지 다양한 자료를 찾아볼 수 있다. 현업에 바쁜 사장님들이 일일이 방법론과 이론을 공부하지 않아도 되도록 가장 본질적인 세 가지만 알려주겠다. 첫 번째는 품질, 두 번째는 경험, 마지막으로 관계다.

품질

일단 품질이 좋아야 한다. 음식은 맛있어야 하고, 게임은 재밌어야 하고, 세제는 잘 빨려야 하고, 수건은 잘 닦여야 하고, 화장품은 피부가 좋아져야 하고, 건전지는 오래가야 하고, 침대는 편안해야 하고, 차는 잘 나가야 한다. 식당 음식이 맛이 없으면 다시 오지 않을 것이고, 게임이 재미없으면 다른 게임을 찾아서 떠날 것이다. 한 번 이용한 고객이 다시 이용하는지를 나타내는 재이용률 또는 재방문율은 내 서비스나 제품의 품질 만족도를 알 수 있는 지표다. 한 번 이용한 고객이 다시 돌아오지 않는다면 제일 먼저 살펴봐야 하는 것은 품질이다.

경험

품질이 좋다고 꼭 고객의 이용 경험이 좋은 것은 아니다. 온라인 쇼핑몰에서 제품이 아무리 좋아도 배송이 늦거나, 환불 절차가 까다롭다면 다음번에는 다른 쇼핑몰을 이용한다. 아무리 맛있는 레스토랑이어도 주문한 음식이 나오는 데 한 시간 넘게 걸린다면 다시 가고 싶지 않을 것이다. 특히나 할 일은 많고 시간은 늘 부족한 현대인들에게는 무엇보다도 얼마나 쉽고 편리하게 이용할 수 있는가가 가장 중요하다. 지금은 편리함이 프리미엄이 되는 시대다. 최근 한 금융 세미나에서 시중 은행들의 NPS^{Net Promoter Score} (고객 순 추천 지수 - 지인들에게 얼마나 추천할 것인지를 물어 고객들의 재이용 의향을 측정하는 지표)를 발표했는데, 다른 모든 은행과 압도적인 차이로 1위를 차지한 곳이 있었다. 어딜까? 바로 카카오뱅크다. 2017년 7월부터 영업을 시작했으니, 아직 3년도 안 된, 그리고 오프라인 지점도 없고, 심지어 모바일에서밖에 사용할 수 없는 은행을 고객들은 가장 추천하고 싶은 은행으로 꼽은 것이다. 어떻게 그럴 수가 있을까? 카카오뱅크 담당자의 말에 따르면 출범 전부터 '압도적으로 편리한 이용 경험'을 제공하는 것을 가장 중요한 목표로 삼았다고 한다. 그러기 위해서 오직 '핵심 경험에만 집중'하고 그 외의 기능들은 다 뺐다고 한다. 어떤 면에서 보면 은행으로서 종합적인 '기능'과 '품질'은 다른 은행들보다 부족한 점이 많지만 '고객 이용 경험' 면에서는 다른 어떤 은행보다도 압도적으로 편리하게 만들었다. 그것이 출범 3년도 안 되어 고객의 재이용 의향이 가장 높은 은행의 자리에 오를 수 있었던 비결이다. 지금 철저하게 고객의 입장에서 바라보고 고객에게 편리하고 유용한 경험만을 제공하고 있는가? 그렇다면 아마도 한 번도 안 써본 사람은 있어도, 한 번만 이용한 고객은 없을 것이다.

관계

하루가 멀다 하고 새로운 제품과 더 좋은 서비스들이 속속 등장하고 있다. 아무리 품질 좋고, 편리한 고객 경험을 제공해도 고객은 언제든지 다른 브랜드, 다른 가게로 갈아탈 수 있다. 케빈 로버츠Kevin Roberts는 충성 고객이 최고조에 도달한 브랜드는 고객의 '러브마크' 즉 '사랑의 징표'가 된다고 했다. 브랜드와 고객의 사이에 '사랑'이라는 단어를 선택한 것은 중요한 의미가 있다. 나는 고객을 어떤 대상으로 바라봐야 하는지, 고객은 나를 어떤 대상으로 여기는지에 대한 궁극적인 지향점을 의미하기 때문이다. 사람과 사람 사이도 그렇지만, 브랜드와 고객 사이도 '관계'를 형성하고 발전시켜나가는 과정과 시간이 걸린다. 그 안에는 진심, 관심, 노력이 모두 담겨 있어야 한다. 마음이 있어도 표현하지 않는다면 상대가 알 수 없다. 또 어느 정도 알게 되고, 관계가 형성되기 시작했더라도 자주 눈앞에 보이지 않으면 마음도 멀어지고, 결국 관계도 희미해진다. 한 번의 강렬한 만남과, 한 번의 멋진 경험만으로는 지속되는 관계를 유지할 수 없는 법이다. 그러기엔 세상에 너무나 좋은 것들이 많고, 항상 새로운 사람, 새로운 콘텐트, 새로운 제품, 새로운 서비스가 매일 같이 등장한다. 기술이나 품질로는 우열을 가리기가 갈수록 힘들어진다. 앞으로는 인공지능이 모든 산업을 장악해나갈 것으로 예상되기 때문에 이런 현상은 더욱더 가속화될 것이다. 그럴수록 따스한 손길 Human Touch을 기반으로 한 고객과의 관계야말로 가장 큰 차별화 요소가 된다. 사람들은 나를 이해하고, 나를 알아보고, 내게 다가와 주는 브랜드에 마음과 지갑을 연다.

지금까지 고객이 '알게'하고, '써보게'하고, '다시 돌아오게' 만드는 세 가지 지표를 관리함으로 사업을 성장시키는 방법론을 살펴봤다. 마케팅을 공부한 사람들은 '마케팅 깔때기Marketing Funnel'란 개념과 비슷하다는 생각이 들 것이다. 마케팅 깔때기란 사람들이 브랜드에 대해 '알게 되고(인지)', '관심을 가지고', '욕구가 생기고', '행동(구매 및 사용)을 취하는' 순서에 따라 움직이는데 단계를 지날수록 그 수가 점점 줄어드는 것을 그림으로 표현하면 마치 깔때기처럼 보여서 이름 지은 것이다. 예를 들어 TV 광고에서 신제품을 보고 알게 되고, 주변에서 사용해본 사람들에게 이야기를 듣거나 시장에 나가서 제품을 직접 살펴보고, 괜찮아 보여서 구매하고, 사용하고 난 뒤 맘에 들면 주변에 추천하는 식이다. 단계별로 최대한 많은 소비자가 유입되고 다음 단계로 넘어가도록 프로세스를 설계하고, 또 그 과정이 의도한 대로 작동하고 있는지 점검하고, 장애요인을 파악해 개선하는 방식으로 '마케팅 관리'를 하는 것이다.

요즘 이런 마케팅 깔때기는 더는 쓸모가 없는 이론에 불과하다는 주장이 많이 제기되고 있다. 디지털을 통해 모든 정보가 실시간으로 공유되고 있기 때문에 소비자들이 차례차례 순서를 밟을 필요가 없게 되었기 때문이다. 또 밀레니얼 세대와 Z 세대 같은 새로운 종족(?)이 출현하면서 즉흥적이고, 직관적이고, 맥락 없는, 취향 위주의 소비가 늘어났고, 그래서 더는 소비자들이 마케팅 깔때기 같은 논리적인 패턴을 따라 구매를 하지 않는다는 것도 이유다. 예전에는 TV 광고를 통해서 새로운 브랜드를 처음 알게 된 사람들이 많았지만, 지금은 그보다는 인스타그램이나 유튜브를 통해 처음 알게 된 사람들이 점점 많아지고 있다. 예전에는 물건을 직접 사거나, 시장에 나가서 테스트용 제품을 써봐야 했던 것이, 요즘엔 유튜브만 켜면 실제 사용하는 것 같은 생생한 '개봉기'를 통해 마치 실제로 내가 써보는 것 같은 정보를 얻고 간접경험을 할 수 있다. 맘에 들면 일단 구매 버튼부터 클릭하고, 제품은 당일이나 늦어도 다음날 배송된다. 사용해보고 맘에 들지 않으면 무료 반품할 수 있기 때문에 구매 버튼을 클릭하기 전에 크게 고민하지 않아도 된다.

드러난 현상을 보면 확실히 사람들의 행동은 이전과 완전히 달라진 것 같다. 하지만 내면의 본질을 들여다보면 어떨까? 여전히 사람들은 어떤 계기를 통해서 제품이나 서비스를 처음 알게 되고, 그러고 나면 궁금해져서 한 번 사보고, 써보고 맘에 들면 다시 사게 되는 과정을 따라 소비 활동을 한다. 시대가 바뀌고 기술이 발전해도 내면의 본질은 변하지 않는다. 단지, 그 표현과 행동 방식이 미디어 환경의 변화, 기술의 발전에 따라 달라졌을 뿐이다. 예를 들어 무료 반품이 가능하다고 '인지'와 '관심' 단계를 거치지 않고 바로 구매하는 것은 아니다. 좀 더 빠르고 간결하게 거치는 것일 뿐이다. 인플루언서가 추천한 사이트에 들어가 보고, 비슷한 다른 상품과 비교도 해보고, 잘 맞을까 고민도 해본다. 사진 리뷰도 꼼꼼하게 살펴본다.

결국 기법이나 방법론은 시대와 상황에 따라 변할 수 있지만 사람들이 생각하고 행동하는 습성과 본질은 쉽게 바뀌지 않는다. 그를 이해하고 어떻게 더 많은 사람이 내 가게, 내 제품, 내 브랜드를 '알게 하고', '써보게 하고', '계속 써보게' 할지를 고민하면, 팔지 않아도 사고 싶어서 줄지어 몰려오는 경험을 반드시하게 될 것이다.

잠깐! 이거 봐~ 괜찮다!

고객과 만나는 15초 동안 기업의 운명이 결정된다 - 얀 칼슨/SAS 전 회장

'트래픽Traffic'이라는 영어 단어가 있다. 자동차도로의 교통량을 뜻하는 단어로도 쓰이고, 길거리의 사람들의 통행량을 뜻하기도 하고, 인터넷 사이트의 방문자 수를 뜻하기도 한다. 모두 다 공통점이 있다. 거래를 하려면 일단 멈춰 세워야 한다는 것이다. 그냥 두면 다 지나가 버린다.

사람들은 항상 바쁘게 움직인다. 언젠가 강남역의 한 커피 매장에 앉아서 창밖의 사람들을 바라본 적이 있다. 수많은 사람이 하나도 빠짐없이 어딘가로 바쁘게 걷고 있었다. 그들 중 누구도 제가 앉아 있는 곳을 쳐다보지도 않았고, 멈춰 서서 주변을 두리번거리지도 않았다. 물리적으로 걷고 있지 않아도 사람들은 항상 어딘가에 정신을 팔고 있다. 내일까지 처리해야 하는 급한 업무일 수도 있고, 새로 생긴 취미일 수도 있고, 사랑에 빠진 대상일 수도 있고, 자녀의 진학 상담일 수도 있고, 저녁에 뭘 해 먹을지, 어떤 영화를 볼지, 수많은 일이 사람들의 마음 한쪽을 차지하고 있다. 시속 100km로 운전을 하면서 주변의 풍경을 감상하기는 어렵다. "잠깐! 스톱!" 하고 일단 차를 세우고 차에서 내려야 주변의 경치도 볼 수 있고, 약수터에서 물을 떠먹을 수도 있다. 소비자들에게 물건을 팔 때도 마찬가지다. "잠깐!"하고 지나가는 사람들을 일단 멈춰 세워야 말을 걸 기회가 생긴다.

오프라인 매장이든, 온라인 매장이든, 지나가는 '트래픽'을 멈춰 서게 할 수 있는 힘이 있어야 한다. 그것을 '스토핑 파워Stopping Power' 즉, 멈춰 세우는 힘이라고 한다. 멈춰 서게 하려면 우선 달라야 한다. 틀을 깨는 무언가가 있어야 한다. 예를 들어 일반적으로 어시장에 진열된 생선들은 보통 누워 있는데, 생선이 서 있다면? 더 나아가 공중을 날아다닌다면? '어?'하고 멈춰 서게 된다. 한 번은 유럽의 농수산물 시장을 지나는데 한 생선 가게에서 정말로 '어?'하고 멈춰 섰다. 생전 처음 보는 신기하게 생긴 물고기가 입을 쩍 벌린 채 진열되어 있었기 때문이다. 심해에 사는 괴물 물고기 같기도 하고, 거대한 피라냐 같기도 했다. 호기심에 가게 주인에게 물었다.

"이건 얼마죠?" 하고 물었더니

"아 그건 파는 게 아니에요." 란 대답이 돌아왔다.

"그럼 왜 전시해놓은 건가요?"

"아. 이렇게 특이하게 생긴 물고기를 보란 듯이 전시해놓으면 손님들이 멈춰서서 구경하거든요. 그러면 자연스레 대화가 시작되고, 실제로 구매로 이어지는 경우도 많아서 장사가 더 잘 돼요."

그 생선 가게 주인은 이미 스토핑 파워가 얼마나 중요한지를 경험을 통해 체득하고 있었던 것이다. 모두가 누워 있을 때 나 혼자 서 있어야 눈에 띈다. 세스 고딘이 주장한 '보랏빛 소'와 같은 맥락이다. 대형 마트에는 같은 종류의 비슷한 물건들이 가로 일렬로 진열되어 있다. 감자 칩은 감자 칩 코너에, 스파게티 면은 스파게티 면끼리, 수입 맥주는 수입 맥주 칸에 함께 있다. 그런데 와블러Wobbler나 댕글러Dangler 같은 판촉물들이 세로로 툭 튀어나오게 설치되어 있는 것들을 볼 수 있다. 그렇게 해야 좀이라도 더 눈에 띄고, 한 명이라도 더 지나가는 손님들을 멈춰 세울 수 있기 때문이다.

다른 이야기를 하나 더 해볼까? 쿠팡이나 네이버 스마트 스토어를 보면 모두 섬네일^{Thumbnail} 이미지가 있다. 한 유명 온라인 쇼핑몰 대표는 매출을 올리는 비결을 하나만 꼽으라면 뭐냐고 물었더니 "무조건 사람 얼굴을 섬네일 이미지에 써야 한다. 잘생겼든 못생겼든 남자든 여자든 상관없다. 대부분의 섬네일은 제품 이미지를 보여주고 있기 때문에 사람 얼굴을 쓰면 달라 보이고, 클릭하게 된다."라고 귀띔했다. 온라인이든 오프라인이든 매장은 무조건 지나가는 사람을 멈춰 서게 만드는 것부터 해야 한다.

방문자는 많은데 매출이 오르지 않는다면 가장 먼저 '스토핑 파워'를 점검해봐야 한다. 내 가게와 제품이 바쁘게 지나가는 사람들마저도 "어? 이건 뭐지?" 하고 멈춰 세울 수 있는 '무언가 다른' 점을 가지고 있는가?

일단 멈춰 세우는 데 성공했다면 그다음은 머물러 있게 해야 한다. 이것을 '홀딩 파워'^{Holding Power} 즉, 머물러 있게 하는 힘이라고 한다. 생각지 못했던 곳에서 발걸음을 멈추었더라도 즉시 물건을 사지는 않는다. 아무리 맘에 드는 물건이라도 지갑을 열고, 돈을 지불하고, 구매하는 결정을 내리기까지는 어느 정도 시간이 필요하다. 필요한 정보를 모으고, 다른 대안과 비교하면서 판단을 저울질할 시간 말이다. 시간을 많이 들일수록, 오래 머물수록 구매할 확률은 높아진다. 머물러 고민하는데 사용한 시간이 아까워서라도 뭔가 마무리를 짓고 싶은 것이 사람의 마음이기 때문이다. "어?"하고 멈췄다고 "별거 아니잖아?"하고 금세 자리를 떠버리면 그 기회를 잃어버리는 것이다.

소비자들이 계속 머물러 있도록 하기 위해서 필요한 두 가지가 '정보'와 '재미'다. 잠재 고객들은 나에게 도움이 되는지, 필요한지를 판단하기 위해 많은 정보가 필요하다. 그 필요를 채워줄 수 있는 충분한 정보를 제공해주어야 한다. 하지만 그것만으론 충분하지 않다. 재미있고 흥미로운 '거리'를 제공해야 한다. 볼거리, 읽을거리, 맛볼 거리, 이야깃거리, 놀거리 같은 것들 말이다. 지루하거나 뻔하지 않고, 예상을 뛰어넘는 새로움과 재미, 더 알고 싶어지는 유용한 정보, 오감을 즐겁게 해주는 비주얼이나 사운드를 더한 것이면 더 좋다.

온라인 쇼핑몰의 상세 페이지가 대표적인 예다. 수많은 섬네일 중에 일단 클릭을 하고 들어왔다면 지나가는 트래픽을 멈춰 세운 셈이다. 판매 순위 상위에 랭크 되어 있는 스토어에 들어가 보면 '끝없이 스크롤다운되는' 상세 페이지를 보여준다. 기왕에 멈춰 선 잠재 고객들을 구매할 때까지 계속 머물러 있도록 하기 위한 방법인 것이다.

무슨 일이든 마무리가 가장 중요한 법이다. 축구에서는 아무리 드리블과 패스가 좋아도, 골 결정력이 없으면 아무 소용이 없다. 장사도 마찬가지다. 고객을 멈춰 세우고 머물러 있게 했더라도 마무리를 제대로 못 하면 아무 의미가 없다. 물건을 들었다 놨다 하며 살지 말지 고민하는 고객들에게 지갑을 열고 시원하게 결제하게 하는 힘, 바로 **클로징 파워**Closing Power"에 대해 알아보자. 다음은 클로징 파워를 높일 수 있는 몇 가지 방법들이다.

기회는 지금뿐!

망설이는 고객이 즉시 결정하게 할 수 있는 가장 확실한 방법은 역시 **지금이 아니면 기회가 사라진다**는 일종의 '위기감'이다. 자동차 딜러, 보험 설계사, 홈쇼핑 쇼호스트들이 자주 사용하는 방법이다. "매진이 임박했습니다.", "준비한 수량이 단 10개 남았습니다.", "오늘 계약하시면 20% 할인해드립니다. 오늘까지만요.", "이 제품은 이번 달까지만 판매합니다."와 같은 문구들이다.

요약해서 말씀드릴게요

소비자가 구매를 망설이고 있는 아이템의 **핵심 베니핏을 다시 한번 요약해서 어필**하는 방법이다. 오랫동안 검토하고 고민할수록, 많은 정보를 살펴봤을수록 오히려 가장 중요한 핵심을 잊어버렸을 수 있다. 이 제품을 가져가면 소비자가 누리게 되는 것들을 요약해서 한 번 더 말해주는 것만으로도 결제할 확률은 훨씬 더 높아진다. 제품 패키지, 식당 메뉴판, 광고 배너 같은 곳에 핵심적인 특징을 한두 마디로 요약해서 **'마무리 문구**Closure Claim'를 제시하는 것도 효과적이다. 몇 가지 예를 들어보면 아래와 같다.

"다이어트는 포샵으로" – 배달의 민족

"신작 DVD는 어차피 구작입니다. 영화는 영화관에서" – 가와고에 스카리 극장

"컬러가 흑백의 속도를 잡았다!" – HP 컬러레이저젯 4600시리즈

"아삭아삭 생생한 이 맛을 누가 당할까? 딤채에서 꺼낸 여름김치" – 딤채

"가스비도 거꾸로!" – 귀뚜라미 거꾸로 타는 보일러

"건강보다 더 좋은 선물은 없습니다" – 그린파워녹즙기

"개운하게 맵다" – 해찬들 집고추장

아, 한 가지 더 있어요!

마케팅이나, 세일즈나 언제나 사람들의 기대를 뛰어넘을 때 최고의 성과를 올릴 수 있는 법이다. 지금까지 제시한 내용이 평범하고 별다른 것 없다고 느끼는 지점에서 "하나만 더 말씀드릴게요."하고 예상을 뛰어넘는 한 방을 날리는 것만큼 마무리하는 데 효과적인 것도 없다. 내가 아는 한 이 말을 가장 극적으로 사용한 두 사람이 있다. 한 명은 '형사 콜롬보' 시리즈의 콜롬보 반장님이고 다른 한

명은 스티브 잡스다. 특히, 스티브 잡스는 신제품을 발표할 때마다 마지막에 가장 새롭고 놀라운 뉴스를 발표하기 전에 "한 가지 더 있어요._{One more thing}" 라고 말하곤 했다. 사람들은 숨죽이며 이 말만을 기다렸고 그 말이 떨어지자마자 환호성을 지르며 열렬히 반응했다. 마케팅은 고객과의 대화다. 그 대화의 끝부분에, 고객이 '이게, 다야?'라고 생각할 무렵, 가장 새롭고, 놀라운 무언가를 제시해보자. "한 가지 더 있어요!"란 말과 함께 말이다.

팔지 마라, 사게 하라
목마른 사람이 우물 판다 – 한국 속담

P&G 는 '마케팅 사관학교'라는 별명답게 직원들을 대상으로 다양한 마케팅 교육을 한다. 커리큘럼의 양과 질적인 면에서 모두 웬만한 대학 정규 과정보다도 더 다양하고 깊이 있는 교육 과정을 제공한다. 그 가운데 가장 인기 있는 수업 중의 하나가 〈나를 사고 싶게 만드는 광고〉였다. 제목 그대로 수업의 내용은 소비자들이 우리 제품을 사고 싶은 마음이 생기도록 하려면 어떻게 광고를 만들어야하는가였다. 핵심 내용은 내가 아무리 좋다고 이야기해도 고객이 사고 싶다는 마음이 생기지 않으면 아무런 의미가 없다는 것이다.

내가 팔지 않아도 고객이 스스로 사고 싶어지도록 만드는 최고의 비결이 뭔지 아는가? 고객이 묻지 않아도, 아니 묻기 전에 이 질문에 답을 하는 것이다.

'왜?'

마케팅은 고객과의 대화이고, 고객은 항상 이 질문을 마음에 품고 있다. '이 제품은 왜 만들었나요?' '나는 이 서비스를 왜 이용해야 하죠?' 그리고 그 질문에 명쾌한 답을 주는 가게에 그들의 지갑을 연다.

마케팅은 고객이 사고 싶은 마음이 들도록 이유와 명분을 만들어주는 것이다. 내가 왜 사야 하는지, 이유와 명분이 분명하면 팔지 않아도 스스로 구매한다. 그러기 위해선 가치를 분명히 느끼게 해주어야 한다. 구매한 이후에 사용하면서도 계속 만족감을 느끼고 다시 사고 싶어지도록 해야 한다.

그러기 위해선 욕구를 느끼게 해야 한다. 말을 물가로 끌고 갈 수는 있다. 하지만 억지로 물을 마시게 할 수는 없다. 목이 마르면 스스로 물을 마신다. 목마른 사람이 우물을 파게 마련이다. **마케팅은 고객이 목마름을 느끼게 하는 것이다. 그러면 우물은 스스로 파게 되어 있다.**

운동을 전혀 하지 않던 사람들도 건강에 이상이 생겼다는 진단서를 받으면 운동을 시작한다. 건강의 결핍이 건강에 대한 욕구를 자극했고, 건강에 대한 욕구가 운동이라는 해결책을 찾았기 때문이다. 결핍이 있으면 채우고 싶어지는 것은 가장 강력한 인간의 본성이다. 사고 싶은 마음이 들게 하는 최고의 비결은 내게 부족한 것이 무엇인지 느끼게 하고 그것을 채우려는 욕망의 대상이 되는 것이다. 무엇이 부족한지 이해하려면 고객의 이야기를 들어야 한다. 고객의 결핍을 욕망으로 바꾸려면 그들의 이야기를 들려주어야 한다.

'파는' 것은 회사나 가게가 하고 '사는' 것은 고객이 한다. 파는 것과 사게 만드는 것은 결과적으로 동일한 것처럼 보이지만 바라보는 관점은 전혀 다르다. 나는 팔았지만 고객은 사지 않을 수도 있다. 사고 싶은 마음이 들어서 기꺼이 돈을 지불하고 샀다면 기쁨과 즐거움을 느낀다. 물건을 파는 사람은 '셀러seller' 라고 하고, 물건을 사고 싶도록 만드는 사람은 '마케터marketer' 라고 한다.

결국 팔지 않아도 사게 만드는 비결은 고객의 이야기를 듣고, 그들의 결핍을 이해하고, 그 결핍을 내 제품에 대한 욕망으로 바꿀 이야기를 들려주는 것이다. 그 이야기가 고객의 '왜?'에 대한 답이 된다면 그들은 내가 팔기도 전에 이미 사고 있을 것이다.

한 번에 하나씩

'커뮤니케이션의 성패는 내가 무엇을 전했는지가 아니라 상대방이 무엇을 받았는가에 달려 있다.' – 마케팅 격언

"아! 진짜 모르겠어! 한 번만 더 들려줘요!"

한 예능 프로그램 출연자들이 초 집중해서 흘러나오는 음악을 들으며 노래 제목을 맞추는 게임을 하고 있다. 유명한 뮤지션도 있고, K-POP에 대해서는 일가견 있는 멤버들인데도 도통 한 번에 맞추지 못한다. 심지어 모두 가요 차트 Top 10 안에 들어가는 인기곡인데도 말이다. 여러 번 반복해서 들어도 별반 다르지 않다. 이유는 '합쳐진 노래 제목 맞추기' 게임을 하고 있기 때문이다. 5~6개의 노래를 한 번에 플레이하기 때문에 어떤 곡들이 포함되어 있는지 잘 들리지 않는다. 한 곡씩 들으면 하나하나가 아름다운 음악인데, 한꺼번에 들으면 소음이 되어버리고 무슨 내용인지 잘 들리지도 않는다.

문제는 마케팅 커뮤니케이션에서도 이런 일이 종종 일어난다는 것이다. 한 번에 너무 많은 이야기를 하려다 보니 도통 무슨 얘기를 하는지 상대방이 알아들을 수 없게 되는 것이다. 의욕이 넘치는 사장님들에게서 종종 볼 수 있다. 한 유

명 인터넷 쇼핑몰 TV 광고 시사회에서 있었던 일이다. 광고를 보고 난 사장님이 말했다.

"우리 회사가 대외 수상한 것이 많은데, 왜 그건 이야기 안 하죠? 자랑스러운 건 널리 알려야죠. 카드사와 제휴해서 할인도 많이 해주는데 그것도 포함하세요. 아 그리고 이번에 초간편 결제 기능도 출시했는데, 그것도 포함하시고요."

"네… 알겠습니다."

마케팅팀장의 얼굴이 얼음처럼 굳었다. 15초짜리 TV 광고였기 때문이다. 결국 마케팅팀은 사장님의 '지시사항'을 모두 자막으로 '때려 박았다.' 물론 소비자들은 그 0.5초 만에 나타났다 사라진 메시지들을 하나도 이해할 수 없었다.

작은 가게 사장님들도 마찬가지다.

"바뀐 영어교육정책에 따른 효과적인 공부방법! 신학기 이벤트 실시! 예약 참석자 전원 선물 증정. 사전등록 시 상품권 증정. 15년 경력의 전문영어 강사. 개별 수업+강의수업. 토익 수업. 온라인학습+진단형 성적 관리. 단계별 수업. 여학생은 여선생님이 수업합니다. 원장 직강. 소수 정원제. 절대 포기하지 마세요. 저희도 포기하지 않습니다. 1등급으로 가는 가장 빠르고 현명한 길. 성적의 비밀은 결국 실전 경험입니다. 기출 문제 경향 분석 적용. 내신 관리…" 한 영어 학원 전단지 내용으로, 한 장에 들어가 있는 메시지다. 방금 읽은 내용이지만 한 가지라도 제대로 기억하기 힘들다.

사람은 재미있는 존재다. 한 번에 한 가지 아이디어를 제시하면 고개를 끄덕이지만, 서너 개의 아이디어를 한 번에 제시하면 고개를 갸우뚱한다. 심지어 좀 지나면 어떤 내용이었는지도 기억하지 못한다. 그런데 본인이 제시하는 입장일 때는 한 번에 대여섯 개를 한꺼번에 전달하고 싶어 한다. 위대한 스티브 잡스조차 말이다.

"여기요, 받아보세요!"

오랫동안 스티브 잡스의 크리에이티브 파트너로 애플의 광고를 제작해온 광고계의 거장으로 아디다스의 'Impossible is Nothing'을 창안해낸 리 클로우^{Lee Clow}가 잡스에게 여러 개의 공을 한꺼번에 던졌고, 잡스는 하나도 받지 못했다.

"이번엔 어떨까요? 여기요."

클로우는 이번엔 하나의 공을 던졌고, 잡스는 쉽게 받았다.

"그것 보세요. 각각의 공은 하나의 메시지입니다. 한 번에 하나씩 던지면 쉽게 받지만, 한 번에 대여섯 개를 던지면 하나도 못 받죠. 소비자도 마찬가지예요."

위의 '공 받기 퍼포먼스'는 잡스가 30초짜리 광고에 4~5개의 메시지를 넣고 싶어 하자, 한 번에 한 가지 메시지를 담아야 한다는 것을 설득하기 위해 행한 것이다. 다행히도 잡스는 이를 바로 이해하고 받아들였고, 클로우는 한 가지에 집중한 광고를 계속 만들 수 있었다. 다른 사람도 아닌 스티브 잡스, 항상 극도의 단순함과 고도의 선택과 집중에 집착해온 그 스티브 잡스조차 한 번에 때로는 여러 개의 메시지를 전달하려는 실수를 범했다는 것을 보면 다소 위로(?)가 되기도 한다.

사장님들은 내 제품과, 내 가게, 내 서비스, 내 브랜드가 지닌 수많은 좋은 점들이 일일이 다 눈에 선명히 보이고, 당장 사람들에게 그 모든 것을 알리고 싶은 열정이 넘치기 때문에 한 번에 다 이야기하고 싶은 것은 어찌 보면 인지상정이다. 그럴수록 고객이 받아들일 수 있도록 한 번에 한 가지씩 차근차근 전달해야 한다.

그럴 때 도움이 되는 것이 '마케팅 캘린더'다. 문자 그대로 달마다 분기마다 어떤 메시지에 집중할지를 계획해서 캘린더 형식으로 정리해놓은 것이다.

한 가지 메시지를 정하면 적어도 캠페인 기간에는 그 이야기만 하는 것이다. 예를 들어 페브리즈의 좋은 점은 탈취뿐 아니라, 99.9% 항균 기능도 있고, 은은한 향기의 상쾌함도 있다. 한 번에 이 모든 이야기를 하지 않고, 석 달씩 나눠서 한 번에 한 가지씩 집중해서 전달한다. 그렇게 하면 소비자들은 핵심 메시지를 쉽게 이해하고, 오랫동안 기억한다. 더 나아가, 동일한 제품인데도 새롭게 느끼고, 계속해서 사용하고 반복 구매할 이유와 명분을 제공해주기도 한다. 비싼 비용을 들여 신제품을 개발하지 않고 기존 제품으로도 새로움을 줄 수도 있으니 그야말로 '꿩 먹고 알 먹고'인 것이다.

아무리 아름다운 형형색색의 물감도 한꺼번에 다 섞어버리면 탁한 검은색이 되어버린다. 산해진미도 온통 한 데 섞어놓으면 강아지 밥이 되어 버린다. 아무리 멋진 노래라도 동시에 연주하면 듣기 싫은 소음이 된다. **아무리 좋은 메시지라도 한꺼번에 던지면 소비자들은 하나도 기억하지 못한다. 하나하나의 색깔이 살아나도록, 각각의 요리의 맛을 느낄 수 있도록, 모든 음악을 즐길 수 있도록, 내가 가진 모든 장점을 한 번에 하나씩, 차례로 보여주자.**

에워싸라!

"크리에이티브를 위해 마음속에 지녀야 할 몇 가지가 있는데 융합, 응집력, 일관성, 대화다" - 자끄 세귈라 Jacques Seguela

'백독백습(百讀百習)'을 아는가?

100번 읽고, 100번 쓴다는 뜻으로 세종대왕의 공부법으로도 유명하다. 책의 내용을 깊이 이해하고 모두 외우는 경지에 이르기 위해 그렇게 했다고 한다. 뜬금없이 웬 백독백습이냐고? 학생 시절 시험공부를 하면서 중요한 내용을 외우기 위해 반복해서 읽고 쓰고 했던 기억이 있을 것이다. 그때 보통 몇 번이나 반복했는가? 나는 최소한 10번은 반복했던 것 같다. 그런데도 막상 시험에 나오면 잘 생각이 나지 않아 애를 먹곤 했다.

보통 사람들은 시험공부를 할 때처럼 아예 외우려고 작정을 하고 여러 번 반복해도 잘 기억하지 못한다. 심지어 별로 기억해야 할 이유도 없는 마케팅 메시지라면? 더구나 집중해서 보지도 않고, 인식조차 못 하고 스쳐 지나가는 것이 대부분인 내용이라면 어떨까?

현실이 이런데도 많은 사장님은(그리고 마케터들은) 한 번만 광고해도 소비자들이 곧바로 알아채고 기억하길 기대한다. 현대를 살아가는 소비자들은 바쁘다. 항생제에 내성이 생긴 것처럼, 마케팅 메시지에도 내성이 생긴 것 같다. 웬만한 자극에는 반응하지 않는다. 그래서 마케터들은 더 새롭고, 더 자극적이고, 더 기발한 방법을 생각해내기 위해서 애쓴다. 하지만 아무리 재미있고 기발한 아이디어라도 한 번 본 것으론 기억되기 어렵다. 더구나 소비자들이 거르기를 원하는 '마케팅 메시지'라면 말이다.

마케팅 메시지는 10명에게 한 번씩 이야기하는 것보다, 1명에게 10번 이야기하는 것이 더 효과적이다. 10명에게 한 번씩 이야기하면 누구도 기억하지 못하지만, 1명에게 10번 이야기하면 적어도 기억하는 한 사람을 얻을 순 있기 때문이다. 한 번만 본 것보다 여러 번 반복해서 보면 더 잘 기억하게 된다. 아침에 보고, 점심에 보고, 저녁에 또 보면 더 잘 기억한다. 같은 메시지를 다른 맥락에서 반복해서 접하게 되면 더 잘 받아들인다. 그렇기 때문에 가장 효과적인 마케팅 방법의 하나는 고객을 '에워싸는' 것이다.

고객을 '에워싼다'는 것은 어떤 의미일까? 내가 전하고자 하는 메시지를 고객이 다양한 상황에서 반복해서 접하게 한다는 것이다. TV 광고, 유튜브 콘텐츠, 드라마나 웹툰 PPL, 좋아하는 유명인의 인스타그램 포스팅, 출근길 지하철 광고판, 포털사이트의 실검 순위, 뉴스 기사 등 가능한 한 다양한 장소와 경로에서 접하도록 하는 것이다. 처음 한두 번 노출 되었을 때는 인식하지 못해도, 가랑비에 옷 젖듯이 반복해서 접하면 어느새 고객의 뇌리에 스며들고, 마음을 적시고, 생각을 변화시키고, 관심을 끌고, 지갑을 열게 만든다.

에워싸려면 소비자가 지나가는 경로를 잘 알고 있어야 한다. 아침에 일어나서 음악을 듣는 사이트, 외출이나 출근 준비하면서 즐겨보는 GRWM^{Get Ready With Me} 유튜버, 즐겨보는 드라마, 예능 웹툰, 관심 키워드, 팔로우하는 인스타그래머, 구독하는 유튜브 채널, 주말에 자주 찾는 핫 플레이스 등 한 사람의 소비자가 지나가는 온라인과 오프라인 경로 하나하나가 소비자에게 메시지를 전할 수 있는 접점이다. 이 접점 중에서 가능한 한 다양한 접점에서 말을 걸수록 좋다. 기업들은 소비자의 경로를 파악하기 위해서 큰 노력을 기울인다. 이를 고객 여정^{customer journey}이라고 하는데 고객이 내 제품이나 서비스를 알게 되고 사용하는 모든 단계를 여행의 경로처럼 순차적으로 나열해서 고객이 어떤 경험을 하고 어떤 관계를 맺는지 입체적으로 이해할 수 있도록 하는 것이다. 그렇게 하면 어떤 접점에서 말을 거는 것이 가장 효과적인지 알 수 있고, 어떤 지점에서 고객을 에워쌀 수 있는지 판단할 수 있기 때문이다.

고객을 에워쌀 때는 똑같은 내용이 아니라 일관된 메시지를 상황과 맥락에 맞는 내용으로 다양하게 구성하는 것이 더 좋다. 획일적으로 같은 내용을 반복하기만 한다면 지루해지고, 소비자들은 흥미를 잃게 된다. 예를 들어 맥도날드

2018년 초 '행복의 나라' TV 광고는 세련된 직장인 여성이 온종일 다양한 행복의 나라 메뉴를 즐기는 내용을 보여주고 '제대로 아끼고 제대로 즐긴다'라는 슬로건으로 마무리했다. 똑같은 내용으로 에워싼다는 것은 이 광고 장면을 캡처하고 똑같은 슬로건을 붙여 페이스북에도, 인스타그램에도, 배너 광고에도, 매장에도, 유튜브에도 똑같이 광고한다는 것인데 그러면 아주 지겨울 것이다. 매체마다 특성도, 이용자들의 성향도, 맥락도 다양하다. 행복의 나라 캠페인 당시 일관되지만 획일적이지 않은 메시지를 전하기 위해, 유튜브에는 행복의 나라 메뉴를 유머러스하게 보여주는 5초짜리 짧은 동영상을 틀고, 인스타그램엔 일상 속에서 다양한 메뉴를 즐기는 사진을 여러 장 포스팅하고, 고객들이 행복의 나라 메뉴를 즐기는 내용을 담은 글짓기 이벤트 '행복 백일장'을 실행했다. 모두 '제대로 아끼고 제대로 즐긴다'는 일관된 내용을 담아내지만 획일적이지 않고 매체와 맥락에 맞는 메시지를 전하고 있다.

한두 가지 마케팅 수단에 모든 자원을 '올인' 하는 것보다, 다양한 접점에서 고객에게 노출할 때 효과가 훨씬 더 크다. 예를 들어 TV 광고에 모든 돈을 다 쏟아붓는 것보다는 예산을 나누어 소셜 미디어도 사용하고, 오프라인 프로모션도 하고, 홍보 기사도 내는 것이 더 효과적이다. 자연히 비용이 더 많이 들지만, 그만큼 매출의 증대 효과도 더 크다. 필요할 땐 과감하게 투자해야 사업도 성장하는 법이다. 10원을 쓰고 20원을 버는 것보단 100원을 쓰고 1,000원을 버는 것이 더 낫지 않을까?

그렇다고 마케팅이 항상 큰 비용을 써야 하는 것은 아니다. 다음 장에서는 돈을 쓰지 않고도 마케팅을 잘할 수 있는 법을 알아보자.

0원으로 1억 원 효과 내기

"마케팅은 비즈니스의 매출과 수익을 동시에 성장시키는 투자법이다^{Marketing is} an investment that builds profitable share" - P&G 마케팅 부서 소개 중에서

마케팅 활동에 쓰는 돈은 소모되는 지출일까? 아니면 축적되는 투자일까?

P&G에서는 마케팅 효과를 측정하기 위한 지표를 '투자 대비 수익률(ROI Return on Investment)'이라고 한다. 반면 요즘 스타트업들은 광고비 지출 대비 수익률 (ROAS Return on advertising spending)이라고 부른다. 얼핏 비슷한 것 같지만 마케팅을 어떻게 바라보느냐에 관한 매우 큰 관점의 차이가 있다. 전자는 브랜드 자산을 구축하기 위한 투자로 보지만, 후자는 매출 증가를 위한 지출로 보고 있다. 여러분은 어느 쪽을 택하겠는가? 나라면 기왕에 쓰는 돈이라면 단기간 매출을 올리기 위해 증발하는 비용보다는, 영속하는 브랜드 자산으로 축적되는 투자를 선택하겠다. 그래야만 '0원으로 1억 원 효과'를 낼 수 있기 때문이다.

'0원으로 1억 원의 효과'를 낸다는 것은 광고비를 한 푼도 지출하지 않아도 억대의 예산을 쓴 것 같은 효과를 누린다는 뜻이다. 그게 가능할까? 물론이다. 내가 광고하지 않아도 소비자들이 자발적으로, 스스로 내 제품과 브랜드를 전파하도록 하면 된다. 그러려면 전할 만한 가치가 있는 스토리, 그리고 콘텐츠가 있어야 한다. 모든 스토리에는 다양한 인물들이 등장한다. 그중 주인공이 바로 내 브랜드이고 마케팅은 그 스토리를 전파하는 도구다. 그 스토리에 매료된 사람들이 스스로 찾아와서 고객이 되고, 고객은 팬이 되어 또 다른 사람들에게 스스로 그 스토리를 전파하는 선순환의 고리를 만드는 것이다.

마케팅의 궁극적인 지향점은 마케팅이 필요 없게 되는 것이다. 회사가 광고

하지 않아도 소비자가 알고, 사랑하고, 자발적으로 전파하는 러브마크가 되는 것이다. 사람들이 스스로 전파하도록 만들려면 기쁨과 즐거움을 주어야 한다. 내 제품과 내 서비스를 이용하면서, 내 브랜드를 경험하면서 재미를 느끼고, 만족감을 누리게 하는 것이 최고의 비결이다. 어떤 사람이 내 브랜드를 이용하는지 이해하고, 그 사람이 좋아하는 것들로 내 브랜드를 가득 채워놓으면 된다.

카카오뱅크는 대학생을 비롯한 20~30대가 주로 이용한다. 그들은 투자할 자산이 적고 소액 거래가 잦다. 모임이 많고 친구들 사이에 회식비용 정산 등으로 'N 분의 일'이 많다. 항상 바쁘므로 서비스에서는 편리함과 간편함이 가장 중요하다. PC보다는 모바일 이용률이 훨씬 더 높아서 카카오뱅크는 모바일 전용으로 만들었다. 송금이 편리하다. 불편하게 계좌번호를 묻고 비밀번호를 서너 개씩 입력하는 수고할 필요 없이 그냥 카톡 메시지 날리듯이 송금할 수 있다. 친구들 간에 편리하게 송금할 수 있는 '모임 통장'을 통해 쉽게 모임 비용을 정산할 수 있다. 카카오프렌즈 캐릭터가 귀엽게 새겨진 체크카드는 카카오의 브랜드 경험을 극대화해준다. 캐릭터 체크카드가 예뻐서 카카오뱅크 계좌를 개설하는 사람들도 많다. 요즘 대학생들은 4개월짜리 다이어리를 쓴다. 딱 한 학기만 쓰는 것이다. 일 년은 그들에게 너무 긴 시간이다. 기존 은행의 정기 적금은 최소 기간이 1년이었다. 카카오뱅크는 그 절반인 '26주 적금'을 최초로 출시했다. 매주 적금금액을 넣으면 게임에서 미션을 달성한 것처럼 귀여운 카카오프렌즈 캐릭터 스탬프가 통장에 찍힌다. 이렇게 그들이 열광할 만한 것들로 가득 차 있기 때문에 카카오뱅크를 이용해본 고객들은 스스로가 전도사가 되어 친구들에게 전파했고, 2년 만에 누적 계좌 수 1천만을 돌파하는 원동력이 되었다.

브랜드 경험과 스토리를 통해 팬을 만들고 그들이 스스로 전파하게 하려면 브랜드는 확실한 캐릭터와 일관된 정체성을 가져야 한다. 브랜드와 관련된 모든

활동이 하나의 선에 꿴 것처럼 일관성 있어야 한다. 오늘은 이랬다가 내일은 저랬다 하면 소비자들은 혼란스러워하고 어떤 이야기를 들었는지조차 기억하지 못한다. 당연히 누구에게 전할 수도 없다. 일관성은 브랜드 로고, 컬러, 제품 디자인, 패키지, 폰트 같은 디자인 요소, 제품의 성능, 구성, 광고 메시지 등에 마치 한 사람이 만든 것처럼 구현되어야 한다.

연날리기를 하려면 연도 만들어야 하고, 처음엔 연을 띄우려고 들고 뛰기도 해야 한다. 하지만, 어느 정도 높이 이상 올라가고 나면 상공의 바람이 계속 연을 날게 한다. 연을 더 높이 띄우고 싶으면 실만 풀어주면 된다. 좋은 브랜드를 구축하는 것도 마찬가지다. 좋은 제품과 서비스를 만들어야 하고, 처음에 소비자들에게 알리기 위해 비용도 써야 한다. 하지만 일단 구축하고, 고정 팬을 확보하면 그 다음은 큰돈을 들이지 않아도 알아서 잘 된다.

소비자에게 사랑받는 브랜드를 구축하는 데는 시간과 비용을 들여야 한다. 그런데 당장에 TV 광고같이 억대의 예산이 필요한 활동은 고사하고 몇백만 원도 광고비로 지출할 여력이 없는 작은 회사, 작은 가게는 어떻게 해야 할까? 언제나 방법은 있다. 몇 가지 예를 들어볼까?

'인스타그래머블Instagramable'이란 신조어가 있다. 인스타그램으로 공유하고 싶을 만큼 비주얼이 좋은 장소나 물건을 일컫는 말이다. 요즘 소비자들은 인스타그램으로 멋진 사진을 인증하고 친구들과 공유하며 팔로워들에게 자랑하는 것이 일상이 되었다. '인스타그래머블'한 핫 스팟이 있다면 산 넘고 물 건너 찾아가는 수고도 마다하지 않는다. 내 가게, 내 제품에 '인스타그래머블'한 비주얼을 장착하는 것이다. '우와~'란 감탄사가 나오게 하는 멋진 비주얼 말이다. 단지 예쁘고 멋지기만 하면 안 된다. 어디서 본 듯한 것도 안 된다. 흔한 것은 가치가 없다. 나만의 독창성을 가지고 있어야 한다. 음식점이라면 독특한 비주얼이 돋보이는 신

메뉴를 만들어내거나, 멋진 사진을 찍을 수 있는 인테리어 공간을 만들고, 사진이 잘 나오는 조명을 설치하는 것도 방법이다.

제품이나 패키지를 움직이는 광고판으로 활용하는 방법도 있다. 맥북에는 애플 로고가 제품 한복판에 있다. 이 로고는 맥북을 사용하는 사용자에게는 안 보인다. 대신 사용자의 맞은편에 있는 다른 사람들의 시선을 뚫고 들어온다. 스타벅스에서 맥북을 사용하고 있는 사람들을 보면 왠지 멋져 보이고, 나도 맥북을 갖고 싶다는 욕구를 자극한다. 자의든 타의든 전 세계의 스타벅스 같은 공공장소에서 맥북을 쓰고 있는 사용자들은 애플의 움직이는 광고판 역할을 하는 것이다. 광고비는 한 푼도 받지 않고, 오히려 본인들이 돈을 주고 산 맥북으로 말이다.

화제의 중심이 될 만한 이슈를 만들어낼 수도 있다. 화제가 될 만한 이벤트를 기획해서 언론의 관심을 끄는 방법을 '홍보 스턴트PR Stunt'라고 한다. 이런 방식을 가장 잘 사용하는 브랜드는 에너지 드링크 레드불이다. 레드불은 2012년 스트라토스 스페이스 점프 이벤트를 개최하고 스카이 다이버 펠릭스 바움가르트너가 무려 지상 39km에서 자유낙하를 시도해 성공하는 장면을 전 세계 50개국, 80개 TV 방송국, 그리고 280개의 디지털 채널을 통해 생중계했으며, 무려 5,200만 뷰를 기록했다. 또 최초로 인간이 엔진의 도움 없이 자유 낙하만으로 음속을 돌파한 기록을 포함해 5개의 기네스 기록을 갈아치웠다. 레드불이 이 이벤트를 통해 올린 홍보효과는 수백억 원의 광고비만큼 가치가 있다. 이에 힘입어 레드불은 2012년 한 해 동안 52억 개가 판매되었고 이는 전년 대비 무려 17%나 성장한 숫자다. 화제성으로 인한 각종 매체 보도를 통해 광고비 한 푼 들이지 않고 브랜드를 노출한 최고의 사례다.

테스트! 테스트! 테스트!

"실행만이 소비자가 볼 수 있는 유일한 전략이다Execution is the only strategy that consumers can see" – 로버트 맥도널드Robert McDonald

"B 안이 좋네. 이걸로 하지."

"네, 상무님. 그럼 B 안으로 진행하겠습니다."

회사에서 흔히 볼 수 있는 장면이다. 제품 콘셉트, 신제품 테스트, 광고 시안 등을 결정할 때는 실무자가 여러 개의 안을 만들어서 결재를 올리면 임원이나 사장님이 결정하고, 그대로 실행한다. 20대 여성을 대상으로 하는 광고 문구를 결정해야 하는데 담당 임원이 50대 남성인 상황이라도 최종 결정은 임원이 한다. 50대 남성이 20대 여성이 좋아하는 것을 정확히 이해하기는 어렵다. 그것을 보완하기 위해 소비자 테스트가 필요한 것이다. 중요한 의사결정은 항상 소비자 테스트 결과를 참고해서 내려야 한다.

그런데 현실에서는 그런 테스트 없이 그냥 결정하는 경우도 왕왕 있다. 아니, 오히려 더 많다. 작은 가게, 작은 회사는 대부분 그냥 사장님들이 결정해버린다. 시간이 없어서, 비용이 없어서, 지금까지 그렇게 해왔으니까, 등등 이유는 다양하다.

가장 섬뜩한 경우는 "내가 제일 잘 알아."하면서 독단으로 결정하는 분들이다. 나는 그런 분들을 '스티브 잡스 병'에 걸렸다고 한다. 소비자는 새로운 기술에 대해 뭐가 뭔지 모르기 때문에 소비자 조사를 맹신하기보다 전문가가 필요한 것을 제시해야 한다고 스티브 잡스가 말했는데, 이걸 오해하거나 왜곡해서 모든 것을 자기 혼자 결정하려 들기 때문이다.

그런 분들은 대체로 성공의 역사를 갖고 있다. 자신의 감과 촉에 의해서 성공한 경험이 있기 때문에 그에 대한 확신과 자신감이 있다. 경험 많은 전문가일수록, 과거 성공의 경험이 많을수록, 오히려 내 생각만 옳다는 함정에 빠질 수 있다. 자신감은 좋지만, 자만심은 치명적인 독이 될 수 있다. 언제든지 내가 틀릴 수도 있다는 것을 잊지 말아야 한다.

앞에서 고객의 시선으로 바라보고, 고객과 공감하는 능력이 성공의 열쇠라고 얘기했다. 그런 공감 능력이 있기 때문에 고객이 무엇을 좋아할지 맞힐 수 있었고 그것이 성공으로 이어진 것이다. 하지만 아무리 공감 능력이 뛰어나다고 해도 100% 상대방이 될 수는 없다. 경험 많고 감각이 좋은 사람이라면 자주 맞힐 순 있어도 어느 누구도 항상 옳을 순 없다. 하지만 고객은 항상 옳다. 자신이 사고 싶은 것을 고르니까. 그 사실을 겸허하게 인정하고 내가 좋은 것이 아니라 소비자가 좋아하는 것을 선택해야 한다.

그렇기 때문에 모든 것을 테스트해야 한다. 이를 가장 잘 실행하는 회사가 P&G 다. "소비자가 상사다"라는 기치에 걸맞게 모든 의사 결정을 소비자 조사결과에 따라서 한다. 신제품을 개발하기 전에 콘셉트를 테스트하고, 검증된 콘셉트에 기반해 시제품을 만들고, 시제품의 만족도 조사를 하고, 만족도 조사를 통과한 시제품에 대해 광고 콘셉트를 만들어 테스트하고, 제작된 광고도 소비자 조사결과를 통과해야만 방영한다. 가장 큰 비용이 드는 TV 광고의 경우는 특히나 소비자 테스트 결과 기준치를 넘지 못하면 제작비가 얼마가 들었든 간에 바로 폐기하고 새로 제작한다. 이를 사전 광고 테스트Off-air advertising test라고 하는데, 요즘 들어서는 다른 기업들도 사전 테스트를 하기 시작했지만 P&G 는 이미 수십 년 전부터 모든 광고를 테스트하는 것을 원칙으로 삼아 철저히 지키고 있다.

P&G 같은 대기업이야 충분한 시간과 예산이 있으니 얼마든지 사전에 테스트

를 할 수 있지만, 그럴 시간적 금전적 여유가 없는 작은 회사나 가게는 어떻게 해야 할까? 걱정하지 마라. 전문적이고 복잡한 방법이 아니어도, 간단하게 소비자의 피드백을 받을 방법들은 얼마든지 있다. 작은 가게들도 쉽게 적용할 수 있다.

기존 기업들과 달리 새로운 아이디어를 가지고, 아직 존재하지 않는 제품이나 서비스를 만들어내는 스타트업들은 자신의 아이디어를 시장에 내놓고 끊임없이 검증하는 과정을 거쳐야 한다. 시간도 돈도 충분하지 않은데 시장에 먹힐지 어떨지 알 수 없는 아이디어를 검증하는 데 많은 자원을 쓸 수가 없다. 그래서 이를 검증하기 위해서 최소한의 기능만을 가진 제품이나 서비스, 즉 '최소 기능 제품(MVP^{Minimum Viable Product})'을 출시해 시장과 고객의 반응을 점검하고 개선점을 찾아 업그레이드한다. 이 과정을 여러 번 반복해서 약점을 보완하고 고객이 열광하는 더 좋은 제품이나 서비스를 만들어낸다. 이 방식은 기본적으로 가설을 세우고, 최소한의 실행 결과물(즉 제품 또는 서비스의 프로토타입^{Prototype})을 만들어 가설을 검증하고, 개선점을 찾아 새로운 가설을 세우는 과정을 반복해서 최상의 결과물을 만들어내는 것이다. 이는 서비스나 제품 개발뿐 아니라 마케팅에도 동일하게 적용할 수 있다.

예를 들어, 〈A/B 테스트〉란 것이 있다. A 안과 B 안을 비교 테스트해서 결과가 좋은 안을 선택하는 것이다. 한때 유행했었던 '이상형 월드컵' 같은 방식과 비슷하다. 웹 분석이나 디지털 기반의 스타트업에서 많이 사용하는 테스트 방식인데, 예를 들어 웹 할인 프로모션 문구로 '30% 할인'과 '3천 원 할인'의 두 안을 같은 장소에 동일한 시간 동안 게재해서 클릭률이 높은 쪽을 고르는 식이다. 또 다른 예로 오랄비 칫솔의 광고 문구를 결정한다고 해보자. A 안으로는 '플라크 제거력 2배 상승'이라고 기능을 강조하는 문구를, B 안으로는 '건강한 치아, 아름다운 미소'로 최종 베니핏을 강조하는 문구를 같은 시간 동안 노출하고 반응률이 좋은 쪽을 선택한다. 온라인 배너 같은 디지털 광고는 이런 식으로 몇 개의 시안이든 즉각적으로 고객의 반응에 따라 고를 수 있기 때문에 A/B 테스트를 하기가 수월하다.

꼭 디지털 광고에만 적용할 수 있는 것은 아니다. 작은 오프라인 매장에서도 얼마든지 응용할 수 있다. 예를 들어 동네 빵집에서 신제품을 몇 개를 만들었다고 해보자. 같은 수의 비슷한 크기의 조각들로 시식 빵을 썰어놓고 나란히 놓는다. 그러면 어느 시식 빵이 더 많이 나가는지 즉시 알 수 있다. 사람들은 한두 조각 집어 먹어보고 맛있으면 몇 조각 더 먹기 때문에 더 맛있는 빵이 더 빨리 떨어질 것이다. 옷가게에서 쇼윈도의 마네킹에게 어떤 옷을 입힐 것인가를 결정할 때도 몇 가지 안을 만들어서 길거리 투표 보드를 만들어서 지나가는 사람들에게 더 마음에 드는 쪽에 스티커를 붙이게 하면 내 가게 주변을 지나다니는 잠재 고객들이 선호하는 스타일도 알 수 있고 시선을 끌 수 있는 소소한 이벤트도 만들 수 있으니 일거양득이다. 고객은 만나는 매 순간이 테스트의 기회다. 온라인이든 오프라인이든 항상 고객에게 묻고, 고객의 피드백에 따라 결정하면 실패하지 않는다.

단 '테스트를 위한 테스트'는 지양해야 한다. 테스트는 가설을 확인하고, 고객을 더 잘 이해하기 위한 수단이지 그 자체가 목적은 아니다. 마구잡이로 안을 만들고 기계적으로 결과를 걸러내기만 해선 안 된다. 예를 들어 '사람들은 낭비하는 걸 싫어하고, 필요한 것만 싼 가격에 사는 것을 더 좋아해. 그러니 같은 내용이어도 '1+1'보다는 '50% 할인'을 더 선호할 것 같아.'라는 가설을 세우고 테스트해볼 수 있을 것이다.

길거리에서 아무나 10명을 붙잡고 빨간색이 좋은지 파란색이 좋은지 물어봐서 그중에 7명이 파란색이 더 좋다고 했다면, 거기서 과연 어떤 통찰력을 얻을 수 있을까? 결과 자체는 상황과 맥락에 따라 얼마든지 달라질 수 있다. 기계적으로 정답만을 찾고 선택 장애를 가진 사람처럼 모든 걸 남에게 맹목적으로 물어서 결정할 수는 없다.

테스트는 고객의 피드백을 반영하는 과정이자 나만의 감각과 통찰력을 기르는 수단이다. 감각과 통찰력을 기르기 위해서 '가설'을 세우고 '검증'하는 과정을 반복하는 것이다. '마케팅은 예술이자 과학이다'는 말처럼, **마케팅은 사람들의 행동 패턴을 찾아내는 사회 과학인 동시에 사람의 마음을 이해하는 인문학이자 예술이다. 변하지 않는 물리학 법칙을 찾는 것과 달리 각자가 처해 있는 상황과 맥락에 가장 적합한 안을 고르기 위한 나만의 감각을 기르기 위한 훈련의 과정이다.** 그렇기 때문에 테스트는 단순히 의사 결정의 도구가 아니라 일상의 업무 가운데 반복하는 습관이고 일의 방식이다.

모난 돌이 눈에 띈다

인생을 신기한 것이 가득한 곳으로 만들어라 - 존 맥스웰John Maxwell

"정말? 그분이 나온다고?"

추억의 옛 가수를 소환해 경연을 펼치는 한 예능 프로그램에 '그분'이 등장한다고 MC가 운을 떼자 녹화장 안이 술렁이기 시작했다. 곧이어 펼쳐진 무대에 등장한 인물은 바로 2019년 말 최고의 화제의 인물로 떠오른 양준일이었다. 1991년 데뷔해서 앨범 2장을 발표하고 사라졌던 그가 거의 30년인 지난 2019년에 다시 화제의 중심으로 떠오른 것이다. 유튜브를 통해 그의 1991년 당시 활동 영상이 확산하며 요즘 트렌드와 비교해도 전혀 촌스럽지 않은 춤과 패션감각 그리고 GD를 닮은 외모 등으로 젊은 세대를 중심으로 신드롬을 불러일으켰고, 급기야 방송에 출연하면서 처음으로 대중들에게 그의 사연이 알려졌다. 미국 국적의 그는 영어 노랫말을 많이 쓰고 춤이 선정적이라는 이유로 방송 활동에 어려움을 많이 겪었고, 누구도 그에게 곡을 주려고 하지 않아 서툰 한국말로 본인이 직접 작사해서 노래를 불렀고, 급기야는 출입국관리사무소 직원이 '너 같은 사람이 한국에 있는 것이 싫다'며 비자 갱신을 거부해 활동을 중단하고 미국으로 돌아갈 수밖에 없었다고 한다. 그를 위해 자발적으로 팬클럽이 만들어지고, 대중과 언론은 '시대를 앞서간 아티스트'라며 연일 찬사를 보내고 있다. 팬들은 '뭐가 급해 30년 먼저 태어났나'라며 그를 알아보지 못하고 배척했었던 당시의 한국 사회에 대해 아쉬움을 토로하기도 했다.

'모난 돌이 정 맞는다.' 그는 '모난 돌'의 전형이다. 우리 속담처럼 정형화된 사회적 기준을 가지고 그와 맞지 않으면 배척하는 혐오 문화의 희생양으로도 볼 수 있다. 그랬던 그가 데뷔한 후 29년이 지나 '제1의 전성기'를 맞이했듯이, 우리 사회도 이전보다는 더 '모난 돌'의 다양성과 독특함을 받아들이고 더 나아가 그 가치를 알아주는 방향으로 변화했다.

우리나라 사람들은 대체로 튀지 않고 주위와 조화를 추구하는 성품을 좋아한다. 인간관계에서는 그럴 수 있다. 하지만, 마케팅에서는 조금 다르다. 보는 이에게 불편하더라도 우선 눈에 띄어야 한다. 눈에 띄어야 '내가 여기 있다'는 것을 알릴 수 있고, 그래야 소비자의 고려 대상에 들어갈 수 있다. **독특한 자신만의 것에 집중하고, 다소 튀더라도, 조금 욕을 먹더라도, 두려워할 필요 없다. 때로 도발적이고 강렬한 도전을 할 필요가 있다. 나다움을 찾아 도전하는 것을 즐기고, 새로운 것을 갈망해야 한다.**

위대한 아이디어는 항상 처음에는 사람들을 불편하게 했고 왕왕 배척받기도 했다. 탁월한 성과를 낸 작품은 종종 논쟁의 중심에 있었다. 관습에 얽매이고,

6
장

남들의 시선에 얽매일 필요가 없다. 과감하게 내가 해보고 싶은 것들을 시도해 보자.

물론 마케팅은 고객의 시선으로 바라보고, 소비자가 원하는 것을 만드는 것이다. 하지만 그것은 피드백을 통해서 다듬어가는 것이지, 처음부터 아무런 개성도, 나만의 색깔도 없는 것들을 만들어내란 뜻은 아니다.

인간이란 재미있는 존재다. 익숙한 것에 편안함을 느끼면서도 본능적으로 다른 것에 이끌린다. 그래서 약간 '거친' 요소를 더하는 게 좋다. 공장에서 획일적으로 찍어낸 것이 아니라 직접 손으로 만든 것 같은 느낌을 주는 것이 더 좋다. '흠' 하고 지나가게 하지 말고 '어?'하고 멈춰 서게 해야 한다. 매끄럽게 다듬어진 돌보다 삐죽삐죽 거친 돌이 더 눈길을 끈다. 물에 물 탄 듯, 술에 술 탄 듯 존재감이 없는 것에는 생명력도 없다.

경기도 이천시에 가면 '슈거 럼프Sugar Lamp'란 이름의 5층짜리 상가 주택이 있다. 이름처럼 각설탕 여러 개를 엇갈리게 쌓아놓은 듯 독특한 외관의 건물이다. 주변의 다른 건물들과 확연히 구별된다. 이 건물의 설계자는 상가 주택 임대 시장이 포화상태여서 경쟁력을 높이려면 역발상 접근이 필요하다고 생각해서 이런 차별화된 디자인을 시도했다고 한다. 하지만 처음에는 건물주가 걱정을 많이 했다고 한다. 조용한 동네에 짓는 건물치고는 너무 튀고, 그러면 세도 안 나가고 나중에 되팔기도 힘들 거라는 생각에서였다. 하지만 우려와 달리 건물을 짓기도 전에 세입자를 100% 구했고 그 이후 지금까지도 공실률이 제로라고 한다. 예전에는 임대 건물은 리스크를 피하고자 최소 비용으로 무난한 건물을 짓고 적당한 수익을 올리는 것을 목표로 했지만, 이제는 이자율이 낮아지고 자영업 경기가 나빠져 그런 전략으로는 살아남을 수가 없다고 판단해 '모난 돌' 같은 건물을 짓기로 한 전략이 주효했다. (출처: 조선 비즈)

그렇다고 무조건 '튀는 것'만을 추구하라는 뜻은 아니다. 맥락도 이유도 없이 보는 사람을 불편하게만 하면 역효과만 날 뿐이다. '모난 돌'의 또 다른 의미는 인공적이지 않은 날 것 그대로의 자연스러움이다. 요즘 소비자들은 '날 것'을 더 좋아한다. 예전에는 무한도전 같은 예능이 자연스럽게 있는 그대로의 모습을 보여준다고 생각했지만 지금은 그것도 연출되고 인공적인 것으로, 꾸며진 것으로 받아들인다. 소셜미디어를 통해 보여주는 거칠고 맥락 없는 영상들을 더 '리얼'이라고 여긴다. 케이크나 햄버거도 반듯하고 매끈하게 쌓아 올린 것보다는 약간 삐뚤삐뚤하게 쌓고, 중간에 적당히 내용물도 밖으로 삐져나온 것을 '수제 느낌' 난다며 더 선호한다. 하지만 수제 케이크도 햄버거도 겉으로 보기엔 자연스럽고 꾸미지 않은 듯, 성의 없이 대충 만든 듯 보이지만, 내용은 더없이 충실하고, 많은 시간과 정성이 들어가 있다. 마찬가지로 소비자들에게 사랑받을 수 있는 '모난 돌'은 그저 산에서 주워온 아무런 돌이 아니라 오히려 나만의 정과 망치로 오랜 시간 고심하고 다듬은 돌이다. 그런 시간과 땀이 부끄럽지 않은 '모난 돌'이기에 당당하게 사람들 앞에 내놓을 수 있는 것이다. 공장에서 획일적으로 찍어낸 돌도, 개울가에서 주워온 조약돌도 아닌 나만의 정과 망치로 '다듬은 모난 돌'을 만들어낼 수 있기를 바란다.

디지털 네이티브와 FBI 마케팅

젊은이의 오만은 그들이 아직 삶을 통해 겸허함을 배우지 못했으며 사회 환경의 압력을 경험해보지 못했음에서 비롯된다. 젊은이는 스스로가 모든 것을 안다고 믿으며, 그 사실에 대해 의심을 품지 않는다. – 아리스토텔레스

디지털 네이티브: 어린 시절부터 디지털 환경에서 성장한 세대로 스마트폰 같은 디지털 기기를 원어민처럼 자유자재로 활용하는 세대를 뜻함

기원전 1,700년경 수메르 시대에 쓰인 점토판 문자를 해독한 내용 중에 요즘 젊은이들은 너무 버릇이 없다는 내용이 있었다고 한다. 고대 로마의 마르쿠스 톨리우스 키케로의 유명한 카틸리나 탄핵문에도 '요즘 세태'를 한탄하는 글귀가 있다.

시대를 막론하고 항상 새로운 세대가 등장하고 이전 세대와는 다른 행태를 보이며 기성세대는 그것을 잘 이해하지 못하는 것 같다. '90년대 생'이나 'Z세대'에 대해 넘쳐나는 담론들이 그다지 새롭게 느껴지지 않는 이유다. 이전 세대인 'X세대', '밀레니얼'에 대한 이야기들도 그들이 성인이 될 무렵에는 지금 못지않게 넘쳐났었다. '세대론'은 그 자체로 시대마다 반복되는 '진부함'으로 느껴진다. 호사가들의 흔한 이야깃거리이고 진부한 소재라 그다지 다루고 싶지는 않다. 그런데도 2020년대를 사는 마케터로서 빼놓을 수 없는 내용이 있다. 바로 디지털 네이티브에 관한 것이다. '스마트폰을 쥐고 태어난 세대'라는 말처럼 태어나면서부터 디지털 환경에 더 익숙하게 자라난 세대다. 아직은 경제력 면에서 부모세대에 해당하는 X세대에 미치지 못하지만 문화와 소비 트렌드 면에서는 이들이 주도하고 있고, 기성세대는 이들이 소비하는 패턴을 따라가는 경향이 있으므로 이들에 대한 이해를 바탕으로 마케팅 전략을 수립할 필요가 있기 때문이다.

이들에 대한 책도, 자료도 워낙 많으므로 필요하면 쉽게 많은 정보를 구할 수 있다. 간략하게 공통적인 특징을 정리해보자면 아래와 같다.

• 다양한 디지털 기기를 사용해 동시다발적으로 여러 가지 일을 처리한다.

신속한 반응을 원한다.

- 간단함을 추구한다. 정보가 넘쳐나는 시대를 살아왔기 때문에 빠르게 필요한 정보만 취사선택하기를 원한다. 드라마 같은 오락성 콘텐트도 60분짜리 공중파 드라마보다 72초 TV 같은 짧은 영상을 선호한다. 10분이 채 안 되는 장성규의 워크맨이나 와썹맨을 즐겨본다.
- 혼자 있고 싶지만 외로운 건 싫어한다. 혼자 공부하면서도 도서관 ASMR을 들으면서 마치 사람들과 함께 도서관이나 카페에 있는 것 같은 기분을 느끼면서 공부한다. 유튜브 영상을 시청하면서 실시간 댓글로 가상공간에서 다른 사람과 소통하고 공유한다. 혼자 살면서도 룸메이트와 같이 출근 준비를 하는 것 같은 기분을 느끼고 싶어서 GRWM^{Get Ready With Me} 영상을 틀어놓고 출근을 준비한다.
- 사람과 직접 만나는 활동은 기피하고 온라인상에서 간접 경험하는 것을 원한다.
- 개성을 추구하기보다 안정성 있는 평균 범위 안에 머무르는 것을 선호한다.
- 스스로 콘텐트를 생산하는 데 익숙하기 때문에 소비자와 생산자의 역할을 동시에 하고 있다.
- 콘텐트에서는 다양성을 받아들이지만 인간관계는 본인의 취향에 맞게 좁게 맺는다. 자신만의 공간에서 이야기하는 것을 즐기고 다수의 트렌드보다 자신만의 취향을 찾아 본인들이 태어나기도 전의 음악을 찾아 듣기도 한다.
- 직접 체험하는 것에도 큰 흥미를 보인다. 온라인에 익숙하지만 오프라인 경험도 좋아한다.
- 대세를 따르기보다 자신의 소신을 지키는 성향이 강하고, 남들과 같은 것보다는 남과 다른 것, 나만의 것을 추구하는 경향이 강하다.

- 실리보다는 명분을 더 중시하고, 사회적으로 선한 영향력을 끼치는 착한 기업에 관심이 많고, 그 기업 제품을 구매해 자신의 지지 의사를 표명한다.
- 글보다는 동영상을 통해서 정보를 더 많이 습득한다.

그중에서도 가장 두드러지는 특징은 TV 같은 일방향 미디어보다 모바일 플랫폼을 기반으로 한 소셜미디어 같은 양방향 콘텐트에 대한 소비가 훨씬 더 많다는 것과 본인이 흥미를 느끼거나 취향에 맞는 콘텐트 외에는 별 관심을 두지 않는다는 것이다. 그렇기에 예전처럼 TV 광고를 중심으로 한 일방향 마케팅으로는 이들과 소통하기가 어렵게 되었다.

자연스레 'SNS 마케팅', '디지털 마케팅' 등 디지털 플랫폼과 소셜미디어를 활용한 마케팅 방식이 대세로 자리 잡게 되었다. 페이스북, 블로그, 그리고 인스타그램의 첫 글자를 따서 FBI 마케팅이라는 재미있는 신조어도 등장했다. 온라인 쇼핑몰, 오프라인 매장들의 인지도를 높이고, 트래픽을 증가시키기 위한 수단으로 이를 전문적으로 활용하기 위해 특화된 책이나 강의도 많이 나와 있다. 다양한 디지털 마케팅 전문 대행사들도 등장해 '유튜브 구독자를 늘리고, 인스타그램 팔로워를 늘리고, 페이스북에서 '좋아요'를 받고 싶으면 저희를 찾아주세요.'라며 사장님들을 유혹하고 있다.

하지만 디지털 미디어의 환경은 이전과는 비교도 안 될 정도로 빠르게 변하고 있다. 아직 페이스북이 대세 미디어가 된 지 얼마 되지도 않은 것 같은데 벌써 '믿거페(믿고 거르는 페이스북)'라는 신조어가 등장하고, 페이스북은 사용자 개인정보 이슈와 사용자 이탈, 알고리즘 변화를 통한 도달률의 하락 등으로 온라인광고 매체로서의 효용에 의문이 제기되고 있다. 페이스북의 광고에 대한 소비자의 불신과 광고주의 불만은 나날이 증가하고 있다. 지금은 미디어 플랫폼의 왕좌 자리를 유튜브가 차지하고 있지만 틱톡 Tic Toc같은 새로운 플랫폼들이 뒤이어 등장하고, 전례 없는 속도로 빠르게 성장하고 있어 언제라도 지형은 바뀔 수 있다.

그렇기 때문에 특정 플랫폼의 노출 알고리즘이나, 키워드 광고, 검색 엔진 최적화 같은 세부적이고 기술적인 부분도 배워두면 좋지만, 마케터가 알아야 할 더 중요한 것은 디지털 네이티브 소비자들에게 관심과 주목을 받을 수 있는 근본적인 원리다. 그들의 특성, 행동패턴과 그 원인이 되는 관심사, 가치관, 배경 등을 깊이 이해하고 그에 기반에 그들에게 맞는 마케팅 방법을 찾아나가는 것이다. 이에 대해서는 깊게 다루려면 별도의 책 한 권을 써야 할 정도이겠지만, 이 장에서 언급한 정보만 가지고도 꽤 쓸 만한 원칙들을 뽑아낼 수 있다. 몇 가지만 정리해보자면 다음과 같다.

첫째, 소비자들의 취향에 맞는 질 좋은 콘텐트를 제공해야 한다.

자신들의 선호하는 콘텐트만 골라보고, 맞지 않다고 생각되면 가차 없이 거르기 때문에 그들이 반응하고, 선호하고, 열광하는 것이 무엇인지 항상 잘 알고 있어야 한다. 단, 형식에 얽매일 필요는 없다. 유튜브가 대세라고 해서 반드시 동영상 콘텐트를 만들어야 하는 것은 아니다. 여전히 이미지도 잘 먹힌다. 심지어 내용이 재미있다면 텍스트만으로도 충분하다. 배달의 민족의 위트 있는 잡지, 버스 광고들을 보면 소비자들이 재미있다며 스스로 인증하고 공유한다. 단, 내용이 짧고, 쉽고, 재밌어야 한다.

둘째, 명분이 있어야 하고, 재미가 있어야 하고, 짧아야 한다.

이유 없는 호의는 받아들이지 않는다. 어떤 이벤트를 하든지 명분이 있어야 한다. '엄근진 (엄격 근엄 진지)'을 싫어한다. 재미있고 가볍게 즐길 수 있는 콘텐트를 좋아한다. 길면 안 된다. 드라마도 60분 대신 60초를 선호한다.

셋째, 내가 참여할 수 있는 공간이 있어야 한다.

모바일로 동영상을 만들고 순식간에 편집해서 친구들과 공유하는 것이 일상인 세대다. 콘텐츠의 소비자이면서 생산자로서의 정체성에 익숙하고 그만큼 더 참여하고 공유하고 싶어 한다. 공중파 방송을 멍하게 보고 있기보다 유튜브 라이브 방송에 폭풍 댓글을 달면서 함께 참여하는 것을 더 당연하게 여긴다. 파티에 손님을 초대했는데, 놀 공간이 없다면 돌아갈 것이다. 호스트와 함께 놀 공간을 만들어주어야 한다. 댓글을 달고, 투표하고, 함께 공유할 수 있는 장이 마련되어 있기를 기대한다.

넷째, 즉시 피드백을 주고받아야 한다.

자라면서부터 언제든 버튼을 누르면 원하는 것이 튀어나오는 디지털 세상에 익숙하기 때문에 기다리는 것을 싫어한다. '읽씹 극혐', 읽고도 씹는(답이 없는) 것을 극도로 혐오한다. 즉각적인 반응이 없으면 바로 떠난다.

이 외에도 디지털 네이티브와 소통하고 그들을 내 가게로 끌어들이고, 머물러 있게 하고, 나와 내 상품 내 브랜드를 즐기고 공유하도록 하는 방법들은 얼마든지 있다. 결국 중요한 것은, 그들에게 관심을 가지고, 그들을 이해하고, 그들이 무엇에 반응하는지 스스로 찾아낼 수 있는 안목을 기르는 것이다. 그러면 시대가 변하고 다음 세대, 또 다음 세대가 등장하더라도 계속해서 내 고객으로 만들 수 있다.

선사시대부터 4차 산업 혁명 시대에 이르기까지 언제나 새로운 세대는 기성

세대와 다른 가치관, 사고방식, 행동 패턴을 가지고 등장해 새로운 문화와 소비 트렌드를 주도했고, 시간이 흘러 또 다른 주류 세대로 자리 잡았다. 오늘의 신세대는 Z 세대지만, 그 뒤를 잇는 세대도 머지않아 또 등장할 것이고, 그들은 또 다른 행태를 보일 것이다. **겉으로 드러난 현상에만 얽매이면 그때마다 좇아가느라 급급할 뿐이다. 그 이면의 본질, 사람의 행동을 지배하는 동기와 본성에 대한 관심을 가지고 꾸준히 공부하면 디지털 네이티브뿐 아니라, 그다음 세대에게도 어떻게 다가가고, 어떻게 이야기를 걸어야 할지 알 수 있다.** 그리고 마음을 열고, 내 이야기에 귀 기울이고, 팔지 않아도 사고 싶어 하게 만들 수 있는 비결도 자연스레 깨닫게 될 것이다.

6
장

7장

날이 갈수록 더 잘되는 가게의 비결

"나는 그저 나보다 머리가 좋은 사람들을 채용했을 뿐이다."

존 록펠러

이겨놓고 게임을 시작하라

승리하는 병사는 먼저 이겨놓고 전쟁을 시작하지만 패배하는 병사는 먼저 시작하고 이길 방법을 찾는다 – 손자

공은 둥글고, 뚜껑은 열어봐야 알고, 끝날 때까진 끝난 게 아니다. 스포츠 경기는 끝까지 가봐야 결과를 알 수 있고, 약체팀이 정신력과 그날의 운으로 예상치 못한 승리를 거두기도 한다. 사람들은 역전 드라마에 열광하고, 의외의 결과에 환호한다. 하지만 사업은 그러면 안 된다. 경영자들이 가장 싫어하는 것이 '서프라이즈!Surprise'다. 시작하기 전부터 이미 이겨놓은 경기를 해야 한다.

이겨놓고 시작하는 것은 예상하는 결과에서 거의 벗어날 가능성이 없는 것을 말한다. 장사나 사업은 수입과 지출을 맞춰야 한다. 매달 직원들 월급도 줘야 하고, 오프라인 매장이 있는 경우 임대료도 꼬박꼬박 빠져나간다. 음식점이나 제조업의 경우 원재료 관리도 매출에 맞게 해야 한다. 손님이 얼마나 올지 예측하고 그에 딱 맞게 준비해야 한다. 예상보다 손님이 너무 적게 오면 재료가 남아서 버리게 되고, 예상보다 너무 많이 오면 기회 손실로 이어지고 평판도 나빠진다. 그러면 오래지 않아 문을 닫게 된다.

성공한 사람들은 처음부터 승패가 불확실한 싸움에 무턱대고 뛰어들지 않는다. 한 번의 패배로 모든 것을 잃을 수 있는 곳이 비즈니스의 전장이기 때문에 더욱 그렇다. 그만큼 철저한 준비를 하고, 이길 수 있다는 확신이 들 때, 아니 이미

이겼을 때 들어가야 한다.

특히 우리나라의 사업 환경은 한 번 실패하면 다시 일어서기가 힘들다. 요즘 같은 불경기는 더더욱 그렇다. 영리한 겁쟁이가 살아남는 시장이다. 강한 자가 살아남는 것이 아니라 살아남는 자가 강한 자란 말이 딱 들어맞는 곳이다.

이기는 방법을 확실히 모르는 게임이라면 아무리 달콤한 유혹이 와도 응하지 말아야 한다. 도전할 때는 과감하게 해야 하지만, 마냥 무턱대고 돌진하면 안 된다. 전력 질주를 마치고 탈진해서 쓰러져도 다치지 않을 곳을 향해 뛰어야 한다. 누울 자리를 보고 발을 뻗어야 하는 것이다.

내가 가진 자원이 얼마나 되는지 미리 셈을 해놓고, 예기치 못한 상황에도 버틸 수 있는 안전장치도 만들어놔야 한다. 다소 시간이 걸리더라도 잘 될 때까지 버틸 수 있는 조건을 만들어놓고 시작하는 것이다. 성공은 얼마간 버티는 것이란 말이 있듯이 때로는 모든 여건은 완벽하지만 때를 얻을 때까지 인내하고 기다려야 하는 시기도 있기 마련이다.

발을 뻗을 수 있는 자리인지는 사업의 지형과 형세를 보면 충분히 판단할 수 있다. 줄 서는 집은 다 이유가 있다. 줄을 설 수밖에 없는 상황을 미리 만들어놓고 문을 여는 것이다. 그리고 그 상황을 계속해서 유지한다.

가장 중요한 것은 기준을 높게 잡고, 그 기준에 미치지 못하는 것은 절대로 시장에 내보내지 않는 것이다. 옛날이야기를 하나 해보겠다. 고려 시대에 유명한 도공이 있었다. 그의 명성이 워낙 대단해 그의 가게에는 도자기를 사려는 사람들로 연일 인산인해를 이루었다. 손님들은 그가 완성된 도자기를 만들어낼 때까지 며칠이고 기다렸다. 한 번은 높은 세도가가 그를 찾아왔다. 그때 그는 가마 앞에 앉아서 갓 구워 나온 도자기를 하나씩 망치로 깨고 있었다. 결국 하나도 남기지 않고 다 깨버리고는 자리를 툴툴 털고 일어나는 게 아니겠는가. 이를 본 세도가

가 펄쩍 뛰며 물었다.

"아니 이 사람아, 사람들이 이렇게나 기다리는데 그 아까운 걸 왜 다 깨버리나? 내가 보기엔 멀쩡한데."

"'예. 이중엔 꽤 쓸 만한 것도 있지요. 일반 손님들은 그렇게 생각할 겁니다. 하지만 최고의 전문가가 봐도 감탄할만한 최고의 작품만 내놓지 않으면, 제 실력이 예전만 못하다는 이들도 나타날 테고, 세간의 평가에 거품이 끼었다는 이야기도 나올 것입니다. 그러다 보면 점점 그 말이 사실인 양 되어서, 손님들은 저를 찾지 않을 것이고, 어느새 아무도 오지 않게 되겠지요. 그래서 단 한 점도 제 기준에 미달하는 것을 세상에 내놓을 수 없는 것입니다."

위대한 기업들은 모두 다 이 원칙을 철저하게 지킨다. '미치도록 위대한' 제품만 만들어내겠다는 광기에 가까운 집착을 보인 스티브 잡스의 애플, 모든 TV 광고를 사전에 조사해 기준치에 맞지 않는 광고는 아무리 많은 비용이 들었더라도 폐기하고 다시 제작하는 P&G, 매장에서 직접 원두를 갈도록 하고 30분이 지나면 무조건 폐기시키는 스타벅스, 아무리 잘 팔리고 있는 제품도 기준치 이상의 양질의 원료를 확보하지 못하면 무조건 단종하는 뉴트리라이트Nutrilite 등이 그 예다. 당장 장사가 잘된다고 덥석 가게를 확장했다가 예전의 품질을 유지하지 못해 손님이 떨어진 가게들을 주변에서 어렵지 않게 본다. 100만 개의 좋은 제품을 만들어도 고객은 자신이 경험한 단 하나의 불량품으로 우리 가게를 평가하는 법이다.

사람들의 시선을 끌 수 있는 이벤트를 기획하는 것도 중요하다. 아무리 좋은 품질을 유지해도 널리 알리지 않으면 소비자들이 알 수 없다. 최대한 많은 사람이 경험해볼 기회를 제공해야 하고 그러려면 주목을 받고, 눈길을 끌고 입소문이 나게 해야 한다. 개업하는 가게에서 줄은 세우는 것도 그런 이벤트다. 기존의 가게들도 때때로 선착순 행사 같은 것을 통해 길게 줄을 세운다. 하지만 내실이 없으면 그리 오래가지 못한다. 오히려 착시 효과로 인한 '오픈빨'이 걷히고 나서 평상시 고객이 얼마나 올지 예측하기 어려울 수도 있다.

2019년 5월에 성수동에 '커피업계의 애플'이라 불리는 스페셜티 커피 전문점 블루보틀Blue Bottle이 문을 열었다. 전국에서 몰려든 인파로 인해 처음에는 대기 시간이 4시간이 넘었지만, 한 달 정도 지나자 40분으로 줄어들었다. 처음의 흥분은 시간이 지나면 잦아들기 마련이다. 진짜 승부는 그때부터 시작이다. 이겨놓고 시작하는 것은 절대로 실패할 상황을 만들지 않는다는 뜻이다. 허니문 기간이 끝나고 일상의 비즈니스로 돌아왔을 때 꾸준히 매출을 올릴 수 있고, 예상치 못한 상황에 유연하고 즉각적으로 대처할 수 있으며, 오랜 인내의 시간이 필요할 순간에도 꾸준히 버틸 수 있는 실력을 갖추는 것이야말로 진정으로 이겨놓고 게임을 시작하는 것이다.

고객이 흔들다리를 걷게 하라

"성공의 비밀은 평범한 일을 비범하게 행하는 것이다" – 존 록펠러John Rockefeller

1974년, 컬럼비아 대학교의 아서 애런Arthur Aron과 도널드 더튼Donald Dutton박사가 캐나다 밴쿠버 카필라노강의 서로 다른 두 다리에서 재미있는 심리학 실험을 했다. 첫 번째 다리는 좁은 폭, 길이 140m, 높이 70m로 심하게 흔들거리는 다리였고 두 번째 다리는 높이 3m에 단단한 삼나무로 만들어진 튼튼하고 안정감을 주는 다리였다. 실험은 18~35세 남성에게 이 두 다리를 건너게 하고 맞은편에서 건너온 여성 실험자가 다리 중간에서 남성에게 설문하는 형식으로 진행되었다.

설문이 끝나고 여성 도우미는 나중에 이 실험에 대한 자세한 사항이 궁금하면 연락하라고 전화번호를 주었다. 그 결과 흔들거리는 첫 번째 다리에서 설문에 응한 남성들은 50% 이상이 전화를 걸어온 반면 안정된 두 번째 다리에서 설문에 응한 남성들은 12.5%만이 전화를 걸어왔다.

흔들다리를 건널 때는 살짝 불안하고 심장이 빨리 뛴다. 그런데 우리의 뇌는 두려움에 심장이 빨리 뛰는 것과 설렘에 심장이 빨리 뛰는 맥락의 차이를 구분하지 못해서 자신의 감정을 착각하기 쉽다는 것을 보여준 실험이다. 이런 현상을 심리학용어로 귀인 오류attribution error라고 한다. 유사한 상황으로는 자신을 납치한 납치범과 사랑에 빠지는 스톡홀름 증후군이 있다. 또 다른 실험에서는 놀이공원에서 소개팅을 한 커플이 실내에서 소개팅을 한 커플보다 실제 연인이 된 경우가 더 많았다는 결과도 있다.

마찬가지로 고객이 내 가게, 내 제품, 내 브랜드를 만날 때 흔들다리를 지나는 것 같은 경험을 제공하면 설렘을 줄 수 있다. 고객은 설렘을 나의 가게에 대한 호감으로 느끼고 좋은 기억을 가지고 다시 찾아올 것이다.

어떻게 고객을 설레게 할 수 있을까? 우선 내가 설렘을 느끼는 것을 찾으면 된다. 사람마다 감동하는 포인트는 다양하다. 같은 드라마를 봐도 나는 이 장면에서 눈물이 나고, 친구는 다른 장면에서 눈물이 난다. **설렘은 이론과 논리로 만드는 것이 아니라 마음이 느껴지는 지점을 찾는 것이다.** 내가 감동하는 것에 나와 비슷한 사람들이 감동한다. 몇 명이든 상관없다. 하지만 내가 감동하지 못하는 것들을 이론과 상상만으로 만들어놓으면 아무도 감동하지 못한다. 많이 돌아다니고, 많이 보고, 많이 느껴보자. 그 가운데서 나에게 감동을 주는 가게나 상품을 찾아보자. 그리고 나는 어떤 지점에서 감동했나 스스로 질문해보고 그걸 어떻게 하면 내 가게나 내 상품에 나만의 색깔을 입혀 적용할 수 있을지 생각해보도록 한다. 겉모양만 베끼는 것으로는 감동을 주지 못한다. 그 안에 담겨 있는 본질을 나만의 생각으로 이해하고, 나만의 언어와 그림으로 표현하고, 나만의 울림으로 전달할 때 비로소 감동을 줄 수 있다.

차분하게 앉아서 내가 설레는 순간이 언제인지 생각해보고, 그 느낌을 담아내려면 어떻게 해야 될지 고민해보는 것도 좋다. 예를 들어 다음과 같이 스스로 묻고 답해볼 수 있다.

'나는 여행 가기 전에 무척 설레. 왜 그럴까?'
'처음으로 겪어보는 새로운 경험을 매일 할 수 있으니까.'
'그럼 손님들에게 매일 겪어보지 못한 새로운 경험을 매일 제공하면 어떨까?'
'괜찮은데? 그럼 어떤 순간 그런 경험을 하게 할 수 있을까?'

고객이 경험하는 모든 순간, 모든 접점이 흔들다리를 지나고, 설렘을 느낄 기회다. '고객 여정 지도Customer Journy Map'를 그려서 어떤 지점이 '흔들다리'를 설치하기에 최적의 포인트인지 살펴보자. 온라인 검색에서 처음 만나게 되는 나의 홈페이지나 인스타그램의 사진, DM으로 보내는 브로슈어, 제품 포장을 뜯는 순간, 오프라인 매장을 찾아올 때 처음 보게 되는 외부 파사드, 문을 열고 들어와서 처음 보는 풍경, 자리에 앉았을 때 처음 다가오는 사람, 가게 안에 있는 화장실, 나가면서 계산하는 순간… 이 모든 접점에 흔들다리를 걸을 때와 같은 약간 낯선 느낌, 예상치 못한 요소, 기대를 뛰어넘는 놀라움을 어떻게 담아낼 수 있을까?

호주 멜버른에 있는 테이크아웃 샌드위치 가게 재플슈츠Jafflechutes는 가장 보편적이면서도 의외의 순간에 고객에게 '흔들다리를 건너는 경험'을 선사한다. 바로 주문한 음식을 전달하는 순간이다. 재플 슈츠는 엘리베이터가 없는 건물 7층에 있다. 고객들은 스마트폰으로 미리 주문하고 음식은 1층에서 받는다. 그것도 낙하산에 매달려 자유낙하 하는 샌드위치를 말이다. 샌드위치를 받을 곳은 도로에 X자로 표시되어 있다. '낙하산을 타고 내려오는 샌드위치를 받아야 한다니, 혹시 놓치면 어떡하지?' 하는 생각만으로도 살짝 걱정도 되고, 은근 재미있을 것 같고, 설레기도 하지 않는가? 원래 이 가게를 연 세 명의 청년들은 1층에 가게를 열고 싶었지만 임대료가 너무 비싸 어쩔 수 없이 임대료가 싼 7층에 가게를 열기로 하고 이 핸디캡을 극복할 방법을 생각하던 중에 모바일로 주문받고 낙하산을 태워 내려보내는 기발한 아이디어를 떠올리게 되었다고 한다. 그렇게 세상 어디에도 없던 이 샌드위치 가게가 탄생하게 된 것이다. 새롭고 설레는 경험을 찾는 소비자들은 재플 슈츠에서 '흔들다리를 건너는 경험'을 했고, 소셜미디어를 통해 널리 확산되어 순식간에 멜버른의 대박 가게로 유명세를 타게 되었다. 줄을 서 있는 동안 지루한 기다림이 아니라 설레는 기대감을 느낄 수 있는 재플슈츠를 많은 사람이 줄지어 찾아오게 된 것이다.

재플슈츠처럼 **극복할 수 없을 것처럼 보이는 핸디캡도 '흔들다리를 걷는 경험'을 통해 나만의 장점으로 바꿀 수 있다.** 여러분도 얼마든지 할 수 있다. 세상 어디에도 없는 아이디어의 씨앗은 언제나 내 안에 있다.

밀당의 천재

'오늘도 엇갈려 금방 만날 것처럼 굴고 약속할 땐 오빠 나중에 만나'- 에디 킴 〈밀당의 고수〉 중에서

밀당: 연인이나 부부, 또는 경쟁 관계에 있는 두 사람이나 기관 사이에 벌어

지는 미묘한 심리 싸움을 밀고 당기는 줄다리기에 비유하여 이르는 말. (출처-네이버 국어사전)

"스타벅스는 밀당의 천재인가 봐요. 작은 카페를 좋아해서 한동안 스타벅스는 안 가고 있었는데 어느 날 갑자기 '축하합니다! 3등 상품에 당첨되셨습니다.' 하고 메일이 온 거예요. 열어보니 상품이 별 1개라고 하더라고요. '에게?'하고 실망했다가 '그래도 이게 어디야' 하고 덥석 받았어요. 그러고 나니 '다시 별 좀 모아볼까?' 하고는 스타벅스에 가게 되더라고요. 잊을 만하면 별 하나로 다시 찾게 만드는 걸 보면 밀당의 천재인가 봐요."

"어떤 날은 불러도 들은 척, 못 들은 척 오지도 않고. 어떤 날은 부르지도 않았는데 슬금슬금 다가와서 비비적대고. 고양이는 진짜 밀당의 천재인가 봐요. 정말 애태우게 만든다니까요."

밀당은 남녀 간의 연애사에서, 특히 썸탈 때 가장 많이 등장하는 주제다. 한데 비단 연애뿐 아니라 위 이야기들에서도 볼 수 있듯 '관계'의 끈이 닿아있는 곳이라면 다양하게 언급된다. 밋밋하고 단순한 관계보다 서로 간에 어느 정도 밀고 당기는 긴장감이 있을 때 만남도 더 재미있고 건강하게 오래가는 것을 볼 수 있다. 너무 가지고 싶지만, 쉽게 가질 수는 없고, 그러나 손을 뻗으면 닿을 것 같은 느낌을 줄 때 사람은 더 열망하기 마련이다. 너무 쉬워 보이고, 언제든 가질 수 있다고 생각하면 희소성이 떨어진다. 반대로 아무리 애써도 영영 닿을 수 없는 곳에 있을 것 같다면 포기해버린다.

마케팅의 궁극적인 목표는 고객과 서로 사랑하는 사이가 되는 것이다. 그런 점에서 마케팅이야말로 고객과의 밀당이 가장 필요한 영역이 아닐까. 마케팅에서 고객과 밀당은 어떻게 하는 걸까? 간단하다. 실제 연인과 밀당하듯이 하면 된다. 살다 보면 본의 아니게 후배들의 연애상담을 하게 될 때가 있는데, 다음은 밀당에 관해서 왕왕 듣는 이야기들이다.

"계속 퍼주기만 하는 사람은 매력이 없어요. 좀 애태우더라도 밀당이 있는 게 더 짜릿하죠."

"완전 시크한 줄로만 알았는데 의외로 허당끼가 있더라고요. 그러니까 더 매력 있어 보이는 거예요."

"아주 잊고 있는 줄 알았는데 이렇게 사소한 걸로 훅 들어오더라고요. 진짜 밀당의 천재 아님?"

익숙하지 않은가? 이 이야기들을 마케팅에 그대로 적용하면 된다. 가격 전략을 예로 들어볼까? 이는 마케팅에서 가장 중요하고 어려운 영역 중 하나다. 가격을 너무 높게 책정하면 비싸다고 안 산다. 반대로 너무 싸면 효과가 없다고 느낀다. 듀크 대학 행동경제학 교수 댄 애리얼리Dan Ariely가 한 실험에서 두 그룹에 똑같은 가짜 진통제를 나눠주고 한 그룹엔 가격이 2,500원이라고 하고, 다른 그룹에게는 100원이라고 했더니, 첫 번째 그룹이 두 번째 그룹보다 약 1.4배나 더 진통효과가 있다고 느꼈다고 한다.

마케팅의 묘미는 이 이중성을 잘 이해하고 어떤 맥락에서 어떤 면이 더 강하게 작용하는지를 적절하게 활용하는 것이다. 소비자들이 느끼기에 가치가 있다고 느낄 정도로 높은 정상가격을 정하고 전혀 할인은 하지 않는다. 그렇게 이 브랜드는 절대 할인은 없다고 생각할 즈음 특별한 할인을 갑자기 한다.

오랄비는 다른 칫솔보다 비싸다. 할인 행사도 잘 하지 않는다. 마트에서는 일반 칫솔들은 '3+3' '5+5' 같은 반값 행사를 다반사로 하지만, 오랄비는 '3+1' 도

간간이 한다. 아주 가끔 '3+2'를 하면 평소의 몇 배가 팔려나간다. 단, '이번뿐' 이라는 명분이 있어야 한다. 그렇지 않으면 '이제 오랄비도 할인 행사하는구나'라고 생각하고는 정상 가격에는 구매하려고 하지 않을 것이다. 가장 중요한 것은 고객이 내 제품, 내 브랜드가 가치 있다고 느끼게 하는 것이다. 가격은 그 가치를 가늠하는 가장 객관적인 지표다.

완벽한 외모와 능력을 갖춘 썸남이 의외로 약간 허당끼가 있을 때 사람들은 '인간적이다', '매력 있다' 고 좋아한다. 반면 결점이라고는 찾아볼 수 없는 잘난 사람이 자기 자랑만 늘어놓으면 사람들은 그를 '재수 없다'고 싫어한다. 완벽한 사람이 사소한 실수를 하는 모습을 보면 더 호감이 가는 법이다. 사람을 끌려면 인간적인 면모를 보여주고 다가가기 편안한 면을 가지고 있어야 한다.

칭찬은 다른 사람이 해주어야 좋게 보인다. 아무리 사실이라도 자화자찬을 곱게 보는 사람은 없다. 브랜드도 마찬가지다. 완벽한 점만 자랑하듯이 늘어놓기보다, 소비자가 편안하게 다가설 수 있는 여지를 열어두어야 한다. 부족한 면도 쿨하게 인정하는 것이 무작정 감추는 것보다 좋다.

케첩의 대명사인 하인즈는 좋은 품질을 위해 전통적으로 유리병에 담아서 판다. 지금은 좀 더 짜기 쉬운 플라스틱병도 나왔지만 과거에는 유리병 제품만 있었다. 그런데 이 유리병에 담긴 하인즈 케첩이 잘 안 쏟아지기로 악명이 높다. 아무리 흔들어도 찔끔만 나오곤 해서 소비자들을 애먹이곤 했다. 하인즈는 이 불편한 점을 그냥 쿨하게 인정하는 광고를 만들었다. 제목은 '하인즈 케첩은 건방져 Heinz Ketchup got an attitude'다. 나긋나긋 쉽게 쏟아지지 않는 케첩을 건방지고 고집 센 사람처럼 의인화해서 상품의 불편한 점을 그냥 있는 그대로 인정했다. 마치 하인즈 케첩이 소비자와 밀당하는 '나쁜 남자'처럼 느껴지지 않는가? 이 광고가 나간 후 소비자들은 오히려 하인즈 케첩에 더 호의적으로 바뀌었다. 재미있다고 느끼며 따르기 힘든 특징도 그냥 있는 그대로 받아들였다. 매출도 많이 올랐다.

소비자들에게 보내는 '푸시 메시지'도 밀당의 기술이 필요한 영역이다. 요즘은 거의 모든 기업이 소비자들과 카카오톡 플러스 친구를 맺고 주기적으로 메시지를 보낸다. 프로모션, 신제품 출시, 때로는 그냥 안부 인사, 이메일 및 문자 메시지도 보낸다. 콜센터에서 전화도 건다. 한데 일방적으로 밀어붙이기만 하면 오히려 고객을 밀어내게 된다. 무조건 들이대기만 하면 매력이 없다.

때로는 '요즘은 뜸하네? 나를 잊었나?' 할 정도로 좀 연락이 뜸하다가도, 눈이 휘둥그레질 정도로 깜짝 놀랄 소식을 전하기도 하고, 소비자가 궁금해할 만한 뉴스를 담은 메시지를 슬쩍 흘려보자. 단, 내용은 다 알려주지 않고 말이다.

아기들은 평소에 투정 부리며 온갖 육아 스트레스를 주지만 한 번씩 환하게 웃어줄 때 그 모든 힘든 것들이 다 녹아내린다. 요즘 반려동물 인기 순위에서 고양이가 강아지를 앞지르는 이유도 비슷하다. 항상 살살거리는 강아지와 달리 고양이는 평소엔 시크하다가 어쩌다 한 번 와서 '스윽' 비비고 갈 때 그 매력에 빠진다고 한다.

요즘 소비자들의 사랑을 받으려면 해바라기 같은 열정만으로는 안 된다. 일방적으로 들이대는 브랜드는 넘쳐나기 때문에 자칫 스토커, 스팸 취급당하기 십상이다. 그렇기에 오히려 '나쁜 남자'처럼, 시크한 고양이처럼, 징징대다 가끔 웃어주는 아기처럼, 의외로 허당끼를 보여주는 완벽남처럼 밀당을 통해 더 깊은 관계를 만들어가는 건 어떨까.

계산된 위기감

"사자는 가장 느린 가젤보다 더 빨리 달리지 않으면 굶어 죽는다는 것을 압니다." - 동물의 왕국

"아! 오늘도 못 먹었어!"

여기저기서 나직한 탄성이 들린다. 회사 근처 인기 있는 한 식당에서 매일 점심시간에 반복되는 풍경이다. 점심시간에만 50개 한정 수량으로 파는 '한우 스테이크 덮밥'을 먹지 못해서 그렇다.

소비자들은 동일한 제품도 그냥 판매할 때보다 수량이 한정되어 있을 때 더 끌리는 경향이 있다. 지금도 매일 홈쇼핑, 마트에서 누군가는 이 '한정 수량' 기술을 사용하고 있다. 많은 소비자가 '알고도 속는' 기술(?)이다. 이런 심리를 희소성 편향scarcity bias이라고 부르는데, 버지니아 대학 심리학 교수인 스티븐 워첼Stephen Worchel이 한 유명한 심리학 실험을 통해 잘 알려졌다. 실험자들에게 과자가 2개 들어있는 유리병과, 10개 들어있는 것 두 종류를 제공하고 과자 맛을 평가하게 해 얼마에 사고 싶은지 물어봤다. 실험자들은 수량이 부족한 쪽을 더 맛있다고 평가했고, 더 높은 가격에 사겠다고 했다.

이 때문에 소비자들은 무언가 조만간 부족해질 것 같으면 지금 바로 붙잡으려고 한다. 그러지 않으면 눈에 뻔히 보이는데도 손해를 본다고 생각하기 때문이다. 사람들은 불확실한 이득을 얻기보다는 확실한 손실을 회피하려는 성향이 훨씬 더 크다. 그런 성향을 활용해 가끔 '계산된 위기감'을 자아내는 것도 매출을 올리는 데 효과적인 방법이다.

흔히 사용하는 방식 중 하나가 '절판 세일'이다. 아래는 백화점, 장터, 아울렛 매장을 돌아다니면서 이것저것 쇼핑하다 보면 꼭 듣게 되는 판매원들의 멘트다.

"다음 달부터 가격이 올라요. 지금 사시는 게 가장 싸요."
"이 제품은 이번에 생산된 것까지만 팔고 단종돼요. 정말 좋은데. 너무 잘 만들어서 회사가 마진이 얼마 안 남아서 그래요. 지금 사두시는 게 이득이에요."

나 자신도 판매기법이란 걸 잘 알고 있지만, 물건이 조금이라도 맘에 들 때 이런 말을 들으면 바로 사게 된다. 달콤하고 맛있는 걸 먹으면 살찐다는 걸 알아도 먹게 되는 것처럼 말이다. 당장에 필요가 없는데도 곧 없어진다고 하면 '혹시 나중에 필요하면 어떻게 해. 그러면 지금 있을 때 안 사둔 걸 후회할 거야.' 기회가 있었는데 잡지 못한 것을 두고두고 후회하기 싫은 것이다.

할인 판매도 그냥 하는 것보다 일 인당 구매 수량을 제한하면 수량 제한이 없을 때보다 더 많이 구매한다. 수량 제한이 있으면 뭔가 인기가 있다는 시그널로 느끼고, 다음에 기회가 없을 것 같다는 위기감을 더 크게 느끼기 때문이다.

다양한 브랜드가 시즌 한정 제품을 낸다. 그것도 그냥 시즌 한정 제품이라고 하는 것보다 '계산된 위기감'을 활용해 좀 더 효과적으로 활용할 수 있다. 한 패스트푸드 브랜드는 시즌 한정 제품을 출시하면서 동시에 대형 광고판에 '판매 종료까지 앞으로 00일'이라는 문구를 게시하고 매일 카운트다운을 했다. 별 관심이 없던 소비자들도 그걸 보면, 왠지 며칠 뒤면 사라질 테니 한번은 가서 사 먹어 봐야겠다는 왠지 모를 위기감 같은 것이 생기기 마련이다.

조금 다른 이야기지만 기업들은 거의 매년 '비상경영', '위기경영'을 선포하고 전 임직원들에게 더 큰 성과를 내라고 독려한다. 임원들은 주말마다 출근해서 '비상경영회의', '긴급대책회의'를 한다. 정작 회의 내용은 그렇게 긴박하지 않다. 그냥 이번 달 매출실적이 목표 대비 몇 퍼센트 부족하다, 올해 예상 실적 달성이 불투명하다는 정도다.

왜 그럴까? 물론 오너나 최고 경영자 입장에서 장기적인 안목으로 봤을 때 5년 뒤, 10년 뒤 회사가 존속할 수 있을지 장담할 수 없으면 당연히 위기감을 느끼

7
장

기 마련이다. 특히나 요즘처럼 시대가 급변하고 불확실성이 높은 시대에는 더욱더 그렇다. 하지만, 다른 한편으로는 위기감을 부추겨야 임직원들에게 더 열심히 일하고, 비용을 줄이고 수익성을 올리기 위해서 허리띠를 졸라매라고 독려할 수 있는 명분이 생기기 때문이기도 하다. 회사가 잘 되고 아무 문제 없다는데 밤낮없이 일하라고 하면 불만이 생기고 잘 따르려고 하지 않을 테니까 말이다.

분명한 것은 기업 경영이든, 마케팅이든 사람을 움직이려면 적당한 긴장감과 때때로 계산된 위기감이 필요하다는 점이다.

매출을 10배 성장시켜 주는 데이터의 힘

"나는 그저 나보다 머리가 좋은 사람들을 채용했을 뿐이다." - 존 록펠러

가게의 매출을 올리는 공식은 아래와 같다.

$$\text{매출} = \text{고객 수}^{Penetration} \times \text{사용 빈도}^{Frequency} \times \text{객단가}^{Basket\ size}$$

업종을 막론하고 매출을 늘리는 법은 고객 수를 늘리거나, 더 자주 이용하게 하거나, 또는 한번 왔을 때 더 많이, 더 비싼 것들을 구매하도록 하는 것이다. 매출을 10배 늘리는 법은 간단하다. 고객 수는 2.5배로 늘리고, 한번 오던 사람이 두 번 오게 만들고, 한 개만 사던 사람을 두 개씩 사도록 만들면 된다.

쉽지 않은가? 농담처럼 들리겠지만 사실 이게 핵심이다. 고객 수, 방문 빈도, 그리고 객단가를 들여다보고 하나씩 늘리는 방법을 찾아 나가면 된다. 그를 위해 획기적인 도움을 줄 수 있는 것이 데이터다.

여담이지만 작가는 책을 쓰면서 전하고자 하는 메시지를 더 설득력 있게 전달하기 위해 사례를 많이 든다. 하지만 마케팅과 사업에 있어서 데이터의 중요성에 관해서는 예시가 필요하지 않을 것 같다. 데이터가 중요하지 않다고 생각하는 독자는 없을 테니까. 게다가 이에 관련한 사례는 이미 차고 넘친다. 이미 '빅 데이터' 열풍이 산업 전반을 휩쓸고 지나간 지 오래고, 데이터 분석, 데이터 마케팅에 관한 수많은 출간물이 나왔고, 지금도 다양한 미디어의 지면을 장악하고 있는 주제이기 때문이다.

시장에는 다양한 데이터 분석 도구가 존재한다. 기본적인 웹 로그 분석 도구 구글 애널리틱스Google Analytics만으로도 웹사이트 누적 방문자 수, 실시간 트래픽, 성별, 지역, 연령별 통계, 어떤 경로를 통해 들어왔는지, 웹사이트 페이지는 어떤 순서로 살펴봤는지, 얼마 정도의 시간 동안 머물렀는지 모두 알 수 있다. 이것만으로도 상당히 많은 정보를 알 수 있다.

구글 애널리틱스 외에도 에이스 카운터, 어도비 애널리틱스, 튠, 앱스 플레이어, 애드 브릭스 같은 분석 툴도 있고, 그 외 의미조차 이해하기 어려운 다양한 분석 도구, 용어들도 넘친다. 매일 사업 현장에서 생존이 걸린 전투에 몰두하기에도 바쁜 사장님들은 그것들을 다 알 수도 없고, 알 필요도 없다.

마케팅 데이터 분석에 있어서 주객전도가 되지 않도록 주의해야 한다. 데이터 분석과 데이터 마케팅도 결국 매출을 늘리고, 이익을 남기고, 사업과 브랜드를 성장시키기 위한 것이다. 그런데 데이터의 양이 나날이 늘고, 분석의 과정이 복잡해지다 보니 중간 과정에 함몰되어서 마케팅 지표의 분석을 위한 분석에만 머물러 있는 경우가 많다. 데이터 분석 결과 보고 중에 사장님들이 "그건 알아서 하고, 그래서 매출은 어떻게 오른다는 거야?" 하고 역정을 내는 경우도 다반사다.

많은 경우 기업의 마케팅 부서의 데이터 업무는 광고를 얼마나 봤는지, 어떤 사람이 봤는지, 언제 왔는지, 무엇을 봤는지, 특정 사이트나 웹 페이지에 얼마나 머물렀는지, 어떤 키워드를 얼마나 눌렀는지, 이런 수치들을 알기 위해 데이터를 수집하고, 모니터링하고, 분석하는 업무에만 치중되어 있다.

마케팅 의사결정은 데이터, 아이디어, 통찰력의 결합을 통해 내리는 것이다. 각각의 데이터는 하얀 종이 위의 점들과 같다. 같은 점들의 집합을 가지고도 어떻게 연결하는가에 따라 전혀 다른 그림이 나온다. 어떻게 연결하느냐는 그리는 사람에게 달려 있다. 데이터를 넘어 보이지 않는 사업의 맥락까지도 고려해야 하고, 소비자와 시장의 흐름을 잘 알고 있어야 한다. 책상에 앉아서 보는 숫자만으론 안 된다. '현장의 감'을 같이 가지고 있어야 한다.

현장에서 느낀 감각과 객관적인 데이터를 결합해서 입체적인 판단을 할 수 있어야 한다. 그러려면 직관을 데이터로 검증하고, 반대로 데이터가 보여주는 그림을 현장에서 눈으로 확인하는 훈련을 반복해서 해야 한다. 그렇지 않으면 데이터의 단편적인 한 면만 보고 잘못된 결론을 내릴 수 있다.

영국 슈퍼마켓 체인 테스코의 사례를 보면 '글루텐이 함유되지 않은 제품군'은 판매 실적이 평균 이하로 저조했다. 판매 실적만 보면 판매율이 더 높은 다른 제품들로 대체하는 것이 맞다. 그래야 판매 효율이 더 높아지기 때문이다. 하지만 테스코 마케팅 담당자는 데이터에 보이지 않는 부분을 찾아냈다. 바로 이 글루텐 무첨가 제품군이 있는 슈퍼마켓만 일부러 방문하는 고객층이 있다는 것이다. 글루텐 무첨가 제품을 파는 매장이 많지 않았기 때문에 그들은 이 제품군을 갖춰 놓은 매장만을 이용했다. 이 고객들이 와서 구매하는 전체 품목의 기준으로 보면 테스코의 전체 매출에 매우 긍정적인 효과를 가져다준다. 그렇다면 글루텐 이외에도 같은 특정한 성분을 '무첨가'한 더 많은 제품군을 한데 모아 파는 코너를 따로 만들고 이를 잘 홍보한다면 더 많은 신규 고객들을 매장으로 불러들이는 상승효과를 누릴 수가 있을 것이다. 실제로 테스코는 '프리 프롬'이라는 특정 성분 '무첨가' 제품군 모음 코너를 만들어 큰 성공을 거두었다.

이처럼 데이터를 해석할 때는 각 제품군의 역할에 맞는 목표와 지표를 정해야 한다. 동일한 제품군 내에 각기 다른 제품의 성과는 판매율을 기준으로 보는 것이 맞다. 예를 들어 감자 칩 카테고리 내 브랜드별 매대 점유율의 비중은 판매율에 맞춰 정하는 것이 더 효율적이다. 많이 팔리는 제품이 소비자들이 더 찾는 제품이고, 많이 찾는 제품을 많이 갖다 놓아야, 쇼핑할 때 찾기도 쉽고, 재고 관리도 용이하기 때문이다. 하지만 글루텐 무첨가 제품군처럼 기존에 없던 제품군이라면 새로운 고객층을 끌어들이거나 우리 가게만을 찾는 고정 고객들을 늘리는 역할을 할 수 있다.

다시 매출을 늘리기 위해 데이터를 활용하는 처음 이야기로 돌아가 보겠다. 페브리즈는 출시 후에 꾸준히 성장했지만 몇 년이 지나자 정체가 찾아왔다. 그래서 앞서 언급한 세 가지인 고객 수, 이용 빈도, 객단가를 들여다봤다. 고객 수는 이미 모든 타깃 소비자의 99%가 페브리즈를 사용해봤다는 결과가 나왔다. 객단가는 이미 비싸다는 인식이 많았기 때문에 더 가격을 올리기도 어려웠다. 이용 빈도를 봤더니 기존 고객들이 대부분 일주일에 한두 번 사용하고 있지만 일부 고객들은 매일 서너 번씩 사용하는 고객들도 있었다. 자주 이용하는 헤비 유저들과 일반 고객들의 차이를 분석해봤더니 가장 큰 차이는 사용하는 아이템의 숫자였다. 일반 고객들은 외투나 소파 같은 1~2가지 아이템에만 뿌리지만 헤비 유저들은 이불, 인형, 카펫, 운동화, 카시트까지 3~4배는 많은 다양한 아이템에 사용하고 있었다. 일반 고객들을 대상으로 조사해보니 그들은 광고에서 보여준 아이템에만 습관적으로 뿌리고 있었다는 걸 알게 되었다. 그래서 광고에서 다양한 아이템에 뿌리는 모습을 보여주면 자연스레 뿌리는 아이템이 늘어날 것이고, 사용 빈도가 올라갈 것이고, 매출 성장으로 이어질 것이라는 인사이트를 찾아내었다. 그리곤 무려 6개의 TV 광고를 만들어 동시에 틀었다. 그 결과 몇 년간 정체되었던 매출이 다시 폭발적으로 성장하기 시작했다.

결국 데이터는 수단이다. 운전을 잘하기 위해서 자동차의 모든 부품의 이름, 구조, 작동 원리를 알 필요는 없다. 매출을 늘리기 위해서 꼭 필요한 데이터만 있으면 된다. 그러기 위해서 데이터 이전에 내 사업의 구조와 작동 원리를 제대로 이해하고 그에 대한 통찰력을 기르는 것이 먼저다.

5G 시대의 마케팅

"사람은 오로지 가슴으로만 올바로 볼 수 있다. 본질적인 것은 눈에 보이지 않는다." - 생텍쥐페리^{Saint-Exupery}

2019년 한 해 동안 통신 3사의 모든 광고는 5G라는 단어로 가득 찼다. 기술 트렌드에 관련된 미디어는 5G가 가져올 변화에 대해 많은 정보를 쏟아내고 있다. 5G는 최대 속도가 LTE (4G)보다 40~50배 빠르다. 처리 용량도 100배 더 많다. 하지만 단순히 기존 이동 통신보다 속도가 빠르거나 더 많은 데이터를 처리할 수 있다는 의미에만 국한된 것은 아니다. 기존 통신 방식보다 응답속도가 획기적으로 높아져 지연을 최소화할 수 있기 때문에 이전에는 볼 수 없었던 생생한 가상현실, 더욱 완벽한 자율 주행 자동차, 사물인터넷의 구현이 가능해진다는 점 때문에 더 기대가 모이고 있다.

자율주행자동차를 예로 들어보겠다. 완전한 자율 주행을 구현하려면 자체 카메라, 센서, 레이더 장비 등을 통해 운행 중 주변 데이터뿐 아니라 거리 신호등이

나 센서, CCTV, 다른 자동차들과 주고받는 데이터를 통해 정확하고 신속한 판단을 할 수 있어야 한다. 그래야만 위험을 적시에 감지하고 사고를 미연에 방지할 수 있다. 만일 이 주고받는 데이터에 0.1초라도 지연이 생겨서 돌발상황에 제대로 반응하지 못하면 자칫 큰 사고로 이어질 수 있다. 그렇기 때문에 자율주행 자동차의 완벽한 구현을 위해서는 5G 기술을 바탕으로 자동차와 다른 모든 사물을 연결하는 V2X^Vehicle-To-Everything가 필수적이다. 5G 기술의 상용화는 이제 이 길로 가는 문이 활짝 열렸다는 것을 의미한다.

미디어 측면에서도 현재보다 훨씬 실감 나고 생생한 가상현실 (VR) 및 증강현실 (AR)이 가능해진다. 드라마 〈알함브라 궁전의 추억〉에서 보여준 것 같이 실제 같은 게임을 조만간 현실에서 즐길 수 있게 될지 모른다. 그뿐만 아니라 의대생들의 수술 실습용 VR 콘텐트나, 인공 지능과 결합한 원격 진료도 가능해진다.

지금까지 서술한 것들은 빙산의 일각일 뿐, 실제로 5G 기술을 기반으로 한 응용 기술과 콘텐트들이 더 발전해 나가면서 우리 일상에 일어날 변화는 우리가 상상하는 것 그 이상일 것으로 전문가들은 기대하고 있다. 처음에 아이폰이 등장했을 때는 단지 전화로 인터넷을 이용하고 음악을 듣고 동영상을 볼 수 있는 정도였지만 이후 10년 동안 우리 삶에 일어난 변화는 어마어마하다. 5G는 그와는 비교도 안 될 정도로 큰 변화를 가져다줄 것이다.

그렇다면 이러한 5G 시대에 마케팅은 어떻게 달라져야 할까? 결론부터 말하자면 마케팅의 본질은 변하지 않는다. 지금까지 이 책을 통해 이야기한 원칙은 여전히 유효할 것이다. 다만, 기술이 가져올 세상의 변화와 그에 따른 소비자들의 행동과 삶의 방식 변화에 항상 관심을 가지고 유연하게 대처하는 태도만 있으면 된다. 마케팅 측면에서는 결코 우리가 대응하기 어려울 정도로 빠르게 변하지는 않는다. 충분히 눈으로 따라가고 그 리듬에 맞출 수 있다. 왜냐하면 기술이 아무리 빠르게 변해도 그것을 받아들이고 그 변화를 수용하는 주체는 결국 인간이기 때문이다. 5G가 아무리 빠르고 용량이 커도 인간의 속도와 인간의 스케일에 맞출 수밖에 없다. 그렇기 때문에 마케터로서 우리의 시선은 현란하게 변화하는 기술 자체보다는 그것을 수용하고 변화하는 인간 자체에 두어야 한다.

미래의 단서는 항상 우리 곁에 있다. 2002년에 개봉한 톰 크루즈 주연의 영화 〈마이너리티 리포트〉를 보면 주인공 존 앤더튼이 추격자를 피해 은밀히 도망하던 중 한 가게에 들어가자 가게에 설치되어 있는 홍채 스캐너가 그를 즉시 인식하고 홀로그램으로 그만 볼 수 있는 온갖 광고 메시지를 띄워 당황하는 장면이 나온다. 홍채 인식 기술은 이미 상용화되었고, 5G로 인해 홀로그램, 초저지연Ultra Low Latency 기술이 결합하면 조만간 실제로 이런 마케팅이 가능하게 될 것이다. 그렇더라도 우리가 마케터로서 해야 할 일이 별로 다른 것 같지는 않다. 오히려 이전보다 더 고객을 깊이 이해하고, 인간적으로 다가가는 법을 고민해야 할 것 같다. 홍채 인식을 통해 눈앞에서 홀로그램으로 마케팅 메시지가 펼쳐진다면 사람들은 어떻게 반응할까? 스팸 메일이나 텔레마케팅에 대응하듯이 바로 끊어 버리고 대신 재미있거나, 의미 있거나, 나를 알아주고, 내게 도움을 주고, 내가 필요로 하는 메시지만 골라서 받아들일 것이다.

5G 시대에 완전 자율 주행 자동차 시대가 열리면 자동차는 TV, PC, 모바일에 이어 제4의 스크린이 될 것이다. 사람들은 자동차 안에서 운전 대신 콘텐츠를 즐기고 이는 새로운 마케팅의 전장이 되겠지만, 여전히 사람들에게 다가가고 그들의 마음을 여는 원칙은 달라지지 않을 것이다. 그들에게 가치 있는 메시지를, 가장 알맞은 때와, 적절한 장소와 맥락에 맞춰 전하는 것이다.

거북이 토끼를 이긴 진짜 이유

빠르다고 해서 달리기에서 이기는 것은 아니며, 총명하다고 해서 재물을 모으는 것도 아니며, 배웠다고 해서 늘 잘되는 것도 아니더라 – 전도서 9장 11절

《토끼와 거북》을 모르는 사람은 없을 것이다. 발은 빠르지만 자만심 많고 게으른 토끼가 경주 중에 거북을 깔보고 낮잠을 자는 사이 거북이 앞질러서 토끼를 이긴다는 이야기다. 워낙 유명한 동화이고 어차피 역사적 사실도 아닌 상상 속의 이야기이기 때문에 사람들은 저마다 상상력을 더해 재미있는 여러 다른 버전도 만들어냈다.

이를테면 거북이 원래 12 쌍둥이라서 구간마다 대기하고 있다가 항상 토끼를 앞서가는 것처럼 속이고 애초에 시합하기로 한 거북은 결승점 바로 앞에서 기다리다가 토끼가 등장하면 먼저 골인해서 이긴 것이라는 이야기도 있다. 또 토끼가 열심히 달렸는데 거북이 너무 빨라서 도저히 따라잡을 수가 없어 결국 지고 말았는데 이게 어떻게 된 일이냐고 묻자 "사실 난 닌자 거북이야."라고 했다는 병맛 개그 버전도 있다. 경주에 우승 상금이 걸려 있지 않아서 토끼가 중간에 잠을 자버린 것이란 이야기도 있다.

더러는 다소 황당하기도 하지만 같은 이야기를 저마다 새롭게 해석해서 제시하는 것이 흥미롭다. 나도 나름의 상상력을 더해서 조금 다른 각도에서 생각해봤다. 제일 먼저 든 생각은 '토끼는 왜 경주 도중에 잠을 잤을까?'다. 상금이 없어서 시시하니까? 그러면 애초에 경기에 임하지 않았을 것이다. 거북을 깔봐서? 그렇다면 비웃으면서 천천히 거북 앞에서 달릴 수도 있고, 얼른 경주를 끝내 버리고 결승선에서 거북을 기다릴 수도 있었는데, 하필 중간에 낮잠을 잤을까? 언제나 진리는 단순하다. 졸렸기 때문이다. 그럼 왜 하필 경주가 한창인 그때 굳이 누워

서 잠을 잘 만큼 졸렸을까? 전날 잠을 못 잤을 수도 있고, 기면증에 걸려 있을 수도 있다. 어떤 이유든지 결국 거북이 이긴 건 강력한 적인 토끼가 중간에 잠들었기 때문인 것만은 변함없는 사실이다.

사회적으로 성공한 분들을 만나보면 하나같이 '운이 좋았다'라고 이야기한다. '내 실력이 좋아서'나 '열심히 노력해서'라고 본인 입으로 말하는 분은 아직 만나뵙지 못했다. 국내 최고의 대기업에서 최고 경영자를 지낸 한 선배는 이런 이야기를 했다.

"운칠기삼이라고 알지? 근데 아니야. 살아보니 운 십일, 기 마이너스 일이야. 성공은 항상 의외의 순간에 찾아왔고, 모든 게 완벽하다고 생각했던 때는 오히려 어설픈 내 재주가 마이너스 요소가 될 때가 더 많더라고."

겸손하게 하신 말이지만, 뼈가 있는 말이고 연륜과 삶의 지혜가 담겨 있는 말씀이다. 재주가 넘쳤지만 한순간의 낮잠으로 경주에서 진 토끼가 생각났다. 실력이 넘쳐도, 성실하게 열심히 준비했어도 왕왕 실패를 경험한다. 때론 생각지도 못했던 우연한 계기로 성공의 가도에 오르기도 한다.

결국 거북이 이긴 이유는 자신의 레이스를 포기하지 않고 달렸고, 그리고 토끼라는 강적의 낮잠을 통해 자신의 때를 만났기 때문이다. 만일 그 레이스가 거북이 토끼에게 아홉 번의 패배 끝에 재도전한 열 번째 경주라면 어떨까?

누구나 자신의 때가 있다. 열심히 달리고 있는데 아직 성공하지 못했다면 때를 만나지 못했을 뿐이다. 사업도 마케팅도 인생도 모든 일에는 때가 있다. 포기하지 않고 나의 레이스를 달리고 있다면 어느 좋은 날에 나의 때를 반드시 만나게 될 것이다.

Epilogue

빛나는 내일을 꿈꾸는 모든 사장님에게

"생각하라. 그래야 잘 살 수 있다."

나폴레옹 힐_{Napoleon Hill}

이 책을 집필하기 시작했을 때는 꽃 피는 봄이었는데 어느덧 계절이 두 번이나 바뀌어 한겨울이 되었다. 우리 인생도 사업도 희망찬 봄과 같이 생명이 넘치고 성장하는 시기가 있는가 하면 겨울처럼 춥고 힘든 시기도 있다.

 주변을 돌아보면 많은 분들이 겨울을 지나고 있는 것 같아 마음이 무겁다.

 기업인들은 긴 불경기와 저성장, 미중 무역 분쟁과 한일 갈등을 비롯한 글로벌 정치 경제 불확실성, 4차 산업 혁명 등 산업 패러다임의 변화 등으로 한 치 앞을 알 수 없는 어둠 속을 걸어가는 것 같다고 한다. 자영업을 비롯한 바닥 경기는 더욱더 위중한 상황이다. 치솟는 임금과 임대료로 비용 부담은 늘어만 가는데, 내수 부진으로 매출은 오히려 더 떨어지고, 도저히 버틸 수 없는 한계 상황으로 내몰리고 있는 사장님들이 많다. 이번 주만 해도 수십 년간 사업을 해오면서 이렇게 힘든 적은 처음이라고 한탄하시는 분들을 여럿 뵈었다.

 하지만 **동트기 직전이 가장 어두운 법이다.** 아무리 어렵고 힘들어도 꿈과 용기를 잃지 않았으면 좋겠다. 돌아보면 위기는 항상 있었다. 1997년 외환위기 때나, 2008년 글로벌 금융 위기 때도 많은 사람이 실패하고 좌절하고 포기했다. 하지만 꿈을 포기하지 않은 사람들은 오히려 더 성장했다. 철학자 스피노자는 '내일 지구가 멸망하더라도 나는 오늘 한 그루의 사과나무를 심겠다.' 고 말했다. 여러분도 현실이 어떻든지 오늘 꿈과 희망의 사과나무 한 그루를 심기 바란다.

 그 꿈의 사과나무가 자라고 열매 맺는 데 이 책이 조금이나마 도움이 되기를 바란다. 책을 읽으시는 모든 분이 더 큰 꿈을 꾸고, 믿음과 자신감을 얻고, 아이디어와 영감을 얻고, 꾸준히 자신의 길을 걸어갈 에너지를 얻고, 그 길의 끝에 나만의 독창성과 아이디어로 스스로 일군 성공의 열매를 맛보기를 매일매일 기도하는 마음으로 썼다.

이 책을 통해 쉬운 답을 찾기보다는 스스로 생각하고 질문하는 법을 배웠기를 바란다.

"형통한 날에는 기뻐하고 곤고한 날에는 생각하라." – 전도서 7:14

어렵고 힘들 때 해야 할 일은 '걱정'이 아니라 '생각'이다. 생각하는 능력은 하나님이 주신 선물이다. 생각하기만 하면 어떤 문제든 해결할 방법을 찾을 수 있다. 삶의 주도권을 가져올 수 있고, 원하는 인생으로 향하는 문을 열 수 있다. 생각하는 것이야말로 곤고함으로부터 벗어나는 열쇠다.

"생각하라. 그래야 잘 살 수 있다." – 나폴레옹 힐 Napoleon Hill

바른 질문은 바른길로 인도하는 문을 열어준다. 질문이 잘못되면 길을 찾을 수 없다.

"왜 이렇게 되었지?"가 아니라
"어떻게 하면 해결할 수 있지?"라고 물어야 한다.

그리고 반드시 답을 찾을 수 있다는 믿음을 잃지 않고 도전하기를 멈추지 마라. 인생 황혼기에 접어든 사람들에게 지나온 삶 가운데 가장 돌이키고 싶은 순간이 무엇이냐고 물으면 아무도 사업의 실패나 경제적 손실, 명예의 실추를 이야기하지 않는다. 그들이 가장 후회된다고 꼽은 것은 주저함, 두려움, 나태함으로 스스로 도전과 성장의 기회조차 주지 않았던 자기 자신이다.

회사에서 상위 1%만 임원이 되는 건 상위 1%의 능력을 갖추고 있어서가 아니다. 임원이 되려는 결심을 하고, 될 수 있다고 믿고, 중간에 포기하지 않은 사람들이 1%밖에 안 되기 때문이다. **누구나 좌절을 경험한다. 인생의 궤적을 결정하는 것은 실패에 어떻게 반응하는가이다.** 최고의 자리에 도달한 사람들은 성공을 거듭했기 때문이 아니라 '실패에도 불구하고' 계속 자기 길을 걸어가는 것을 포기하지 않았기 때문이다. 여러분도 마찬가지다.

빛나는 내일은 이미 여러분 앞에 와 있다. 한 발만 더 내디디어라.

"괜찮아. 할 수 있어!
전력으로 연주할 거야!
듣는 사람이 날 잊지 않도록.
난 연주가니까

이 앞엔 어두운 밤길만 있을지도 몰라
그래도 믿고 나가는 거야.
별빛이 우리 길을 비춰줄 테니까
자! 여행을 떠나자."

– 《4월은 너의 거짓말》 중에서 –

참고문헌

- 《드러커의 마케팅 인사이트(Drucker On Marketing)》 William A. Cohen, 중앙경제 평론사
- 《Choice Factory: 25 Behavioural Biases That Influence What We Buy》 Richard Shotton, Harriman House
- 《Growing Up》 홍성태, 북스톤
- 《권도균의 스타트업 경영수업》 권도균, 위즈덤하우스
- 《습관의 재발견 (Mini Habits: Smaller Habits, Bigger Results)》 Stephen Guise, 비즈니스 북스
- 《인사이드 애플 (Inside Apple)》 Adam Lashinsky, 청림출판
- 《The 15 Invaluable Laws of Growth》 John C. Maxwell, Center Street
- 〈Creating Organizational Transformations〉 McKinsey Quarterly survey, July 2008
- 《Insanely Simple》 Ken Segall, Portfolio
- 《The 7 Habits of Highly Effective People》 Stephen R. Covey
- 《세상 모든 CEO가 묻고 싶은 질문들》 IGM세계경영연구원, 위즈덤하우스
- 《Winning with the P&G 99》 Charles L. Decker, Pocket Books Business
- 《미래기업은 무엇으로 성장하는가》 Jim Stengel, 리더스 북
- 《SuperConnect》 Richard Koch & Greg Lockwookd, W.W. Norton & Company
- 《장사의 신》 우노 다카시, 샘앤파커스
- 《Grinding It Out: The Making of McDonald's》 Ray Kroc, St. Martin's Press
- 《The One Thing; The Surprisingly Simple Truth Behind Extraordinary Results》 Gary Keller & Jay Papasan, Bard Press
- 《라이프 스타일을 팔다: 다이칸야마 프로젝트》 마스다 무네아키, 베가북스
- 《The Art of Strategy》 Avinash K. Dixit & Barry J. Nalebuff, W.W. Norton
- 《Customer Mania!》 Ken Blanchard, Business & Economics
- 《Marketing 4.0: Moving from Traditional to Digital》 Philip Kotler, Wiley
- 《Ultimate Guide to Differentiation》 Sue Cowley, Bloomsbury
- 《Positioning: The Battle for Your Mind》 Al Ries & Jack Trout, McGraw-Hill
- 《Peter Drucker's Five Most Important Questions》 Peter Drucker, Jossey-Bass
- https://dbr.donga.com
- http://shindonga.donga.com
- https://www.strategy-business.com
- https://news.joins.com
- http://www.newsprime.co.kr
- https://www.insight.co.kr/news
- https://hbr.org/

Special Thanks To:

인생의 가장 큰 기쁨과 삶의 의미를 알게 해 준 사랑하는 아내 민경하에게 이 책을 바칩니다.

작아도 이기는 마케팅

초판 1쇄 발행 2020년 4월 3일
초판 3쇄 발행 2020년 8월 14일

지 은 이 전원태
펴 낸 이 권기대
펴 낸 곳 베가북스
총괄이사 배혜진
편   집 박석현, 임용섭, 신기철
디 자 인 박숙희
마 케 팅 황명석, 연병선
경영지원 지현주

출판등록 2004년 9월 22일 제2015-000046호
주   소 (07269) 서울특별시 영등포구 양산로3길 9, 201호
주문 및 문의 (02)322-7241 팩스 (02)322-7242

ISBN 979-11-90242-31-8 03320

※ 책값은 뒤표지에 있습니다.
※ 좋은 책을 만드는 것은 바로 독자 여러분입니다.
   베가북스는 독자 의견에 항상 귀를 기울입니다.
   베가북스의 문은 항상 열려 있습니다.
   원고 투고 또는 문의사항은 vega7241@naver.com으로
   보내주시기 바랍니다.

홈페이지 www.vegabooks.co.kr
블로그 http://blog.naver.com/vegabooks
인스타그램 @vegabooks   페이스북 @VegaBooksCo   이메일 vegabooks@naver.com